全面推进乡村振兴

理论基础、制度创新和实施路径

许京婕 著

江苏大学出版社
JIANGSU UNIVERSITY PRESS
镇 江

图书在版编目(CIP)数据

全面推进乡村振兴：理论基础、制度创新和实施路径 / 许京婕著. — 镇江：江苏大学出版社，2022.12
ISBN 978-7-5684-1937-6

Ⅰ. ①全… Ⅱ. ①许… Ⅲ. ①农村—社会主义建设—研究—中国 Ⅳ. ①F320.3

中国版本图书馆 CIP 数据核字(2022)第 254827 号

全面推进乡村振兴：理论基础、制度创新和实施路径
Quanmian Tuijin Xiangcunzhenxing:
Lilun Jichu、Zhidu Chuangxin He Shishi Lujing

著　　者/许京婕
责任编辑/李经晶
出版发行/江苏大学出版社
地　　址/江苏省镇江市京口区学府路 301 号(邮编：212013)
电　　话/0511-84446464(传真)
网　　址/http://press.ujs.edu.cn
排　　版/镇江市江东印刷有限责任公司
印　　刷/苏州盛世云印科技有限公司
开　　本/710 mm×1 000 mm　1/16
印　　张/14.25
字　　数/280 千字
版　　次/2022 年 12 月第 1 版
印　　次/2022 年 12 月第 1 次印刷
书　　号/ISBN 978-7-5684-1937-6
定　　价/50.00 元

如有印装质量问题请与本社营销部联系(电话:0511-84440882)

前　言

2002年党的十六大正式确立“三农”问题，将其作为全党工作的重中之重。2017年党的十九大报告首次提出实施乡村振兴战略，围绕“产业兴旺、生态宜居、乡风文明、治理有效、生活富裕”的总要求和“产业振兴、人才振兴、文化振兴、生态振兴、组织振兴”五个具体路径，国家出台了一系列加快推进乡村振兴的战略规划和政策举措，各地也相应制定了乡村振兴规划和行动方案。

2017年12月29日，中央农村工作会议首次提出走中国特色社会主义乡村振兴道路，提出乡村振兴“三步走”战略。第一步是到2020年，乡村振兴取得重要进展，制度框架和政策体系基本形成；第二步是到2035年，乡村振兴取得决定性进展，农业农村现代化基本实现；第三步是到2050年，乡村全面振兴，农业强、农村美、农民富全面实现。2018年9月，中共中央、国务院印发了《乡村振兴战略规划（2018—2022年）》；2021年2月21日，《中共中央　国务院关于全面推进乡村振兴　加快农业农村现代化的意见》，即2021年中央一号文件发布；2021年3月，发布了《中共中央 国务院关于实现巩固拓展脱贫攻坚成果同乡村振兴有效衔接的意见》；2021年4月29日，第十三届全国人民代表大会常务委员会第二十八次会议表决通过《中华人民共和国乡村振兴促进法》；2021年5月18日，司法部印发了《“乡村振兴 法治同行”活动方案》；2022年2月21日，《中共中央 国务院关于全面推进乡村振兴加快农业农村现代化的意见》，即2022年中央一号文件发布，阐释全面推进乡村振兴系统工程。

2022年10月，党的二十大报告提出全面推进乡村振兴，要求“坚持农业农村优先发展，坚持城乡融合发展，畅通城乡要素流动”，首次提出“加快建设农业强国”和“建设宜居宜业和美乡村”的新目标，扎实推动“产业、人才、文化、生态、组织”的全面振兴，为继续书写好乡村振兴这篇大文章指明了方向、提供了遵循。

2022 年 12 月，习近平在中央农村工作会议上指出，全面推进乡村振兴是新时代建设农业强国的重要任务，人力投入、物力配置、财力保障都要转移到乡村振兴上来。要全面推进“产业、人才、文化、生态、组织”五个振兴，统筹部署、协同推进，抓住重点、补齐短板。

2023 年 1 月，《中共中央 国务院关于做好 2023 年全面推进乡村振兴重点工作的意见》，即 2023 年中央一号文件发布，提出必须坚持不懈把解决好“三农”问题作为全党工作重中之重，举全党全社会之力全面推进乡村振兴，加快农业农村现代化；坚决守牢确保粮食安全、防止规模性返贫等底线，扎实推进乡村发展、乡村建设、乡村治理等重点工作，加快建设农业强国，建设宜居宜业和美乡村。

经过全党全国各族人民的持续奋斗，我国实现了全面建成小康社会这个中华民族的千年梦想，打赢了人类历史上规模最大的脱贫攻坚战，全国 832 个贫困县全部摘帽，近 1 亿农村贫困人口实现脱贫。新时代十年，我们走出一条中国特色社会主义乡村振兴道路，农业农村现代化迈上新台阶，辉煌成就振奋人心。

本书从理论基础、制度创新与实施路径三个方面共七章，系统阐释全面推进乡村振兴的理论体系和落实条件。在构建全面推进乡村振兴理论框架的基础上，基于学理和实地调研，提出全面推进乡村振兴的制度创新和实施路径。在中国式现代化建设进程中，我国农村的正式规则和非正式规则都将发生历史性变化，实现农村治理体系和治理能力现代化、解决好全面脱贫后农民收入的可持续问题，以及正确理解农村土地制度改革、农业现代化、金融支持体系、农村人力资源开发等对全面推进乡村振兴的制度创新和实施路径，任重而道远。

本书旨在阐明中国在城市化水平达到 60% 的基础上全面推进乡村振兴的基本格局，理解、研究和解决中国农村现代化的基本结构形态、农民的代际革命以及农村转型的根本维度，实现、巩固和拓展脱贫攻坚成果同全面推进乡村振兴的有效衔接。全面推进乡村振兴是一个伟大而艰巨的系统工程。为此，深入研究全面推进乡村振兴的理论和实施路径，准确回答好农业农村现代化进程中的时代之问，为全面推进高质量乡村振兴、促进共同富裕提供理论支撑，对于书写好全面推进乡村振兴这篇大文章，具有基础性、战略性和现实性意义。希望本书对全面推进乡村振兴战略的决策制定、政策实施和政府工作具有一定的指导和借鉴意义。

许京婕

目　录

第一章　全面推进乡村振兴的理论基础

第一节　马克思和恩格斯关于农业、农村和农民问题的相关理论

马克思和恩格斯有关农业、农村和农民的思想，是马克思主义理论体系的重要组成部分，也是关于乡村振兴战略一系列重要论述的理论基础。马克思和恩格斯在当时农业社会向工业社会转型的大背景之下，深刻分析了当时农业、农村和农民问题产生的根源，并指出解决这些问题的途径。深入系统地研究并归纳马克思和恩格斯有关农业、农村和农民的思想理论，有助于系统全面地认识乡村振兴的内在规律，进一步拓展研究乡村振兴的理论视域，丰富马克思和恩格斯的理论内涵。

一、马克思、恩格斯关于农业的理论

恩格斯在《家庭、私有制和国家的起源》中提到摩尔根将人类历史发展划分为蒙昧时代、野蛮时代和文明时代，农业在人类生活中发挥着独一无二的作用，农业生产技术的提升、劳动生产率的提高，是文明进步最显著的标志之一。

（一）关于农业基础地位的理论

马克思、恩格斯主要从人类生存和社会生产两个方面充分肯定了农业的基础性地位。马克思主义唯物史观认为，首先，农业是人类的衣食之源、生存之本，对食物的需求是人类第一层次需求。马克思明确指出："农业劳

动是其他一切劳动得以独立存在的自然基础和前提。”① 农业是人类社会稳定发展的前提和基础，人类要想生产首先要获得物质资料，而这些物质资料的来源主要是农业生产。他强调，“一切劳动首先而且最初是以占有和生产食物为目的的”②，而以生产食物为基础的农业也因此成为人类社会存在和发展的基础。其次，农业是国民经济其他生产部门得以存在和发展的基础。恩格斯指出：“农业是整个古代世界的决定性的生产部门，现在它更是这样了。”③ 农业劳动生产率是一切资本发展、一切社会发展的基础，是人们能够进行其他物质生产和精神生产的前提。只有农业发展了，农业劳动生产率提高了，其他非农业的经济部门才有可能存在和发展。农业的决定性作用不仅体现在早期人类社会的国民经济体系中，还体现在人类社会不断向高级阶段演进的过程中，它存在于任何形态的人类社会，是人类社会的基础。马克思和恩格斯在《共产党宣言》和《法德农民问题》等文本中多次强调，无产阶级政权建立后，务必要加大对农业领域的资金投入，努力开垦荒地改善土质，为保证农业发展甚至可以牺牲其他社会资金——这些无不体现他们对农业的慷慨态度和对农民利益的高度重视。

（二）关于农业合作社的理论

在马克思、恩格斯看来，小农经济是一种小生产经济，是一种落后的经济形式，阻碍农业生产率的提高，因此必须改造小农经济，发展大农经济。在如何改造小农经济方面，马克思、恩格斯认为，对小农经济的改造必须坚持自愿的原则，必须保障农民的经济利益，不能使用行政命令或者暴力手段，要通过典型示范和提供帮助的方法引导农民充分了解农业合作社的优势，自愿加入各种类型的农业合作社。马克思、恩格斯认为国家应该通过合作化的方式改造小农经济，消灭土地私有制，将土地租给合作社而非个人，“使小农明显地看到通过联合进行大规模经营的优越性”④，采用循循善诱的方式引导小农理解经济运行的道理而进入合作社，农村合作社

---

① 中共中央马克思恩格斯列宁斯大林著作编译局．马克思恩格斯全集：第 33 卷［M］．北京：人民出版社，2004：27.

② 中共中央马克思恩格斯列宁斯大林著作编译局．马克思恩格斯全集：第 25 卷［M］．北京：人民出版社，1974：713.

③ 中共中央马克思恩格斯列宁斯大林著作编译局．马克思恩格斯文集：第 4 卷［M］．北京：人民出版社，2009：168.

④ 中共中央马克思恩格斯列宁斯大林著作编译局．马克思恩格斯文集：第 3 卷［M］．北京：人民出版社，2009：331.

形式从幼稚走向成熟必将经历一个漫长的历史时期。

同时，马克思和恩格斯也强调合作制经济模式是走向共产主义的一种可行性选择，肯定了农业化合作运动是现代社会发展的重要推动力量之一，深度探讨了农业合作化的运行和发展问题。首先，马克思和恩格斯认为农业合作社的发展有赖于国家的支持。一方面，马克思提出国家为保障合作制经济的发展应提供适当的资金，恩格斯认为国家应给予农业合作社长期性的资金保障；另一方面，政府须向农民积极宣传农业合作社的概况，完成对广大农业生产主体的意识层面的改造。其次，农业合作社可采取多种分配方式。一个国家内农民土地所有数量、是否存在雇佣生产等情况各异，为照顾不同阶层农民的利益，可以基于共同劳动，“按入股土地、预付资金和所出劳力的比例分配收入”①。即农业合作社在坚持按劳分配的基础上，可以采取部分按资分配的形式。最后，他们认为各国农业合作社的发展路径应依据各国实际情况具体分析和实施。马克思基于对英、法、德三国农业生产的考察，总结出资本主义国家农业发展所面临的土地问题各有不同，需根据实际情况，制订具有针对性的农业合作社方案。

（三）关于农业现代化的理论

马克思、恩格斯的农业现代化思想从他们关于农业合作化和农业规模化的相关论述中可以得知。农业规模化经营为农民合作化生产提供了动力，农民合作化生产又为农业规模化经营创造了条件。马克思说过，“土地的肥力随着土地被分割的程度而递减”②，他认为大规模农业将更有利于促进生产，农业大生产最终将取代小农经济登上历史舞台，但农业规模化生产并不是将小块土地进行简单合并，而是将一切生产资料集中，协调实现规模效益。整合分散化、细碎化的传统小规模农业和零散的土地实现规模化经营，是发展社会主义农业现代化的必经之路。

马克思、恩格斯认为，小农生产方式作为一种“孤立劳动”犹如“马铃薯”，无法形成集体劳动力的合力，会排斥整体社会劳动生产力的发展。因此，马克思言及农业发展历史大势时说道：“今天，大规模使用机器耕种

---

① 中共中央马克思恩格斯列宁斯大林著作编译局．马克思恩格斯文集：第 4 卷［M］．北京：人民出版社，2009：525.

② 中共中央马克思恩格斯列宁斯大林著作编译局．马克思恩格斯文集：第 2 卷［M］．北京：人民出版社，2009：159.

土地已成了一种常规，而且日益成了唯一可行的农业生产方式。”① 马克思、恩格斯在分析英、法、德等较为发达的资本主义国家农业发展状况后，认为这些国家依靠农业生产经营机械化、资本化、商品化和企业化来实现资本主义农业生产方式的现代化，依靠生产资料的积累来为农业社会化生产提供物质基础。1894 年，恩格斯在《法德农民问题》中把法、德农民作为研究对象，他们紧密结合丹麦农民合作组织的先进经验，全面阐述了社会主义农业合作社的建立和发展问题，深化了马克思的集体所有制思想。至此，马克思主义农业现代化思想已经成形，为后来社会主义国家和马克思主义者探索社会主义农业现代化提供了理论基础。

二、马克思、恩格斯关于农村的理论

在马克思主义理论体系中，城乡关系决定着社会变迁。马克思、恩格斯关于城乡关系的思想是马克思主义理论的重要内容，他们站在人类历史的高度，运用唯物史观来辩证地认识资本主义社会发展规律，也对城市与乡村发展的历史脉络以及城乡关系进行了深刻的探究，揭示了城乡关系的演变过程及其对人的发展的影响，即城乡关系经历了从城乡同一到城乡对立，最后到城乡融合的三个发展阶段。

（一）关于城乡同一的理论

城乡同一，是指在人类社会早期，由于劳动生产率水平十分低下，欠缺社会分工和城市产生的条件，因此不存在城市与乡村的差别，城乡处于浑然一体的状态。马克思认为人类社会本是浑然一体的，在最初并未区分城市和乡村，在《家庭、私有制和国家的起源》中，恩格斯对早期人类社会的发展历程进行了大致的阐述，基本勾画了城乡同一阶段的社会发展历程。

（二）关于城乡对立的理论

城乡对立，是指随着城市的产生和发展，城乡关系逐渐走向分离，城市和乡村背后利益的不同导致城乡矛盾的产生和加剧，城乡之间的敌对状况不断加深。马克思、恩格斯指出：“城乡之间的对立是随着野蛮向文明的过渡、部落制度向国家的过渡、地域局限性向民族的过渡而开始的，它贯

---

① 马克思，恩格斯．马克思恩格斯全集：第 38 卷［M］．北京：人民出版社，1972：306.

穿着文明的全部历史直至现在。”① 马克思在《资本论》中谈到：“一切发达的、以商品交换为中介的分工的基础，都是城乡的分离。”② 马克思、恩格斯认为城乡二元对立是生产力发展到一定阶段的产物，是伴随着劳动分工和私有制的出现而形成的，是历史发展的必然趋势。马克思、恩格斯在《德意志意识形态》中详细论述了城乡对立存在于人类文明的发展逻辑：“物质劳动和精神劳动的最大的一次分工，就是城市和乡村的分离。城乡之间的对立是随着野蛮向文明的过渡、部落制度向国家的过渡、地域局限性向民族的过渡而开始的，它贯穿着文明的全部历史直到现在。”③ 这一论述肯定了随着社会生产力的发展和进步，城乡分离和对立出现的必然性和历史进步性。但与此同时，马克思、恩格斯也深刻揭露了城乡分离与对立正是造成乡村衰落的“病根”。马克思和恩格斯认为由于工业革命的爆发，社会生产力极大程度提高，造成社会分工进一步深化，城市和乡村在发生对立变化的同时，城乡之间在生产资料方面的差距越来越大，细化的社会分工使得工业劳动者和农业劳动者隶属于不同的经济利益体，一部分人被限制在城市，另一部分人被限制在乡村，城市和乡村间利益的分离日益明显，乡村在城市化浪潮下日渐边缘化，经济发展停滞、资源要素流失等问题接踵而来。

（三）关于城乡融合的理论

城乡融合，是指社会生产力发展到一定高度之后，城市和乡村之间的对立将会被消灭，城乡关系走向融合，形成“把城市和农村生活方式的优点结合起来，避免二者的片面性和缺点”④ 的系统的社会综合体。马克思、恩格斯总结人类发展规律，认为城市与乡村的关系理应是平等互利、共同发展的，城乡走向融合才是历史的指向。将工业和农业结合起来，“消灭城

---

① 中共中央马克思恩格斯列宁斯大林著作编译局．马克思恩格斯文集：第 1 卷［M］．北京：人民出版社，2009：556.

② 中共中央马克思恩格斯列宁斯大林著作编译局．马克思恩格斯文集：第 5 卷［M］．北京：人民出版社，2009：408.

③ 中共中央马克思恩格斯列宁斯大林著作编译局．马克思恩格斯文集：第 1 卷［M］．北京：人民出版社，2009：556.

④ 中共中央马克思恩格斯列宁斯大林著作编译局．马克思恩格斯文集：第 1 卷［M］．北京：人民出版社，2009：686.

乡之间的对立，是共同体的首要条件之一”①。只有消除差异，才能获得真正意义上的平等。推进城乡融合，不仅能提高农民消费水平，实现城乡互惠互利，保持城乡良好互动，而且能释放农村富余劳动力，为城市的工业扩张提供大量的劳动力储备，满足城市大工业发展所需保持的资本与劳动力间的平衡。在此基础上，马克思和恩格斯探讨了实现城乡融合所需的前提条件：就物质层面而言，需要高度发达的生产力水平，实现农业的工业化和农村的城市化；就制度层面而言，需要消灭私有制和建立社会主义公有制。马克思、恩格斯的“城乡同一——城乡对立—城乡融合”的城乡发展理论不仅体现了人类对理想社会的一种价值追求，也符合社会历史演进的一般规律。

三、马克思、恩格斯关于农民的理论

农民理论是马克思主义理论的重要组成部分，主要内容如下。一是农民的社会地位低，恩格斯在《德国农民战争》一书中写道：“无论农民是属于一个诸侯、一个帝国直属贵族、一个主教、一个寺院，还是属于一个城市，他们都毫无例外地被当做一件东西看待，被当做牛马，甚至连牛马都不如。”② 二是“工人应当同农村无产阶级联合起来”③。早在《关于林木盗窃法的辩论》中马克思就展露出对受压迫的贫苦群众的关注与同情，在分析总结 1848 年欧洲革命的经验时，马克思、恩格斯愈加肯定农民之于无产阶级革命的重要性，关于农民问题的一个重要观点——“工农联盟”思想被明确提出，在马克思、恩格斯理论中城市和乡村的关系也由此变得更为密切。恩格斯在《法德农民问题》中也系统分析了农民利益的主体性地位，提出要“以政府的身份采取措施，直接改善农民的状况，从而把他们吸引到革命中来”④。马克思和恩格斯强调工人阶级和农民阶级同为受剥削的对象，是具有共同利益的“天然的同盟者”，他们倡导工人阶级和农民阶级联合起来结成工农联盟。工人阶级应当从城市走向农村，将农民人口众多的

---

① 中共中央马克思恩格斯列宁斯大林著作编译局．马克思恩格斯文集：第 1 卷［M］．北京：人民出版社，2009：557.

② 马克思，恩格斯．马克思恩格斯文集：第 2 卷［M］．北京：人民出版社，2009：231.

③ 马克思，恩格斯．马克思恩格斯文集：第 2 卷［M］．北京：人民出版社，2009：197.

④ 中共中央马克思恩格斯列宁斯大林著作编译局．马克思恩格斯文集：第 3 卷［M］．北京：人民出版社，2009：404.

优势化作政治力量。

第二节　中国特色社会主义乡村建设重要论述

中华人民共和国成立以来，党和国家主要领导人根据时代和社会历史的发展变化，将马克思主义的普遍真理与中国革命、建设和改革的实际结合起来，不断丰富中国共产党“三农”工作理论体系，形成了具有中国特色的社会主义乡村建设理论，为全面推进乡村振兴战略提供了充足的理论依据和思想依据。

一、毛泽东关于“三农”工作的重要论述

无论是革命斗争时期还是社会主义建设时期，毛泽东都对马克思主义“三农”理论做出积极的承续和发展。

第一，关于农业的重要论述。首先，毛泽东始终坚持农业在国民经济中的基础地位，对农民、农村、农业的重要性给予了充分关注。毛泽东强调：“我们对于农业轻工业是比较注重的。我们一直抓了农业，发展了农业，相当地保证了发展工业所需要的粮食和原料。”① 其次，他强调“粮食是基础的基础”②，认为发展农业首要的便是确保粮食产量，端好中国人的饭碗。毛泽东指出“如果没有足够的粮食和其他生活必需品，首先就不能养活工人，还谈什么发展重工业?”③ 最后，他指出农业发展要走农业合作化的道路。在完成土地改革后，毛泽东创造性地开辟了一条适合中国社会主义性质的农业发展道路，强调我国要走农业合作化的道路。对个体农业主要遵循自愿互利、典型示范和国家帮助的原则，从社会主义萌芽性质的农业生产互助组，发展到半社会主义性质的初级农业生产合作社，再发展到社会主义性质的高级农业生产合作社。

第二，关于农村的重要论述。对于农村的发展，毛泽东强调要将城市和农村的工作统筹协调好，在党的七届二中全会上毛泽东明确提出“城乡兼顾”的核心观点，他认为“城乡必须兼顾，必须使城市工作和乡村工作，

---

① 毛泽东．毛泽东文集：第 7 卷［M］．北京：人民出版社，1999：24.

② 中共中央文献研究室．建国以来重要文献选编（第八册）［M］．北京：中央文献出版社，1998：255.

③ 毛泽东．毛泽东文集：第 7 卷［M］．北京：人民出版社，1999：24.

使工人和农民，使工业和农业，紧密地联系起来"①，不能顾城市而弃乡村，他提出了一系列推动农村文化基础设施建设、农村教育事业和社会福利事业发展的政策措施，要让农村充分发挥自身强有力的动力。

第三，关于农民的重要论述。毛泽东指出农村天地广阔，对我国的经济发展和乡村建设至关重要，大有可为之处，他认为"农民问题乃国民革命的中心问题"②，要通过文化教育、科技教育和思想政治教育来改造农民，提高农民的科学文化素质和政治思想素质，发挥农民"天然同盟军"的重要作用。毛泽东一直都重视农民利益的保护，强调要切实减轻农民负担，降低征粮比率。"总之，过去因负担太重无以为生的农民，必须切实解决救济问题；今年征粮必须不超过中央规定比率，大大减轻民负。"③

二、邓小平关于"三农"工作的重要论述

改革开放以来，邓小平深刻洞察当时的社会需求和时代特征，在坚持和继承毛泽东"三农"思想理论成果的基础上，做出了精辟论断，丰富了"三农"思想理论。

第一，关于农业的重要论述。首先，邓小平始终坚持农业的基础地位，推行农业经济改革，提出"以农业为基础、为农业服务"④的论述，确定"农业是根本"⑤的发展定位。他认为农业和工业发展应是互相促进关系，"农业搞不好，工业就没有希望"⑥。其次，邓小平强调粮食安全，必须实现粮食自给自足，要把粮食安全放在农业发展的核心位置，高度重视粮食自给自足的重要地位。最后，邓小平大力推动农村地区经济和政治体制改革，创新性提出农业发展的"两个飞跃"思想："第一个飞跃"是指废除人民公社模式，推行家庭联产承包责任制；"第二个飞跃"是指坚持农业集体化道路，实现农业生产、经营和管理的现代化。

第二，关于农村的重要论述。邓小平进一步思考农村与城市关系的协

---

① 中共中央文献研究室．毛泽东著作专题摘编：上［M］．北京：中央文献出版社，2003：636-637.

② 中共中央文献研究室．毛泽东文集：第1卷［M］．北京：中共中央党校出版社，1993：37.

③ 毛泽东．毛泽东文集：第6卷［M］．北京：人民出版社，1999：241.

④ 邓小平．邓小平文选：第2卷［M］．北京：人民出版社，1993：28.

⑤ 邓小平．邓小平文选：第3卷［M］．北京：人民出版社，1993：23.

⑥ 邓小平．邓小平文选：第1卷［M］．北京：人民出版社，1993：322.

调性，以促进农民增收、缩小城乡差距为出发点，“逐步改革小城镇的户籍管理制度，合理转移农村剩余劳动力”①。打破农村与城市间务工经商的壁垒，促进农村人口向城市流动，引导两者从冲突割裂状态向相互影响、相互促进的良性循环状态转变。

第三，关于农民的重要论述。邓小平对农民的论述主要集中在调动农民生产积极性、增加农民收入两个方面。对于调动农民生产积极性，邓小平强调在农业生产工作中应重视农民生产积极性的提高，强调农民生产积极性高不仅能够保证工作得以顺利完成，还能够推动农村互助合作运动。对于增加农民收入，邓小平强调：“农村只靠种粮食摆脱不了贫困”②，“要发展多种经营，多生产一些有交换价值的农产品，这样才能不断地增加财富”③。

三、江泽民关于“三农”工作的重要论述

随着中国特色社会主义市场经济的不断推进，江泽民在前人智慧的基础上，于世纪之交继承深化了马克思主义中国化的“三农”思想。

第一，关于农业的重要论述。江泽民进一步强调了农业的基础作用。他在党的十四大报告中谈道：“农业是国民经济的基础，必须坚持把加强农业放在首位。”④ 他将农业基础作用置于全面建设小康社会的宏观背景下进行统一论述，强调发展农业的长期性和艰巨性，认为粮食作为一种战略性的特殊商品对国家安全具有直接影响。他强调我国人民的吃饭问题必须实现自给，不能靠别国，提高农业生产力对实现国内粮食市场的供求均衡、提升国家综合实力都具有重要作用。

第二，关于农村的重要论述。首先是农村基础性战略地位。江泽民强调农村的发展关系整个社会的发展，是社会稳定的基础，只有促进农村的全面进步，社会的发展才能向前一步。其次是农村经营体制改革。促进农

---

① 中共中央文献研究室．新时期经济体制改革重要文献选编：下［M］．北京：中央文献出版社，1998：386.

② 中共中央文献研究室．邓小平文集（一九四九——一九七四年）（中卷）［M］．北京：人民出版社，2014：372.

③ 中共中央文献研究室．邓小平文集（一九四九——一九七四年）（中卷）［M］．北京：人民出版社，2014：375.

④ 江泽民．江泽民文选：第1卷［M］．北京：人民出版社，2006：231.

村稳定，最主要就是解决和人民利益相关的重要问题，江泽民强调农村要继续完善以家庭承包经营为基础的双层经营体制，稳定农村土地承包关系，农村土地承包地到期后再延长30年。最后，江泽民立足我国城乡关系的最新表现，提出以工促农的发展思路，在党的十六大上正式提出“统筹城乡发展”的概念，推动城市与农村协同共进，把发展小城镇同发展乡镇企业结合起来作为解决城乡矛盾的突破点，强调要“坚持大中小城市和小城镇协调发展，走中国特色的城镇化道路”①。

第三，关于农民的重要论述。农民问题始终都是“三农”中最基础的问题，调动农民生产积极性是农业农村经济得以发展的根本。江泽民强调：“什么时候农民有积极性，农业就快速发展；什么时候挫伤了农民的积极性，农业就停滞甚至萎缩。”②

四、胡锦涛关于“三农”工作的重要论述

胡锦涛在新阶段对党的乡村治理思想进行了持续的丰富和创新，做出符合我国国情的积极探索，不断丰富了中国特色社会主义理论体系中对农业、农村、农民问题的认识。

第一，关于农业的重要论述。首先，胡锦涛将农业发展问题上升到前所未有的高度，并指出“要牢固树立和切实落实科学发展观，深刻认识加快农业发展的重要性，增强发展农业的自觉性和主动性，始终坚持农业基础地位不动摇”③。其次，农业要发展就要依靠现代技术。胡锦涛强调农业现代化与社会主义新农村、社会主义现代化发展密不可分，应转变发展方式，提高农业综合生产能力，促进我国农业由粗放型向集约型转变，以增强农业竞争力为旨归，促进农业发展转型升级，推动我国农业朝着优质、高效、安全的方向发展，推进农业现代化的发展。

第二，关于农村的重要论述。首先是统筹城乡关系。随着国家进入全面建设小康社会的关键时期，胡锦涛愈加重视“发挥城市对农村的辐射和带动作用，发挥工业对农业的支持和反哺作用”，坚持“走城乡互动、工农

---

① 中共中央文献研究室．十六大以来重要文献选编：上［M］．北京：中央文献出版社，2006：18.

② 江泽民．江泽民文选：第2卷［M］．北京：人民出版社，2006：209.

③ 库桂生，颜晓峰．在科学发展观的统领下：十六大以来党的理论和实践新进展［M］．北京：人民出版社，2006：160.

互促的协调发展道路”①。建立以城带乡长效机制，推进社会主义新农村建设，推动中国城乡一体化新发展格局的形成。其次，建设社会主义新农村。中国社会发展到任何阶段农村都不能被忽视，随着经济社会的不断发展，胡锦涛对农村的发展也提出了更高的要求，强调按照“生产发展、生活宽裕、乡风文明、村容整洁、管理民主”的要求建设社会主义新农村。

第三，关于农民的重要论述。经过长期发展，我国在多方面积累起雄厚的物质基础，增加农民收入是胡锦涛持续关注的问题。胡锦涛强调，增加农民收入就是要通过发展产业增加就业，通过产业发展带动地区经济发展，进而增加农民收入。同时强调为增加农民群众的获得感、幸福感，应注重发展教育、文化、医疗事业，做到发展成果由人民共享。

第三节　习近平关于乡村振兴战略的重要论述

习近平关于乡村振兴战略的重要论述是在继承并发展马克思和恩格斯关于农业、农村、农民的思想，十八大以前党的“三农”思想以及中国传统重农思想的基础上，结合我国乡村发展的现实情况提出的新思路、新思想和新举措，是我国今后开展乡村工作的行动指南。习近平立足中国“三农”发展实际，提出乡村振兴战略并将其上升到与“民族复兴”同等的高度，他关于乡村振兴战略的重要论述内容丰富、分量厚重、意蕴深远，包含了与农业、农村、农民发展相关的方方面面，是对未来中国城乡融合发展格局的最新研判，为解决好新发展阶段的“三农”问题进行了全面部署，为解决全球普遍面临的乡村衰落问题贡献了中国智慧。

一、乡村振兴战略的总目标、总方针和总要求

2019 年 3 月，习近平在参加十三届全国人大二次会议河南代表团审议时，针对新形势进一步明确了实施乡村振兴战略的总目标、总方针、总要求，为做好新时代“三农”工作、实施好乡村振兴战略提供了基本遵循。

（一）总目标：实现农业农村现代化

中华人民共和国成立后，毛泽东结合马克思主义基本原理、中国的具

① 中共中央文献研究室．十六大以来重要文献选编：中［M］．北京：中央文献出版社，2006：311.

体国情，明确提出要大力发展农业，并在实践中探索出适合我国发展的农业现代化理论。1954 年，农业现代化被正式纳入国家发展战略框架，并被视为摆脱贫困的必要条件之一。1963 年，毛泽东明确提出要把我国打造成一个现代化的社会主义强国，农业现代化则位于“四个现代化”的首位。十一届三中全会之后，中国走上了改革开放之路，邓小平基于中国农业的发展实际，充实了农业现代化思想，“农业现代化”更是高频出现在政府报告中，从党的十六大报告中强调的“建设现代农业”①，十七大报告中指出的“走中国特色农业现代化道路”②，到党的十八大报告中进一步要求的“坚持走中国特色新型农业现代化道路”③，都充分表现出农业现代化作为国家现代化重要组成部分的极端重要性。1991 年十三届八中全会上第一次出现关于“农业和农村现代化”的表述，并首次将“农村的稳定和全面进步、农民的小康与农业的现代化”联系起来加以阐述。

2003 年中央工作会议肯定了 20 世纪 80 年代以来中国农村改革取得的伟大成就，评价为“开创了一条有中国特色的农村现代化道路”④。2013 年中央农村工作会议提出“中国要强，农业必须强；中国要美，农村必须美；中国要富，农民必须富”，实现了我国农业现代化工作由“重要”到“必须”的跨越⑤，但仍未将农村现代化引入国家战略设计之中。党的十九大开启了中国特色社会主义新时代，习近平在延续“三农”工作一以贯之的“重中之重”方针的同时，党的十九大报告中在过去“农业现代化”的中间加上“农村”二字，首次明确提出“农业农村现代化”的概念，开创性地将农业现代化与农村现代化共同写入国家战略规划，并明确提出坚持农业农村现代化是实施乡村振兴战略的总目标。2018 年的相关中央文件中将农业农村现代化与国家现代化并提，明确了农业农村现代化发展的未来愿景、三个阶段和实践路径，标志着党对农业农村现代化的认知实现了从“为何

① 江泽民同志在党的十六大上所作报告（全文）[EB/OL].（2012-08-28）[2021-06-18]. 中国日报网 . http：//www. chinadaily. com. cn/dfpd/18da/2012-08/28/content_15713510. htm.

② 胡锦涛在党的十七大上的报告（全文）[EB/OL].（2012-10-26）[2021-06-18]. 中国政府网 . http：//www. scio. gov. cn /tp/ Document/332591/332591. htm.

③ 胡锦涛在中国共产党第十八次全国代表大会上的报告（全文）[EB/OL].（2012-11-18）[2021-06-18]. 人民网 . http：//politics. people. com. cn/n/2012/1118/c1001-19612670. html.

④ 杜志雄 . 农业农村现代化：内涵辨析、问题挑战与实现路径 [J]. 南京农业大学学报（社会科学版），2021，21（5）：2.

⑤ 同④。

发展”上升到“如何发展”的跨越①。

农业农村现代化是国家现代化的基础和支撑。农业农村现代化总目标的提出不仅丰富和扩展了“五位一体”总体布局的科学内涵，而且针对建设社会主义现代化强国的要求做出了新时代的战略部署。农业农村现代化并不是农业现代化内容与农村现代化内容的简单叠加，而是由二者有机耦合而成的互有联系、彼此促进、相互交融的有机整体②。在乡村振兴和农业农村现代化的辩证关系中，乡村振兴是举措、是过程，农业农村现代化是目标、是结果。只有坚持“走中国特色社会主义乡村振兴道路，让农业成为有奔头的产业，让农民成为有吸引力的职业，让农村成为安居乐业的美丽家园”③，才能早日实现“农业强、农村美、农民富”的全面乡村振兴。

（二）总方针：坚持农业农村优先发展

新中国成立初期，我国为加速实现由落后的农业国向工业国的转变，做出了农业支持工业、农村支持城市的决策。改革开放后，当我国工业发展达到一定程度后，我国工农、城乡关系就逐步进入了工业反哺农业、城市支持农村的发展阶段。2012 年，党的十八大明确指出，要“促进工业化、信息化、城镇化、农业现代化同步发展”④。“农业基础地位”理论作为马克思和恩格斯“三农”理论的重要观点，在中国共产党领导中国人民进行社会主义革命、建设和改革的过程中被不断深化，在中央颁布的涉农文件中关于农业基础地位的表述也经历了“国民经济的基础”“放在第一位”“全党工作的重中之重”等表述方式的变化。从我国“三农”发展水平来看，社会主要矛盾最突出体现在乡村，“三农”领域发展存在明显滞后；从“大国小农”的基本国情来看，生产散、组织化程度低的小规模的农户占绝大多数；从未来发展动力源来看，乡村事业发展释放出大量的投资需求和消费需要。

为此，习近平基于我国工农城乡关系演变的最新特点，于 2017 年在党

---

① 杜志雄．农业农村现代化：内涵辨析、问题挑战与实现路径［J］．南京农业大学学报（社会科学版），2021，21（5）：1-10.

② 杜志雄．农业农村现代化：内涵辨析、问题挑战与实现路径［J］．南京农业大学学报（社会科学版），2021，21（5）：1-10.

③ 乡村振兴战略规划（2018—2022 年）［M］．北京：人民出版社，2018：10.

④ 胡锦涛在中国共产党第十八次全国代表大会上的报告（全文）［EB/OL］．（2012-11-18）［2021-06-18］．人民网．http://politics.people.com.cn/n/2012/1118/c1001-19612670.html.

的十九大报告中首次提出“坚持农业农村优先发展”的全新表述。2018年中央一号文件对其提出了原则要求，2019年中央一号文件全面部署了乡村振兴战略中“坚持农业农村优先发展”的总方针。习近平关于“农业农村优先发展”的一系列重要论述贯穿决胜全面建成小康社会、开启乡村全面振兴的全过程，对“三农”工作的认识也实现了从“同步发展”到“优先发展”的跃升。同时，习近平也对如何实现“优先发展”做出明确指示：“在干部配备上优先考虑，在要素配置上优先满足，在资金投入上优先保障，在公共服务上优先安排”①。以坚持农业农村优先发展为总方针，充分说明了新发展阶段我国“三农”政策取向，表明了习近平持续加大强农、惠农、富农政策力度的坚定决心。坚持农业农村优先发展，是增强城乡发展协调性的内在要求，也是加快补齐农业农村短板的重要准则，成为全党全社会共同的意志和行动。优先考虑干部配置，就是要“把优秀干部充实到‘三农’战线，把精锐力量充实到基层一线，注重选拔熟悉‘三农’工作的干部充实地方各级党政班子”②。优先满足要素配置，就是要“破除妨碍城乡要素自由流动、平等交换的体制机制壁垒，改变农村要素单向流出格局，推动资源要素向农村流动”③。优先保障资金，就是要“坚持把农业农村作为财政优先保障领域和金融优先服务领域，公共财政更大力度向‘三农’倾斜，县域新增贷款主要用于支持乡村振兴”④。优先安排公共服务，就是要“推进城乡基本公共服务标准统一、制度并轨，实现从形式上的普惠向实质上的公平转变”⑤。

（三）总要求：“新二十字”

习近平总书记强调要按照“产业兴旺、生态宜居、乡风文明、治理有效、生活富裕”的总要求统筹谋划，科学推进农村经济建设、政治建设、文化建设、社会建设、生态文明建设和党的建设。这五大要求是一个统一

---

① 中央农村工作会议在北京举行　习近平重要讲话［N］. 人民日报，2017-12-30.

② 中共中央　国务院关于坚持农业农村优先发展做好“三农”工作的若干意见［M］. 北京：人民出版社，2019：31.

③ 中共中央　国务院关于坚持农业农村优先发展做好“三农”工作的若干意见［M］. 北京：人民出版社，2019：25.

④ 中共中央　国务院关于坚持农业农村优先发展做好“三农”工作的若干意见［M］. 北京：人民出版社，2019：25.

⑤ 中共中央国务院关于坚持农业农村优先发展做好“三农”工作的若干意见［M］. 北京：人民出版社，2019：26.

整体，共同构成了乡村振兴的内容和要求，全面推进乡村振兴，就是要这五个方面全部推进，这是全面推进乡村振兴之“全面”的首要含义。

（1）产业兴旺是乡村振兴的基础。习近平强调：“必须坚持质量兴农、绿色兴农，以农业供给侧结构性改革为主线，加快构建现代农业产业体系、生产体系、经营体系，提高农业创新力、竞争力和全要素生产率，加快实现由农业大国向农业强国转变。”① 没有乡村产业的兴旺，乡村振兴无疑是无源之水、无本之木。产业发展是激活乡村发展的关键，实现产业兴旺就是要积极引导资金、管理、技术向乡村流动，构建现代农业产业体系、生产体系、经营体系，提高我国农业的创新力、竞争力和发展力，推进农业现代化向纵深方向发展，促进一二三产业融合发展，增强农业农村经济发展活力，推进我国从农业大国向农业强国转变。

（2）生态宜居是乡村振兴的载体。习近平强调：“良好生态环境是农村最大优势和宝贵财富。必须尊重自然、顺应自然、保护自然，推动乡村自然资本加快增值，实现百姓富、生态美的统一。”② 在农业农村突出环境问题整治上下大力气，坚决打好污染防治攻坚战，还老百姓蓝天白云、繁星闪烁、清水绿岸、鱼翔浅底的美好景象；加强农村人居环境综合整治，将农村建设成望得见山、看得见水、记得住乡愁的美丽家园。

（3）乡风文明是乡村振兴的灵魂。习近平强调：“必须坚持物质文明和精神文明一起抓，提升农民精神风貌，培育文明乡风、良好家风、淳朴民风，不断提高乡村社会文明程度。”③ 优秀的乡村文化，能够提振乡村精气神，增强农民凝聚力，孕育社会文明风尚。随着现代化进程的不断推进，我们要注重挖掘传统优秀文化蕴涵的思想观念、人文精神、道德规范，要结合时代发展不断创新，让乡村文化展现出文化魅力和时代风采。注重提高农民思想觉悟、道德水准、文明素养，积极引导农民自觉抵制传统文化中的糟粕，积极开展移风易俗，让乡风文明为乡村振兴注入深远持久的文化力量。

（4）治理有效是乡村振兴的保障。习近平强调：“必须把夯实基层基础作为固本之策，建立健全党委领导、政府负责、社会协同、公众参与、法

---

① 中共中央　国务院关于实施乡村振兴战略的意见［M］．北京：人民出版社，2018：8.
② 中共中央　国务院关于实施乡村振兴战略的意见［M］．北京：人民出版社，2018：13.
③ 中共中央　国务院关于实施乡村振兴战略的意见［M］．北京：人民出版社，2018：16.

治保障的现代乡村社会治理体制，坚持自治、法治、德治相结合，确保乡村社会充满活力、和谐有序。”① 乡村治理是国家治理的基石，是关乎农民切身利益的根本福祉。为实现治理有效的规范化、制度化，将传统治理和现代治理相结合，寻求各类公共事务的相关主体的利益最大化，就是要完成“广义‘民主’对狭义‘民主’的超越，这不仅意味着农村民主治理要充分保障农民民主政治权利，而且意味着农村民主治理要充分保障农民能够安居乐业、农村能够安定有序”②。

（5）生活富裕是乡村振兴的目标。习近平强调：“要坚持人人尽责、人人享有，按照抓重点、补短板、强弱项的要求，围绕农民群众最关心最直接最现实的利益问题，一件事情接着一件事情办，一年接着一年干，把乡村建设成为幸福美丽新家园。”③ 实施乡村振兴的根本出发点和落脚点，就是让亿万农民全面改善生产生活条件，让亿万农民走上共同富裕的道路。乡村振兴要始终围绕农民群众最关心、最直接、最现实的利益问题展开，要适应农民生活改善和产业发展新要求，推进农村基础设施建设提档升级；积极稳步推进农村人居环境污染问题治理；坚决打赢脱贫攻坚战，实现乡村振兴与脱贫攻坚有效衔接，聚焦深度贫困地区精准发力，全面落实脱贫攻坚工作，确保让贫困人口和贫困地区同全国一道进入小康社会。

二、乡村振兴战略的政策演进、目标任务和具体路径

（一）政策演进

党的十九大确立乡村振兴战略以来，国家出台了一系列重要政策文件，如表1-1和表1-2所示，对全面实施乡村振兴战略、全面推进乡村振兴、加快农业农村现代化作出具体部署。全面推进乡村振兴，要全面深刻领会和把握党中央的战略部署精神，结合各地实际，切切实实把党中央的战略部署落到实处。

---

① 中共中央 国务院关于实施乡村振兴战略的意见［M］．北京：人民出版社，2018：19.

② 周申倡，戴玉琴．从“管理民主”到“治理有效”：新时代农村民主治理的继承、调适与超越［J］．常州大学学报（社会科学版），2020，21（2）：1-10.

③ 中共中央 国务院关于实施乡村振兴战略的意见［M］．北京：人民出版社，2018：24.

表 1-1　国家关于实施乡村战略的政策汇总

颁布时间	政策名称	相关内容	颁布部门
2018 年 1 月 2 日	《中共中央　国务院关于实施乡村振兴战略的意见》	实施乡村振兴战略，是党的十九大作出的重大决策部署，是决胜全面建成小康社会、全面建设社会主义现代化国家的重大历史任务，是新时代“三农”工作的总抓手	中共中央、国务院
2018 年 9 月 26 日	《乡村振兴战略规划（2018—2022 年）》	到 2020 年，乡村振兴的制度框架和政策体系基本形成，各地区各部门乡村振兴的思路举措得以确立，全面建成小康社会的目标如期实现； 到 2022 年，乡村振兴的制度框架和政策体系初步健全； 到 2035 年，乡村振兴取得决定性进展，农业农村现代化基本实现。 到 2050 年，乡村全面振兴，农业强、农村美、农民富全面实现	中共中央、国务院
2019 年 1 月 3 日	《中共中央　国务院关于坚持农业农村优先发展做好“三农”工作的若干意见》	抓重点、补短板、强基础，围绕“巩固、增强、提升、畅通”深化农业供给侧结构性改革，坚决打赢脱贫攻坚战，充分发挥农村基层党组织战斗堡垒作用，全面推进乡村振兴，确保顺利完成到 2020 年承诺的农村改革发展目标任务	中共中央、国务院
2019 年 4 月 15 日	《中共中央　国务院关于建立健全城乡融合发展体制机制和政策体系的意见》	到 2022 年，城乡融合发展体制机制初步建立； 到 2035 年，城乡融合发展体制机制更加完善； 到 2050 年，城乡融合发展体制机制成熟定型。城乡全面融合，乡村全面振兴，全体人民共同富裕基本实现	中共中央、国务院
2020 年 1 月 2 日	《中共中央　国务院关于抓好“三农”领域重点工作确保如期实现全面小康的意见》	集中力量打赢脱贫攻坚战和补上全面小康“三农”领域突出短板两大重点任务，持续抓好农业稳产保供和农民增收，推进农业高质量发展，保持农村社会和谐稳定，提升农民群众获得感、幸福感、安全感，确保脱贫攻坚战圆满收官，确保农村同步全面建成小康社会	中共中央、国务院

续表

颁布时间	政策名称	相关内容	颁布部门
2021 年 1 月 4 日	《中共中央　国务院关于全面推进乡村振兴加快农业农村现代化的意见》	2021 年，农业供给侧结构性改革深入推进，粮食播种面积保持稳定、年产量达到 1.3 万亿斤以上，生猪产业平稳发展，农产品质量和食品安全水平进一步提高，农民收入增长继续快于城镇居民，脱贫攻坚成果持续巩固。到 2025 年，农业农村现代化取得重要进展，农业基础设施现代化迈上新台阶，农村生活设施便利化初步实现，城乡基本公共服务均等化水平明显提高	中共中央、国务院
2021 年 4 月 29 日	《中华人民共和国乡村振兴促进法》	制定乡村振兴促进法，是贯彻落实党中央决策部署，保障乡村振兴战略全面实施的重要举措；是立足新发展阶段，推动实现“两个一百年”奋斗目标的重要支撑；是充分总结“三农”法治实践，完善和发展中国特色“三农”法律体系的重要成果	全国人大
2022 年 1 月 4 日	《中共中央　国务院关于做好 2022 年全面推进乡村振兴重点工作的意见》	全力抓好粮食生产和重要农产品供给、强化现代农业基础支撑、坚决守住不发生规模性返贫底线、聚焦产业促进乡村发展、扎实稳妥推进乡村建设、突出实效改进乡村治理、加大政策保障和体制机制创新力度、坚持和加强党对“三农”工作的全面领导	中共中央、国务院
2022 年 5 月 23 日	《乡村建设行动实施方案》	到 2025 年，乡村建设取得实质性进展，农村人居环境持续改善，农村公共基础设施往村覆盖、住户延伸取得积极进展，农村基本公共服务水平稳步提升，农村精神文明建设显著加强，农民获得感、幸福感、安全感进一步增强	中共中央、国务院
2023 年 1 月 2 日	《中共中央　国务院关于做好 2023 年全面推进乡村振兴重点工作的意见》	必须坚持不懈把解决好“三农”问题作为全党工作重中之重，举全党全社会之力全面推进乡村振兴，加快农业农村现代化；坚决守牢确保粮食安全、防止规模性返贫等底线，扎实推进乡村发展、乡村建设、乡村治理等重点工作，加快建设农业强国，建设宜居宜业和美乡村	中共中央、国务院

表 1-2　基于实施乡村振兴战略“五大要求”的政策汇总

具体要求	颁布时间	政策名称	相关内容	颁布部门
产业兴旺	2018 年 1 月 24 日	《农业综合开发扶持农业优势特色产业规划（2019—2021 年）》	贯彻落实乡村振兴战略要求，进一步强化和规范农业综合开发对农业优势特色产业的扶持	国家农业综合开发办公室
	2018 年 2 月 25 日	《2018 年农产品质量安全工作要点》	坚持质量第一，大力推进质量兴农、绿色兴农、品牌强农。深入推进“农业质量年”活动，扎实做好农产品质量安全工作	农业部
	2019 年 6 月 28 日	《国务院关于促进乡村产业振兴的指导意见》	坚持农业农村优先发展总方针，以实施乡村振兴战略为总抓手，以农业供给侧结构性改革为主线，围绕农村一二三产业融合发展	国务院
	2020 年 7 月 16 日	《全国乡村产业发展规划（2020—2025 年）》	到 2025 年，乡村产业体系健全完备，乡村产业质量效益明显提升，乡村就业结构更加优化，产业融合发展水平显著提高，农民增收渠道持续拓宽，乡村产业发展内生动力持续增强	农业农村部
	2021 年 9 月 9 日	《“十四五”全国农业绿色发展规划》	到 2025 年，力争实现农业资源利用水平明显提高、产地环境质量明显好转、农业生态系统明显改善，绿色产品供给明显增加、减排固碳能力明显增强	农业农村部、国家发展改革委、科技部、自然资源部、生态环境部、国家林草局
	2022 年 9 月 16 日	《农业标准化生产实施方案（2022—2025 年）》	到 2025 年，试点构建 30 个农产品全产业链标准体系及相关标准综合体，制修订相关标准 200 项，建设现代农业全产业链标准化基地 300 个，按标生产培训 5 万人次，培育一批全国知名的绿色、有机和地理标志农产品，全产业链标准化协同推进机制基本形成	农业农村部

续表

具体要求	颁布时间	政策名称	相关内容	颁布部门
治理有效	2019年6月23日	《关于加强和改进乡村治理的指导意见》	推进乡村治理体系和治理能力现代化，夯实乡村振兴基层基础	中共中央办公厅、国务院办公厅
	2019年1月10日	《中国共产党农村基层组织工作条例》	加强党对农村工作的领导，加强和改进党的农村基层组织建设，夯实党在农村的执政基础	中共中央
生态宜居	2018年2月5日	《农村人居环境整治三年行动方案》	以建设美丽宜居村庄为导向，以农村垃圾、污水治理和村容村貌提升为主攻方向，动员各方力量、整合各种资源、强化各项举措，加快补齐农村人居环境突出短板，加快推进农村人居环境整治，进一步提升农村人居环境水平	中共中央办公厅、国务院办公厅
	2019年1月20日	《农村人居环境整治村庄清洁行动方案》	推动农村人居环境整治的一项基础性工程，通过广泛动员各方力量、优化整合各种资源，集中整治农村环境脏乱差问题，将农村人居环境整治从典型示范转到全面推开上来，加快提升村容村貌、持续改善农村人居环境，建设好美丽宜居乡村	中央农办、农业农村部、国家发展改革委、科技部、财政部、自然资源部、生态环境部、住房城乡建设部、交通运输部、水利部、文化和旅游部、国家卫生健康委、国家能源局、国家林草局、全国供销合作总社、国务院扶贫办、共青团中央、全国妇联
	2019年3月20日	《农村人居环境整治激励措施实施办法》	以更加有力精准的举措、更加过硬扎实的作风，推进农村人居环境整治不断取得新成效	农业农村部、财政部

续表

具体要求	颁布时间	政策名称	相关内容	颁布部门
生态宜居	2021年12月5日	《农村人居环境整治提升五年行动方案（2021—2025年）》	到2025年，农村人居环境显著改善，生态宜居美丽乡村建设取得新进步。农村卫生厕所普及率稳步提高，厕所粪污基本得到有效处理；农村生活污水治理率不断提升，乱倒乱排得到管控；农村生活垃圾无害化处理水平明显提升，有条件的村庄实现生活垃圾分类、源头减量；农村人居环境治理水平显著提升，长效管护机制基本建立	中共中央办公厅、国务院办公厅
乡风文明	2019年1月21日	《关于做好2019年农业农村工作的实施意见》	推动出台推进文明乡风建设的指导文件，配合做好农村精神文明建设示范县和文明村镇创建活动	中央农村工作领导小组办公室、农业农村部
生活富裕	2018年6月15日	《中共中央 国务院关于打赢脱贫攻坚战三年行动的指导意见》	着力激发贫困人口内生动力，着力夯实贫困人口稳定脱贫基础，着力加强扶贫领域作风建设，切实提高贫困人口获得感，确保到2020年贫困地区和贫困群众同全国一道进入全面小康社会，为实施乡村振兴战略打好基础	中共中央、国务院
	2020年12月16日	《中共中央 国务院关于实现巩固拓展脱贫攻坚成果同乡村振兴有效衔接的意见》	到2025年，脱贫攻坚成果巩固拓展，乡村振兴全面推进，脱贫地区经济活力和发展后劲明显增强，乡村产业质量效益和竞争力进一步提高，农村基础设施和基本公共服务水平进一步提升，生态环境持续改善，美丽宜居乡村建设扎实推进，乡风文明建设取得显著进展，农村基层组织建设不断加强，农村低收入人口分类帮扶长效机制逐步完善，脱贫地区农民收入增速高于全国农民平均水平。到2035年，脱贫地区经济实力显著增强，乡村振兴取得重大进展，农村低收入人口生活水平显著提高，城乡差距进一步缩小，在促进全体人民共同富裕上取得更为明显的实质性进展	中共中央、国务院

（二）目标任务

根据中央一号文件和国家乡村振兴战略规划的政策内容，从2021年起的30年内，乡村振兴的分阶段目标任务“分步走”，这是实施乡村振兴战略的时间表和路线图，规划了实现乡村全面振兴的方式与路径，是习近平新时代中国特色社会主义思想的最新成果，是实现社会主义现代化强国目标的有力保障，体现了中国智慧和中国经验。

（1）到2022年，乡村振兴的制度框架和政策体系初步健全。国家粮食安全保障水平进一步提高，现代农业体系初步构建，农业绿色发展全面推进；农村一二三产业融合发展格局初步形成，乡村产业加快发展，农民收入水平进一步提高，脱贫攻坚成果得到进一步巩固；农村基础设施条件持续改善，城乡统一的社会保障制度体系基本建立；农村人居环境显著改善，生态宜居的美丽乡村建设扎实推进；城乡融合发展体制机制初步建立，农村基本公共服务水平进一步提升；乡村优秀传统文化得以传承和发展，农民精神文化生活需求基本得到满足；以党组织为核心的农村基层组织建设明显加强，乡村治理能力进一步提升，现代乡村治理体系初步构建；探索形成一批各具特色的乡村振兴模式和经验，乡村振兴取得阶段性成果。

（2）到2025年，农业农村现代化取得重要进展，农业基础设施现代化迈上新台阶，农村生活设施便利化初步实现，城乡基本公共服务均等化水平明显提高。农业基础更加稳固，粮食和重要农产品供应保障更加有力，农业生产结构和区域布局明显优化，农业质量效益和竞争力明显提升，现代乡村产业体系基本形成，有条件的地区率先基本实现农业现代化。脱贫攻坚成果巩固拓展，城乡居民收入差距持续缩小。农村生产生活方式绿色转型取得积极进展，化肥农药使用量持续减少，农村生态环境得到明显改善。乡村建设行动取得明显成效，乡村面貌发生显著变化，乡村发展活力充分激发，乡村文明程度得到新提升，农村发展安全保障更加有力，农民获得感、幸福感、安全感明显提高。

（3）到2035年，乡村振兴取得决定性进展，农业农村现代化基本实现。农业结构得到根本性改善，农民就业质量显著提高，相对贫困进一步缓解，共同富裕迈出坚实步伐；城乡基本公共服务均等化基本实现，城乡融合发展体制机制更加完善；乡风文明达到新高度，乡村治理体系更完善；农村生态环境根本好转，生态宜居的美丽乡村基本实现。

（4）到 2050 年，乡村全面振兴，农业强、农村美、农民富全面实现。

（三）具体路径："五个振兴"的有机统一

2018 年 3 月，习近平在参加十三届全国人大一次会议山东代表团审议时，首次提出构建乡村振兴战略的"四梁八柱"——"五个振兴"。"乡村振兴是包括产业振兴、人才振兴、文化振兴、生态振兴、组织振兴的全面振兴。"①

第一，产业振兴是基础，产业兴旺是解决"三农"问题的前提。产业兴百业兴，实现乡村振兴要把农业发展摆在突出的位置，把产业发展摆在突出的位置，主要包括两个方面：一方面，要深入推进农业供给侧结构改革，唱响质量兴农、绿色兴农、品牌兴农的主旋律，推动农业由增产导向转向提质导向；另一方面，要坚持科技兴农，加快培育乡村产业、乡土产业，促进农村一二三产业融合发展，让农业成为前途光明的产业，让农民成为有吸引力的职业，让农村成为安居乐业的美丽家园。

第二，人才是乡村振兴的关键。要坚持人才兴农，在加快培养农业生产经营人才、加快培养乡村产业发展人才、加快培养乡村公共服务人才、加快培养乡村治理人才、加快培养农业科技人才等"一懂两爱"的"三农"工作队伍上下功夫，让各类人才在乡村振兴中建功立业。要运用政策、机制、机会等多种方式，鼓励社会各类人才看到乡村希望、看好乡村未来、看见乡村生活，实现真正的"吸引人才到农村"。

第三，文化振兴是基石，文化自信是更基本、更深沉、更持久的力量。要坚持传承、发展、提升农耕文明，大力弘扬以爱国主义为核心的民族精神和以改革创新为核心的时代精神，践行社会主义核心价值观，为实施乡村振兴战略提供强大的精神动力。要充分发挥文化振兴对于其他领域振兴的引领和推动作用，首先要做到以文铸魂。通过传播中华优秀传统文化、弘扬革命文化、发扬社会主义先进文化，激发乡村主体活力，深度挖掘乡村文化价值，增强乡村社会的文化认同感和文化软实力，引导村民追求精神层面的丰实和富有，激发农民投身乡村振兴的内在积极性和主动性。其次要做到以文化人。通过培育文明乡风、良好家风和淳朴民风，发挥文化凝聚人心、教化群众的重要作用，推进乡村社会公德、职业道德、家庭美

① 习近平．习近平谈治国理政：第 3 卷［M］．北京：外文出版社，2020：259.

德和个人品德建设，培养乡土文化人才，创作农民喜闻乐见的本土文化作品，带动农村移风易俗和“人”的现代化的实现。最后要做到以文兴业。通过加强乡村历史风貌的保护性利用，深入挖掘地方历史文化遗产，依托并整合乡村文化禀赋，推出具有浓郁乡村特色的文化产业，为乡村传统工艺赋予时代特征，让乡村文化在传承中得以保护，在发扬中创新。

第四，生态振兴是支撑，生态文明建设是中华民族永续发展的千年大计。离开生态，其他四个振兴无从谈起。习近平总书记明确指出，要以绿色发展引领生态振兴，让良好生态成为乡村振兴支撑点①，并且在党的十九大报告中 43 次提及“生态”。习近平总书记在党的二十大报告中明确提出了未来五年及更长时期推进绿色发展、建设生态文明的目标和任务，并就加快发展方式绿色转型，深入推进环境污染治理，提升生态系统多样性、稳定性、持续性，积极稳妥推进碳达峰碳中和等工作提出了要求、明确了路径。要坚持人与自然和谐共生原则，牢固树立和践行“绿水青山就是金山银山”理念，以绿色发展引领乡村振兴，加强农村生态环境保护和建设，加强农村公共卫生环境改造和整治，加强农村基础设施建设，提升村容村貌，真正做到让乡村“望得见山、看得见水、记得住乡愁”。

第五，组织振兴是保障。习近平在十三届全国人大一次会议上的重要讲话中指出，要推动乡村组织振兴，打造千千万万个坚强的农村基层党组织，培养千千万万名优秀的农村基层党组织书记，深化村民自治实践，发展农民合作经济组织。② 要以成千上万名优秀的农村基层党组织书记为抓手，把我国社会主义民主政治的优势和特点充分发挥出来，形成“三治合一”的现代乡村社会治理体系，保证乡村振兴健康稳步推进。要坚持和加强党对“三农”工作的全面领导，充分发挥基层党组织的战斗堡垒作用和党员的先锋模范作用，以高质量党建助力乡村组织振兴，为奋力实现农业强、农村美、农民富的目标提供组织保障。

五个振兴相辅相成、缺一不可，要求我们着眼于乡村产业、人才、文化、生态、组织五个方面，整体部署、协同推进农业全面升级、农村全面进步、农民全面发展。

---

① 中央农村工作会议在北京举行 习近平作重要讲话［N］. 人民日报，2017-12-30；习近平参加十三届全国人大一次会议山东代表团的审议［N］，人民日报，2018-03-09。

② 北京师范大学中国乡村振兴与发展研究中心，北京师范大学中国扶贫研究院．全面推进乡村振兴：理论与实践［M］. 北京：人民出版社，2021：271.

三、全面推进乡村振兴的制度保障、优先任务和核心关键

（一）制度保障：城乡融合发展体制机制和政策体系

当前中国城乡关系发展从“乡土中国”阶段转入“城乡中国”阶段，城乡融合发展是全面建设社会主义现代化国家的重要任务。城乡融合发展可以为乡村振兴创造战略发展条件、提供发展路径和发展动能。从动力角度看，重塑城乡融合关系，实现城乡发展要素、产业、市场及人力资源等的新型融合，有利于拓展乡村发展空间，从而为乡村振兴提供新动能，因此建立城乡融合发展体制机制和政策体系为全面推进乡村振兴提供了制度保障。习近平在十九届中央政治局第八次集体学习时的讲话中提到：“要把乡村振兴战略这篇大文章做好，必须走城乡融合发展之路。我们一开始就没有提城市化，而是提城镇化，目的就是促进城乡融合。要向改革要动力，加快建立健全城乡融合发展体制机制和政策体系。”① 2019 年 4 月，《中共中央　国务院关于建立健全城乡融合发展体制机制和政策体系的意见》出台，从国家顶层设计的全局性高度为城乡融合发展整体谋篇布局，与社会主义现代化国家建设目标和乡村振兴战略部署紧密衔接，绘就了全新的“三步走”的改革路线图，划定了涉及户籍、产权、土地、金融等多个关键领域的改革任务。第一步，“到 2022 年，城乡融合发展体制机制初步建立。”② 基本打破城乡二元结构下要素流动的制度性藩篱，对城市落户限制、城乡统一建设用地市场、金融惠农能力、农村产权保护交易制度等方面都提出了基本要求。第二步，“到 2035 年，城乡融合发展体制机制更加完善。”③ 进一步发展城乡融合的公共服务体系和要素融合机制，对流动的人口迁徙制度以及城乡用地、金融服务等方面都提出了更高的要求。第三步，“到本世纪中叶，城乡融合发展体制机制成熟定型。”④ 至此，城乡融合和乡村振兴已经全面实现，基本实现全体人民共同富裕。通过“三步走”战略

① 中共中央党史和文献研究院．习近平关于“三农”工作论述摘编［M］．北京：中央文献出版社，2019：45.

② 本书编写组．中共中央　国务院关于建立健全城乡融合发展体制机制和政策体系的意见［M］．北京：人民出版社，2019：3.

③ 本书编写组．中共中央　国务院关于建立健全城乡融合发展体制机制和政策体系的意见［M］．北京：人民出版社，2019：3.

④ 本书编写组．中共中央　国务院关于建立健全城乡融合发展体制机制和政策体系的意见［M］．北京：人民出版社，2019：4.

给予了系统协同城乡融合发展全方位的制度供给，在新时代，建立健全城乡融合发展体制机制和政策体系，要着力把握好以下四个关键点：

第一，要树立城乡融合发展的理念。城市与乡村是一个相互依存、相互融合、互促共荣的生命共同体。城市的发展和繁荣决不能建立在乡村凋敝和衰败的基础上，乡村的振兴也离不开城市的带动和支持，城乡共荣是实现全面小康和全面现代化的重要前提。党的十九大报告明确指出：当前我国社会主要矛盾已经转化为人民日益增长的美好生活需要和不平衡不充分的发展之间的矛盾。这种不平衡不充分的发展主要集中体现在城乡发展不平衡和乡村发展不充分上。现阶段，城乡发展的不平衡是我国不平衡的发展的突出表现，而乡村发展的不充分则是最大的发展不充分。

第二，大力促进城乡要素融合互动。城乡开放是城乡融合发展的基础和前提。长期以来，受传统二元体制的束缚，我国城乡要素流动是单向的，即农村人口、资金和人才等要素不断向城市集聚，城市公共资源向农村延伸、城市人才和资本向农村的流动处于较低水平。近年来，随着各地统筹城乡发展力度的加大，城市公共资源和公共服务向农村延伸的步伐明显加快，城市人才、资本和技术下乡也取得了较大进展，城乡要素正从单向流动转向双向互动。

第三，要建立城乡融合的体制机制。城乡二元结构是制约城乡融合发展和一体化的主要障碍。实施乡村振兴战略，加快推进农业农村现代化进程，必须从根本上打破城乡分割的传统体制机制障碍，建立健全城乡融合发展的体制机制。主要包括：一是有利于城乡要素合理配置的体制机制，二是有利于城乡基本公共服务普惠共享的体制机制，三是有利于城乡基础设施一体化发展的体制机制，四是有利于乡村经济多元化发展的体制机制，五是有利于农民收入持续增长的体制机制。当前，重点是全面深化城乡综合配套改革，构建城乡统一的户籍登记制度、土地管理制度、就业管理制度、社会保障制度，以及公共服务体系和社会治理体系，促进城乡要素自由流动、平等交换，公共资源均衡配置，实现城乡居民生活质量的等值化，使城乡居民能够享受等值的生活水准和生活品质。

第四，要完善城乡融合的政策体系。由于我国农村地域辽阔、人多地少，农民居住分散，加上农业发展基础薄弱、长期投入不足，目前农村居民人均公共资源占有量远低于城镇居民，农村基础设施和公共服务严重滞后。必须把城市与农村看作一个完整的有机体，建立完善城乡融合的政策体系。要坚持农业农村优先发展，始终把“三农”工作放在全面建成小康社会和实现社会主义现代化的首要位置，把政府掌握的公共资源优先投向农业农村，促使政府公共资源人均投入增量向农村倾斜，逐步实现城乡公共资源配置适度均衡和基本公共服务均等化。

（二）优先任务：打好脱贫攻坚战

习近平强调：“全面建成小康社会，最艰巨最繁重的任务在农村、特别是在贫困地区。没有农村的小康，特别是没有贫困地区的小康，就没有全面建成小康社会。”① 习近平明确指出全面建成小康社会最为关键的突破口在于农村贫困人口、贫困地区能否实现脱贫。2018 年 2 月 12 日，习近平在打好精准脱贫攻坚战座谈会上的讲话中强调：“脱贫攻坚是一场必须打赢打好的硬仗，是我们党向全国人民作出的庄严承诺。一诺千金。党的十八大以来，各省区市党政一把手向中央签军令状的，只有脱贫攻坚这一项工作。”② 坚决打好脱贫攻坚战，实现脱贫，是党中央实施乡村振兴战略要优先完成的任务，在扶贫过程中要注重脱贫质量，制定合理标准，早日打赢脱贫攻坚战。如何实现高效脱贫，习近平强调“贵在精准，重在精准”③，为此必须做到“六个精准”，并将其具体化为“扶持谁”“谁来扶”“怎么扶”“如何退”四个层面的问题。

首先，“扶持谁”。习近平强调扶贫要做到“看真贫、扶真贫、真扶贫”，领导干部多到基层了解贫困人口的实际情况。通过基层调查，对贫困人口建档立卡，摸清贫困人口底数，做到既不漏掉真正的贫困人口，也不会把非贫困人口纳入扶贫对象中，同时还要了解他们的贫困程度、贫困原因，真正做到因村施策、因户施策、因人施策。

其次，“谁来扶”。习近平强调：“加快形成中央统筹、省（自治区、直辖市）负总责、市（地）县抓落实的扶贫开发工作机制，做到分工明确、

① 把群众安危冷暖时刻放在心上　把党和政府温暖送到千家万户［N］，人民日报，2012-12-31（1）.

② 中共中央党史和文献研究院．习近平关于“三农”工作论述摘编［M］．北京：中央文献出社，2019：178-179.

③ 新华社．习近平在部分省区市党委主要负责同志座谈会上强调：谋划好“十三五”时期扶贫开发工作确保农村贫困人口到 2020 年如期脱贫［J］．当代贵州，2015（25）：8-9.

责任清晰、任务到人、考核到位。”① 各省区市党政主要负责同志要强化政治责任，亲力亲为抓好脱贫攻坚工作；省级分管扶贫工作的同志主要抓好扶贫工作的落实情况；乡村两级基层党组织，选派好驻村领导干部，在选好基层党组织领导班子上下功夫，党员干部到脱贫攻坚的一线，在带领群众脱贫致富的实践中磨炼党性、锤炼意志。各部门围绕脱贫攻坚工作目标，切实履行主体责任，坚决打好打赢脱贫攻坚战。

再次，“怎么扶”。按照贫困地区、贫困人口实际情况实行“发展生产、异地搬迁、生态补偿、发展教育、社会保障”的“五个一批”工程。严格按照扶贫标准，积极引导资源向贫困地区聚焦，探索建立稳定脱贫长效机制。强化产业扶贫，加大培训力度，促进转移就业，让贫困群众有稳定的就业岗位；做实做好易地扶贫搬迁工作；加强扶贫同扶志扶智相结合；完善低保、医保、大病保险、医疗救助相关保障，防止贫困地区、贫困人口因病致贫、因病返贫的现象发生，切实解决好深度贫困地区义务教育、基本医疗、住房安全基本问题。

最后，“如何退”。要加快制定贫困县、户的退出机制，“严把贫困退出关，严格执行退出的标准和程序，确保脱真贫、真脱贫”②。为此，必须制定详细的脱贫时间表，留出足够长的缓冲期，制订明确的退出计划，采用动态的管理办法，对已经脱贫的人口实行“逐户销号，脱贫到人”。这是精准扶贫脱贫的补充，也是落脚点。

2021 年，我国脱贫攻坚战取得了全面胜利，创造了彪炳史册的人间奇迹。“脱贫摘帽不是终点，而是新生活、新奋斗的起点。”全面推进乡村振兴战略的深度、广度、难度都不亚于脱贫攻坚，必须大力弘扬“上下同心、尽锐出战、精准务实、开拓创新、攻坚克难、不负人民”的脱贫攻坚精神，坚持把解决好“三农”问题作为全党的重中之重，以乡村振兴引领工程为主线，以高质量发展统揽“三农”工作全局，推进乡村振兴开好局、起好步，促进农业高质高效、乡村宜居宜业、农民富裕富足。

（三）核心关键：党的领导

习近平强调，办好农村的事情，实现乡村振兴，关键在党。深入实施

---

① 习近平．习近平谈治国理政：第 2 卷［M］．北京：外文出版社，2017：84.

② 统一思想一鼓作气顽强作战越战越勇　着力解决“两不愁三保障”突出问题［N］．人民日报，2019-04-18（1）.

乡村振兴战略，必须加强和改善党对“三农”工作的集中统一领导，充分发挥党把方向、谋大局、定政策、促改革的主心骨作用，提高党全面领导新时代“三农”工作的能力和水平。党的领导是中国特色社会主义最本质的特征，也是推动乡村振兴的关键因素。无论什么时候，都要坚持党对一切工作的领导。要在党的坚强领导下实施乡村振兴战略，有力有序推动乡村振兴各项工作高效落实。坚持党的领导，推进、引领、深化、提升乡村振兴，从而铺就乡村振兴的“快车道”。

（1）坚持党的领导，引领乡村振兴。党的十九大提出了乡村振兴战略，这就需要党来把握发展方向，加强党对“三农”工作的全面领导，落实农业农村优先发展的方针，以更大力度推动乡村振兴。我国是农业大国，“三农”问题一直是党和国家工作的重中之重。乡村振兴战略是“三农”工作的长远战略，全面推进乡村振兴，即把党的组织优势转化为最大限度组织动员各方力量，汇集起助推乡村振兴的强大合力，把党的群众工作优势转化为激发广大群众致富奔康的内在动力，强基固本，夯实党组织基础，抓好党组织自身建设，提升组织力。只有不断提升基层党组织的组织力，乡村振兴才会有坚强的领导，事业发展才会有把航向定大局的“舵手”。

（2）坚持党的领导，推进乡村振兴。全面推进乡村振兴，巩固拓展脱贫攻坚成果，加快农业农村现代化，是需要全党高度重视的一个关系大局的重大问题。只有坚持党的领导，充分认识新发展阶段做好“三农”工作的重要性和紧迫性，坚持把解决好“三农”问题作为全党工作的重中之重，才能举全党全社会之力推动乡村振兴，促进农业高质高效、乡村宜居宜业、农民富裕富足；才能“转角色，定方向”，做好产业融合发展和美丽乡村建设文章，真正打通乡村振兴的“致富路”；才能紧扣巩固拓展脱贫攻坚成果，全力找准乡村振兴“切入点”，扎实推动乡村振兴有力有序发展。

（3）坚持党的领导，深化乡村振兴。乡村振兴是一篇大文章，需要毫不动摇地坚定党的领导，让广大农民群众的心始终和党拴在一起，使农民群众成为党在基层执政的坚定拥护者和最广泛的参与者。广大党员干部更需要深刻认识在乡村振兴中自己身上的责任与使命，坚持把党的领导与深化乡村振兴紧密结合起来，把党员干部队伍建设与乡村振兴结合起来。广大党员干部要俯下身子，沉到基层，融入乡村振兴当中去，把人民群众的力量调动起来，将人民群众的冷暖放在心头，解决好人民群众生产生活中的困难问题，广泛依靠农民、教育引导农民、组织带动农民，激发广大农民群众的积极性、主动性、创造性，让他们投身乡村振兴事业，分享乡村振兴的红利，感受党组织的坚强领导，把广大农民群众紧紧凝聚在党的周围，建设美好家园。

（4）坚持党的领导，提升乡村振兴。党的领导是乡村振兴取得成功的重要保证，因此，要坚定不移支持农村党组织壮大建强，通过发挥农村党组织的组织优势、政治优势、服务优势，凝聚乡村振兴的正能量，让更多人民群众参与进来，加快发展乡村产业，促进社会主义精神文明建设，加强农村生态文明建设，实施乡村建设行动，深化农村改革，加强和改进乡村治理，推动城乡融合发展见实效，真正实现共建共享的工作格局。有了党的领导，党员干部在乡村振兴道路上遇到困难和问题后，内心的底气才足，解决困难和问题的决心才大，才能汇集乡村振兴的强大动力，巩固拓展脱贫攻坚成果，将乡村振兴落到实处，提升乡村振兴的质量，全面推进乡村振兴落地见效。

统筹推进乡村发展、乡村建设、乡村治理各项重点工作，归根结底要靠党的领导。要压紧压实工作责任，制定乡村振兴责任制实施办法，开展省级党政领导班子和领导干部推进乡村振兴战略实绩考核，完善市县党政领导班子和领导干部推进乡村振兴战略实绩考核制度，把五级书记抓乡村振兴落到实处。要建立健全推进机制，开展“百县千乡万村”乡村振兴示范创建，深入推进“万企兴万村”行动，建立乡村振兴表彰激励制度，形成全社会共同参与乡村振兴的良好氛围。要完善乡村振兴领导体制机制，强化党委农村工作领导小组“三农”工作牵头抓总、统筹协调等职能作用，把党管农村工作的政治优势进一步转化为推动乡村全面振兴的强大动力。

四、习近平关于乡村振兴战略重要论述的理论创新和指导意义

（一）理论创新

1. 丰富和发展了马克思主义“三农”思想

习近平关于乡村振兴战略的重要论述，是以习近平同志为核心的党中央在继承和发展马克思主义关于“三农”思想的基础上，立足于我国“三农”发展实际，逐渐形成的关于农业、农村和农民发展的新理论。

第一，丰富和发展了马克思主义“三农”思想中有关农业的理论。马

克思、恩格斯十分重视农业的基础地位，认为农业是其他一切活动的基础，同时提出了合作制理论，认为农业应朝着合作化的方向发展。中华人民共和国成立后，在当时百废待兴的情况下，以毛泽东为核心的党中央着手开始恢复国民经济，推动发展农村互助组和合作社，组织农民走合作化道路。改革开放后，党中央提出要改变农村基本经营制度，实施家庭联产承包责任制，调动了农民的生产积极性。党的十九大以来，习近平总书记针对我国农业发展现状，提出要促进农业转型升级，构建现代农业经营体系，发展多种形式的适度规模经营。习近平关于农业发展的论述，创新了农业发展模式，丰富了马克思主义“三农”思想。

第二，丰富和发展了马克思主义“三农”思想中有关城乡关系的理论。马克思、恩格斯认为城乡关系发展一共经历了三个阶段，从形成到对立，最后发展为融合，但是受历史条件的限制，马克思和恩格斯并没有给出走向城乡融合的具体路径。中华人民共和国成立后，针对城乡问题，党的历代中央领导集体提出了破解城乡二元结构、统筹城乡发展、推动城乡一体化发展的重大决策。新时代，城乡问题仍更加重忽视，基于我国农村当前的具体实际，习近平关于乡村振兴战略的重要论述回应了农民大众最为关心的事情，提出了实施乡村振兴战略，指出推进城乡要素合理配置、城乡基本公共服务普惠共享、城乡基础设施一体化发展、乡村经济多元化发展和农民收入持续增长等具体的融合路径，对新时代的城乡融合发展提出了具体实践要求。

第三，丰富和发展了马克思主义“三农”思想中有关农民的理论。在无产阶级夺取政权的过程中，马克思、恩格斯认为农民在革命中发挥着重要作用，无产阶级只有同农民联合起来才能取得革命的胜利。毛泽东认为农民问题是中国革命的基本问题，只有让农民参与到革命中，中国革命才能胜利。改革开放后，历届中央领导集体都十分重视农民问题，提出了增加农民收入、推进农村扶贫工作等一系列惠民政策。新时代，习近平提出乡村振兴战略的优先任务是打好脱贫攻坚战，要让农民实现脱贫致富，切实解决农民贫困问题。

党的十八大以来，我国“三农”工作局面良好，取得了前所未有的成就。党的十九大提出的乡村振兴战略是对“三农”工作的进一步深化，“三农”工作始终是我党的重要任务，乡村振兴战略同以往的“三农”工作本质上一样，都是为了把我国农村建设得更好，让农民更加富裕，农业现代化水平更高。新时代，习近平关于乡村振兴战略重要论述的理论来源于马克思、恩格斯关于农业、农村、农民的相关论述以及毛泽东、邓小平、江泽民、胡锦涛的“三农”思想。习近平关于农业、农村、农民提出了许多重要论述，推进农业农村现代化、深化农村改革、构建乡村治理新体系、建设生态宜居乡村、开展脱贫工作、繁荣农村文化等一系列措施，丰富和发展了马克思主义“三农”思想。

2. 是习近平新时代中国特色社会主义思想的重要组成部分

新的历史条件下产生新的思想，新的思想又用来指导新的实践行动。2017 年党的十九大召开，会议将习近平新时代中国特色社会主义思想写入党章，成为我党的指导思想。习近平新时代中国特色社会主义思想始终坚持马克思主义的立场和观点，坚持科学的原则，在中国特色社会主义实践中灵活使用马克思主义方法论，形成了系统的理论，是马克思主义中国化的最新理论成果。这一思想体系内涵丰富，乡村振兴战略便是其中一个重要的内容。习近平在党的十九大上提出乡村振兴战略，针对农业农村发展提出了许多重要论述，主要有：坚持农业农村优先发展、不断深化农村改革、建设美丽宜居乡村、提高农业发展质量、把握国家粮食安全、加强党对农村的领导等。这些有关农业农村发展的论述，旨在解决农业农村农民问题，涉及农村经济、政治、生态、社会、文化等各个方面，是习近平新时代中国特色社会主义思想的重要内容，是其在“三农”领域的具体体现，是新时代实施乡村振兴的重要举措，为实现乡村全面振兴提供了重要的理论支持和实践路径。

3. 是中国特色社会主义“三农”理论的重大创新

解决“三农”问题，要立足于中国的国情，结合马克思主义的理论和方法，采用符合中国实际的方法，寻找能够解决“三农”问题的途径和方法。习近平关于新时代乡村振兴战略的重要论述植根于中国的实际，从中国当前“三农”发展现状出发，创造性提出解决“三农”问题的新理论。习近平关于乡村振兴战略的重要论述，始终坚持以人民为中心的发展思想，一切以人的发展为根本出发点，是新时期指导“三农”工作的根本指南，旨在实现全面小康社会，实现中华民族伟大复兴的中国梦。

从“向科学进军”到“科学技术是第一生产力”再到“创新是引领发

展的第一动力”，党对创新的认识日益深化。新时代，实施乡村振兴战略更离不开创新发展。习近平关于乡村振兴战略重要论述是在我国进入新时代的背景下提出的，紧扣我国当前农村发展现状，为解决我国“三农”问题提出了新的应对措施，创造性地指明了实现高质量农业现代化的具体路径，有利于农业农村现代化发展。过去我国由于粮食短缺和技术落后等原因，农业发展存在只看重数量而忽视产品质量的问题。对此，习近平要求将推进农业供给侧结构性改革、提高农业综合效益和竞争力作为我国以后农业改革的导向。具体路径包括：首先，处理好政策导向和市场需求导向的关系。在遵循国家政策的大前提下，依据市场需求调整农业生产结构。其次，提高农产品质量和丰富农产品种类。随着我国社会主要矛盾的改变，人们对农产品的要求也不断提高，因此农业发展必须拓宽产品种类，创新农业技术，提高产品质量。最后，构建立体化农业结构。正如习近平指出的，要向开发农业多种功能要潜力，发挥三次产业融合发展的乘数效应，充分利用农业价值，将其融入服务业和工业。同时习近平还提出走好实施乡村振兴战略的七条路：一要重塑城乡关系，走城乡融合发展之路；二要巩固和完善农村基本经营制度，走共同富裕之路；三要继续深化农业供给侧结构性改革，走质量兴农之路；四要坚持人与自然和谐共生，走乡村绿色发展之路；五要传承发展提升农耕文明，走乡村文化兴盛之路；六要创新乡村治理体系，走乡村善治之路；七要打好精准脱贫攻坚战，走特色减贫之路。这些具体措施都是针对解决新时代我国农村发展过程中面临的种种问题提出的，具有鲜明的时代性和创新性。

（二）指导意义

在以习近平同志为核心的党中央领导下，振兴乡村这一伟大事业正在全党全社会的理论大讨论和实践大探索中如火如荼地推进，习近平关于乡村振兴战略的重要论述生发于现实之需和时代之思，对于从根本上解决“三农”问题、全面建成小康社会、全面建设社会主义现代化强国具有重要指导意义。

1. 有助于从根本上解决“三农”问题

农民安，天下稳。习近平强调，农业农村农民问题是关系国计民生的根本性问题，必须始终把解决好“三农”问题作为全党工作重中之重。没有农业农村的现代化，就没有国家的现代化。解决好“三农”问题，是全面建成小康社会、全面建设社会主义现代化国家的重大历史任务。习近平曾多次强调，任何时候都不能忽视农业、不能忘记农民、不能淡漠农村。农业强不强、农村美不美、农民富不富，决定着亿万农民的获得感和幸福感。当前，农业还是“四化”同步的短板，农村还是全面建成小康社会的短腿。实施乡村振兴战略是从根本上解决长期、复杂的“三农”问题的重大举措，开辟了一条中国特色社会主义乡村振兴的道路。

进入21世纪以来，党中央已连续出台了20个关于“三农”工作的中央一号文件，体现了党对解决“三农”问题的坚定决心。如何从根本上解决“三农”问题，实现“三农”新发展是新时期研究的一个重要问题。习近平关于乡村振兴战略的重要论述是指导“三农”工作的重要理论，乡村振兴战略的提出为有效解决“三农”问题提供了思路和方法，推动了“三农”问题的根本解决。乡村振兴战略“三步走”的目标任务与“两个一百年”奋斗目标的战略安排紧密衔接，旨在带领中国农业、农村和农民奋力向“农业强、农村美、农民富”的终极目标大步迈进，涉及乡村经济、政治、生态、社会、文化等各个方面，是“五位一体”总体布局在乡村社会的具体落实，为彻底解决“三农”问题提供了坚实的保障。

2. 是建成社会主义现代化强国的必由之路

党的十九大提出要在21世纪中叶建成社会主义现代化强国，这一重大战略部署是基于当前国际发展形势和我国发展的现状。在党的二十大报告中，习近平指出全面建设社会主义现代化国家，最艰巨最繁重的任务仍然在农村。没有农业农村的现代化，就根本不会有国家的现代化。习近平关于乡村振兴战略的重要论述，从实现农业农村现代化这个总目标出发，提出了实现农业农村现代化的重大意义、主要目标和根本途径，农业农村现代化是实现社会主义现代化的重要内容，只有农业农村现代化实现了，我国的现代化才能实现，才能全面建成社会主义现代化强国。

从目前到2035年，乡村振兴工作仍须付出极大努力，由此推动农业农村现代化基本实现。农业结构尚待得到根本改善，农民就业质量有待显著提高，相对贫困问题也需要进一步缓解，与此同时更要全力防范规模化返贫，推动共同富裕迈出更坚实的步伐；促进城乡基本公共服务均等化基本实现，城乡融合发展体制机制更加完善；乡风文明达到新高度，乡村治理体系更加完善；农村生态环境根本好转，美丽宜居乡村基本实现。

3. 推动中华民族伟大复兴中国梦的实现

没有乡村的振兴，就没有中华民族伟大复兴。实现中华民族伟大复兴，是中华民族近代以来最伟大的梦想。这个梦想，凝聚了几代中国人的夙愿，体现了中华民族和中国人民的整体利益，是每一个中华儿女的共同期盼。

党的十八大以来，以习近平同志为核心的党中央对乡村振兴进行了深入探索，走出了一条符合中国国情的乡村振兴之路，截至2020年乡村振兴已取得重要进展，制度框架和政策体系基本形成。农业综合生产能力稳步提升，农业供给体系质量明显提高，农村一二三产业融合发展水平进一步提升；农民增收渠道进一步拓宽，城乡居民生活水平差距持续缩小；现行标准下农村贫困人口实现脱贫，贫困县全部摘帽，区域性整体贫困问题已不复存在；农村基础设施建设深入推进，农村人居环境明显改善，美丽宜居乡村建设扎实推进；城乡基本公共服务均等化水平进一步提高，城乡融合发展体制机制初步建立；农村对人才吸引力逐步增强；农村生态环境明显好转，农业生态服务能力进一步提高；以党组织为核心的农村基层组织建设得以加强，乡村治理体系进一步完善；农村工作领导体制机制进一步健全；各地区各部门推进乡村振兴的思路举措非常明确。习近平强调中国梦的本质就是国家富强、民族振兴、人民幸福。实施乡村振兴战略顺应时代发展潮流，把握时代发展大势，立足于中国特色社会主义“三农”发展事业，以人民利益的实现为保障和前提，是解决新时代我国社会主要矛盾、实现“两个一百年”奋斗目标和中华民族伟大复兴中国梦的必然要求，具有重大现实意义和深远历史意义。

第二章　深化农村土地制度改革，巩固和完善农村基本经营制度

农村土地制度改革是乡村振兴的关键领域，是我国农村改革的核心内容之一，农地使用权制度改革是我国农村土地制度改革的重要内容。家庭承包责任制赋予了农户一定的自主经营权，降低了管理成本，但按人口平均分配的农地使用权制度限制了农户的生产规模，由于缺乏规范的土地使用权流转机制，城乡土地市场一体化进程缓慢，使得想脱离农业从事非农产业的农户难以利用市场机制转让土地使用权获得合理收益。力图通过扩大生产规模来降低长期平均生产成本和获得社会平均利润率的农户，则无法通过规范的土地流转市场得到所需要的土地使用权，农户对技术变革和采用先进生产手段的积极性不高，因此，若不进行农地制度创新则必将给农业现代化带来不利影响。农地使用权制度改革，对保障农民土地权益、提高农地使用效益、促进农地资源的优化配置、加快农业现代化进程，具有深远的意义。本章研究以马克思的土地所有权理论为指导，深入探讨我国农地使用权制度改革模式，从中获得对我国农地使用权制度改革模式选择具有参考价值和借鉴意义的启示。本章同时全面分析我国农地使用权制度改革的历史过程，详细剖析了土地承包经营制度存在的缺陷，评述了我国农地使用权制度改革的各种实践模式，提出完善现行土地承包经营制度的方案，认为社区股份合作制模式是我国深化农地使用权制度改革的主导模式，并分别对非农产业经济较发达地区和经济欠发达地区农地使用权制度改革提出相应的对策建议。

第一节　农村土地制度改革的理论基础

一、农村土地制度概述

（一）农地使用权相关概念

“农地”是指用于从事农业经营的一切土地。这里的“农业经营”应取广义上之概念，包括林业、牧业、渔业和其他农村副业在内的农业经营。立法应明确“农地”包括所有用于从事上述农业生产的农用地，不管是耕地、草地、森林、山岭、草原、荒地，还是滩涂、水面等的承包经营，都统一适用土地承包经营制度，即农地使用权制度。农地使用权是指以农业经营为目的，对集体所有的农用土地进行占有、使用和收益的权利。农地使用权是一种综合性、概括性的权利，是我国农地使用制度的法律体现形式。农地所有者依法根据自己的意志，按农地性能和用途进行事实上的占有、利用和使用。农地使用权与农地所有权既可以结合，也可以分离，即农地所有者和非农地所有权人都可以行使农地使用权。目前，我国农地使用权的取得采取无偿行政划拨、有偿出让或转让，农地使用权的设定期限依据用途不同而有不同的年限，目前我国土地承包经营权是有期限的：耕地 30 年；草地 30~50 年；林地 30~70 年。特殊林地的承包期经国务院、林业主管部门批准可以延长。

（二）我国土地制度内容

根据《中华人民共和国宪法》《中华人民共和国土地管理法》及其实施条例的规定，我国土地使用权制度包括以下方面：（1）土地的权利归属制度。《中华人民共和国宪法》第十条规定：“城市的土地属于国家所有。农村和城市郊区的土地，除由法律规定属于国家所有的以外，属于集体所有；宅基地和自留地、自留山，也属于集体所有。”（2）土地所有权禁止转让制度。任何单位和个人不得侵占、买卖或者以其他形式非法转让土地。土地使用权可以依法转让。国家为公共利益的需要，可以依法对集体所有的土地实行征用。（3）国家实行土地登记制度。县级以上人民政府对所管辖的土地进行登记造册，属于国有土地的，由县级以上人民政府登记造册，核发证书，确认使用权。属于集体所有土地的，由县级人民政府登记造册，核发证书，确认所有权。（4）国家实行国有土地有偿有限期使用制度。除国家核准的划拨土地外，凡新增土地和原使用的土地改变用途或使用条件、进行市场交易等，均实行有偿有限期的使用。（5）国家实行土地用途管制制度。《中华人民共和国土地管理法》第四条规定："国家编制土地利用总体规划，规定土地用途，将土地分为农用地、建设用地和未利用地。严格限制农用地转为建设用地，控制建设用地总量，对耕地实行特殊保护。"（6）国家实行保护耕地的制度。国家保护耕地，严格控制耕地转为非耕地。同时还规定，国家实行占用耕地补偿制度。（7）国家建立土地调查制度和土地统计制度。县级以上人民政府土地行政主管部门会同同级有关部门进行土地调查。

（三）农地使用权制度及其特征

（1）农地使用权制度的内涵。农地使用权制度是指国家对农地使用权的一系列法律规定。我国的农地使用权制度不仅体现为一种产权制度、一种农业生产经营制度，还体现为一种对农民的社会保障制度。农地使用权制度包括三个方面的含义：第一，农地使用权是一种"成员权"①。每个农民都有权按人口平均分得一份农地，20 世纪 80 年代以来，全国各地频繁发生的随人口变化的农地调整，在很大程度上，正是为了维护这种"成员权"。成员权的性质也决定了农地的所有权必须界定为集体所有，由集体经济组织承担发包农地并根据社区人口的变化调整农地的责任，以保证每个人都能公平地获得农地。第二，农地使用权保障了农民"就业权"。改革开放初期，乡镇企业还很不发达，农民从事非农生产的可能性很小。农民为了生存的需要，只能够利用以农地为主的农业生产资料进行农业生产获得收入。农地就必然承担起对绝大多数农民的就业职能。直到今天，我国绝大多数农民包括向非农产业转移的农民仍然以种地作为最后的就业出路保障。第三，农地使用权体现了农民的"社会保障权"。大多数农户通过农地生产经营获得维持家庭基本生存需要的收入。农地具有对农民的养老保障功能。大多数地区农民不愿意放弃农村户口，因为放弃农村户口意味着放弃农地所带来的福利。

（2）农地使用权制度的特征。第一，农地使用权的主体特定性。由农

① 周其仁，刘守英．湄潭：一个传统农区的土地制度变迁［M］//周其仁．农村变革与中国发展．香港：牛津大学出版社，1994.

地所有权的性质所决定，农地使用权的主体主要是农村的集体组织和农村集体经济组织的内部成员。农地使用权的取得，在多数情况下，是以农村集体经济组织内部成员为必要条件的，这就决定了农地使用权主体的范围是特定的，一般情况下只有农业集体经济组织的内部成员和乡村的集体性质的组织，才能取得农地的使用权。第二，农地使用权取得的无偿性。农地使用权的取得，一般不必支付地租性质的费用，因此，可以说农地使用权的取得是无偿的。第三，农地使用权能限制性。农地使用权的实际范围直接受到集体组织的利用行为的制约。农地的利用，可以由农村集体实施，也可以由个人或者集体以外具有独立民事主体资格的组织实施；农地使用权的行使必须遵守有关法律规定，“农民集体所有的土地的使用权不得出让、转让或者出租用于非农业建设”。

二、农地土地制度改革的相关理论

（一）马克思的土地所有权理论

马克思虽然没有明确提出“土地产权”这一范畴，但在《资本论》等经典著作中，马克思对土地所有权的内涵与外延做了许多精辟的论述，马克思的土地所有权理论实际上就是马克思的土地产权理论。其主要观点如下：

（1）马克思关于土地所有权权能理论。马克思认为，土地所有权是生产关系的一种表现，是和社会生产方式相适应的，在不同的历史时期具有不同的存在形式。“土地所有权的正当性，和一定生产方式的一切其他所有权形式的正当性一样，要由生产方式本身的历史的暂时的必然性来说明。”①土地所有权是一组权利束，是由终极所有权及其衍生出来的占有权、使用权、处分权、收益权、出租权、转让权、抵押权等权能组成的。土地所有权权能的核心是终极所有权，具有排他性特征。土地所有权分为完全的土地所有权和经济意义上的农地所有权，当全部土地所有权权能集中在一起由一个所有权主体行使时，马克思称之为完全的土地所有权；当除农地终极所有权以外的其他产权权能从农地所有权内分离出来并集中在一起，由另一个产权主体行使时，马克思称之为经济意义上的土地所有权或事实上

① 马克思．资本论：第3卷［M］．北京：人民出版社，2004：702.

的土地所有权。

（2）马克思关于土地产权权能结合与分离理论。马克思在《政治经济学批判》（1857—1858 年草稿》和《资本论》等著作中，以土地所有权主体为核心，分析了农地所有权权能的结合、分离及独立运作。马克思指出："甚至整个社会，一个民族以至一切同时存在的社会加在一起，都不是土地的所有者。他们只是土地的占有者，土地的使用者。"① 马克思提出了土地所有权、占有权和利用权三个概念，并且明确指出土地所有权和土地占有权与利用权是可以分离的。马克思不仅将农地所有权分解，还考察了它们统一和分离的组合在不同的历史条件下所表现出来的不同方式和特征。归纳起来，主要有以下 3 种典型形式：小生产方式中土地所有权和占有权、使用权合而为一；私有制社会中农地所有权与使用权、占有权相分离，分属不同的主体所有；农地公有基础上的所有权与使用权、占有权的分离。

（3）马克思关于土地所有权交易商品化、资源配置市场化的理论。马克思虽然没有直接提出土地所有权是一种商品，但他认为土地所有权可以被商品化，从而成为土地所有者收入的源泉。"作为劳动条件的土地同土地所有权和土地所有者完全正确分离，土地对土地所有者来说只代表一定的货币税，这是他凭他的垄断权，向产业资本家即租地农场主那里征收来的。"② 土地相关权能的获得是使用土地的前提，土地所有权商品化随着商品经济的发展将进一步深化。土地所有权配置市场化是马克思土地所有权理论的重要内容。土地所有权交易商品化是土地所有权配置市场化的基础。在商品经济中，土地所有权按市场规则寻求与其他财产权利的交易，马克思认为，农地所有权可以"借助于商品的各小部分的所有权证书，商品能够一部分一部分地投入流通"③。同时，由于地租的作用，土地所有权"变成一种交易品"④ 进入市场，通过市场机制与其他财产进行优化配置。马克思指出，土地所有权价格是土地所有权配置市场化的核心问题。马克思认为，土地产权价格决定不同于一般商品价格决定，一般商品价格主要由价值决定并受供求关系的影响，土地产权价格主要由社会决定，由当时市场

① 马克思．资本论：第 3 卷［M］．北京：人民出版社，2004：878.

② 马克思．资本论：第 3 卷［M］．北京：人民出版社，2004：697.

③ 马克思，恩格斯．马克思恩格斯全集：第 46 卷：下［M］．北京：人民出版社，1979：446.

④ 马克思恩格斯选集：第 1 卷［M］．北京：人民出版社，2012：263.

上土地所有权供需状况决定。

（二）西方经济学的土地产权理论

西方经济学的土地产权理论主要研究市场经济中土地产权及其结构安排对资源配置效率的作用和影响，是制度经济学的流派之一。它是 20 世纪 60 年代由美国经济学家科斯首先提出，70—80 年代由威廉姆森、诺思、舒尔茨、斯蒂格勒、阿尔钦、德姆塞茨和张五常等进一步完善之后形成的。制度经济学土地产权理论特别强调土地产权、产权制度、交易费用等在土地经济学中的重要性，主要观点归纳如下：

（1）关于土地产权的内涵。在西方经济学土地产权理论中，土地产权是一个法权概念，它是规定人们相互行为关系，体现一定的社会关系的一种基础性规则。土地产权是包括所有权、使用权、收益权、处置权等在内的一组权利束。科斯在《社会成本问题》一文中指出："个人拥有的包括义务和特权在内的权利将在很大程度上由法律决定。结果，法律制度就对经济体系的运行产生深远的影响，在某些方面可以说起着控制作用。"阿尔钦认为，产权是选择一种经济品的使用的权利。诺思认为，产权是个人对其所拥有的劳动、物品和服务的占有权利。产权实质上是一套激励与约束机制，产权安排对资源配置效率具有直接影响。

（2）关于土地产权的功能和收益分配。土地产权是一种特殊的生产要素，具有特定功能并能产生收益。土地产权制度具有制度性收益、激励和约束、资源配置和分配收益等功能，有助于形成合理的经济预期，节约交易费用。

（3）关于土地产权的成本界定与资源配置效益。土地产权的界定、实施、交易，以及产权制度的变迁和运行都要付出成本，合理的土地产权制度界定有利于节约交易费用，提高资源配置效益。

（4）关于土地产权的效率与经济发展的关系。土地产权的效率是指土地产权的收益与成本的比值。一个国家的经济发展潜力和经济发展程度，取决于其经济资源禀赋和土地产权禀赋。

（5）关于土地产权制度变迁对经济发展的影响。土地产权制度的优劣与收益、成本、效率差异性有关，不同土地产权制度的替代和变迁的动因是谋求更高的制度效率，更高的土地产权制度效率可以降低交易费用，衡量一个国家土地产权制度的优劣以交易费用的高低为标准。

马克思的土地所有权理论和西方经济学土地产权理论存在很大的不同。两者在世界观、价值观、研究目的、理论基础、研究方法和研究核心等方面都是完全不同的，是属于两个不同的理论体系。我们以科学的态度分析和看待这两种理论。目前我国的土地使用权制度在法律上规定为土地集体所有制条件下农户承包经营，但仍存在着一系列制度性缺陷。我们要以这两种产权理论为基础，对土地产权制度进行创新。在宏观的土地使用权制度安排上要以马克思的土地所有权理论为指导，在坚持土地集体所有的前提下，实现土地使用权的适当流转。在具体的土地使用权安排上，要吸收西方经济学土地产权制度理论的研究方法，对土地产权交易的成本和收益进行详细的分析和衡量，并在法律上加强对土地产权的界定，使有限的土地资源得到最优化的配置和使用。

第二节　新中国成立以来农村土地所有权制度在我国的应用与发展

新中国成立以来，结合马克思主义关于土地所有权理论与中国具体实践，形成了丰硕的理论和实践探索成果。这些成果是解决中国农村土地制度改革难题的科学依据，推动了我国农村土地所有权制度从“两权合一”到“两权分离”再到“三权分置”的不断深化，诠释了马克思土地所有权理论的当代价值，体现了我国农地所有权制度改革理论与实践的继承性、连续性和创新性。

一、从“两权合一”到“两权分离”（1949—1978年）

（一）“农民所有，自主经营”农地所有权制度的确立（1949—1953年）

中华人民共和国成立前，党在解放区领导的土地改革运动使约1.6亿农民实现了“耕者有其田”。新中国初期，广大新解放区依然是以封建地主土地所有制为主，还有3.1亿农民没有分到土地①。以毛泽东同志为主要代表的中国共产党人明确了社会主义农村土地所有制改革目标和政府的主导作用，高度重视土地所有权归属问题。在这一阶段，政府工作的核心目标和

① 姜爱林．土地政策基本理论研究［M］．北京：中国大地出版社，2001：161.

重要内容是建立农民土地所有制。

1950 年，国家在政治上对富农经济和其土地权利采取保留的土地政策，废除地主土地所有制，实行农民土地所有制，均分土地并且赋予土地所有者拥有土地买卖、出租和经营等土地所有权益①，农民依法向国家缴纳契税②。《中华人民共和国土地改革法》颁布后，在解放区全面掀起了农村土地所有制度改革运动，到 1953 年春，全国基本完成农村土地所有权制度改革，1954 年《中华人民共和国宪法》将农民土地所有权正式作为法律内容确立下来。

通过本阶段的农村土地制度改革，我国农地所有权制度实现了由“地主所有，租赁经营”向“农民所有，自主经营”转变，农民获得了完整的土地所有权及其权能保障，农民依法拥有了农地所有、使用、转让等系列权益，极大提高了农民的生产积极性。1949—1953 年各类主要农作物产量基本呈现平稳上升趋势，农民自主经营促进了农作物产量的提高。截至 1953 年年底，我国粮食产量从新中国成立初期的 11318 万吨增长至 16684 万吨，玉米、大豆、棉花、甘蔗等经济作物产量达到历史最高水平，我国 3 亿多农民获得 7 亿亩土地、300 万头耕畜、4000 万件农具、3800 万间房、53 亿公斤粮食③。

通过本阶段农村土地制度改革，我国废除了封建土地所有制，重塑了国家与农民之间的关系，重建了农村基层组织和户籍制度，强化了国家对农民的引导与管理制度，为农业合作化运动的开展夯实了基础。但是，“农民所有，自主经营”的土地所有权制度本质上依然是分散落后的小农经济，我国农村土地制度改革注定要继续深化，为此，走互助合作道路，引导农民走集体化道路，成为深化农村土地制度改革的主要方向和必然要求。

（二）“农民所有，集体经营”农地所有权制度的确立（1954—1956 年）

从 1954 年到 1956 年，我国在农业领域开展了合作化运动和社会主义改造，农村土地所有权制度进一步演化为“农民所有，集体经营”。新中国成立初期，以毛泽东为主要代表的中国共产党人应用和发展了马克思社会主

---

① 中国人大网．中华人民共和国土地改革法［EB/OL］.（2000－12－10）http：//www. noc. eov. cn/wxzl/wxzl/2000-12/10/content4246. html.

② 陈海秋．建国以来农村土地制度的历史变迁［J］．南都学坛，2002，22（5）：70-79.

③ 刘正山．当代中国土地制度史：上［M］．大连：东北财经大学出版社，2015：98-104.

义土地公有制理论，坚持农民自愿，不强迫和命令等基本原则，采取渐进式改革路径，推动农村土地制度从互助组向初级农业合作社再向高级农业生产合作社的转变与发展，实现了农地公有化的目标。在互助组时期，我国确立了“农民所有，生产互助合作”的农村土地制度，农民成为独立的所有权和利益的主体；在初级农业合作社时期，我国确立了“农民所有，初级社集体经营”的土地所有权制度，农民自愿决定是否参与“土地入股、统一经营”。尽管入社农民在土地所有制前提下依旧享有土地所有权和退股自由权，但农民行使土地经营使用权不再如过去一般自由，土地所有权也是通过土地分红才得以体现。

1949 年 10 月至 1953 年年底，随着我国互助社形式的不断推广，各地随之迅速掀起互助合作运动热潮。1953 年中共中央发布《关于农业生产互助合作的决议》，强调尊重农民自愿入社入股的根本原则。到 1955 年 7 月，我国农业合作社已经发展到 65 万个。到 1956 年年底，96. 3%的农户参加了农村生产合作社，这标志着我国农业生产合作社运动已经从试办阶段进入稳步发展时期。

表 2-1 反映了 1951—1955 年农业合作化运动的开展情况。到 1955 年，互助组的比例已经增长过半；而单干农户的发展趋势与互助合作发展的趋势截然不同，由 1951 年除去互助组和初级社比例以外的 82. 8%，下降为 1955 年除去互助组和初级社比例以外的 35. 3%。

表 2-1　1951—1955 年农业合作化运动发展情况

年份	互助组			农业生产初级合作社（初级社）			
	组数（个）	户数（户）	比例	社数（个）	户数（户）	平均规模（户/社）	比例
1951	4236712	19161253	17. 5	129	1588	12. 3	0. 0015
1952	8026037	45364384	39. 9	57188	57188	15. 7	0. 0500
1953	7450212	45636863	39. 2	15053	272793	18. 0	0. 2350
1954	9931480	68477999	58. 4	114165	2285246	20. 0	1. 9500
1955	7147023	60388790	50. 7	633213	16880928	26. 7	14. 0000

资料来源：黄道霞．建国以来农业合作化史料汇编［M］．北京：中共党史出版社，1992。

综上，20 世纪 50 年代初，在“耕者有其田”基础上，我国推行和发展农民互助合作经济是符合中国农情的，有益于社会生产力的发展，深受农民的支持与欢迎。走农业合作化道路是对马克思社会主义土地公有制理论的继承和发展。初级农业生产合作社时期，我国农村土地所有权制度的特点是：农地入股、统一经营、按劳动力和土地分配，以农民土地所有制为基础，但入社农民土地的所有权和使用权相分离。

这个阶段的农村土地所有权制度改革产生了一系列积极影响，具体呈现为三大方面：第一，结束了存续几千年的封建土地所有制，初步确立了社会主义土地集体所有制，确保了我国农村社会主义经济制度的本质属性；第二，在农业合作化运动中，农田水利设施的兴修和规模化农业生产使集体协作力得以发挥，刺激了农业生产的恢复发展，对提高农业生产率起到了积极作用①；第三，农业合作化为工业化的起步和发展提供了重要物资基础和资金准备②。但是，在农业合作化运动进程中，也存在一些失误与局限性。由于过分强调加快变革生产关系，导致后期农业合作化运动仿效了苏联的农业集体化模式，1955 年后，出现了一定程度的对高级社发展急于求成的心态和教条主义错误。同时，在处理重工业的优先发展与农业的协调发展，以及处理个体经济的积极性和互助合作的积极性等关系方面，均存在一定偏差，对工农业协调发展方面重视不够；偏向认可互助合作道路，认为这是最大程度提高劳动积极性的方法。

（三）“集体所有，集体经营”农地所有权制度的确立（1957—1978 年）

高级农业生产合作社的土地归合作社集体所有，统一经营和分配，这是农村土地集体所有权制度的雏形。1956 年 6 月《高级农业生产合作社示范章程》发布，规定社员对自留地享有使用权而不享有所有权，且仍强调

① 国家统计局 1956 年调查数据表明：到 1956 年，全国共新建及整理堰塘 1400 多万处，新增水井 500 万眼、抽水机 27 万匹马力，扩大灌溉面积 2 亿亩，建成拖拉机站 326 个、农技推广站 14230 个、畜牧兽医站 2257 个、民用牲畜配种站 545 个、新式农业站 207 个（资料来源：中华人民共和国国家统计局．我国的国民经济建设和人民生活［M］．北京：统计出版社，1958）。

② 国家统计局统计数据表明：“一五”期间，国家预算中农业税约占 10%，由农副产品收购、加工、销售、运输等利润和税收间接构成的财政收入约占 40%，由于工农业产品之间的差价，农民把相当于自己净收入的 5%奉献给国家积累（资料来源：中华人民共和国国家统计局．我国的国民经济建设和人民生活［M］．北京：统计出版社，1958）。

“社员有退社的自由”①。到1957年，参加高级社的农户达到96%，我国农业的社会主义改造基本完成②。这个阶段主要经历了“大跃进”和国民经济调整两个时期，形成了“三级所有，队为基础”的农村土地制度新格局。

1. 人民公社化时期的农村集体土地所有权制度（1957—1958年）

实行人民公社化制度是新中国成立以来探索中国社会主义建设道路的重大决策之一。到1956年，我国高级农业生产合作化运动基本完成，每社平均200户左右。1958年10月底，我国成功地把74万多个农业生产合作社改组成为2.6万多个人民公社，人民公社基本覆盖全国。人民公社化时期，我国农村土地、社员自留地、宅基地等所有土地以及劳动工具包括牲畜等生产资料全部归属人民公社所有，“退社自由”随之取消。人民公社采取集中劳动的形式，合作社时期的按劳动工分分配方式被直接供给（占70%~80%）和与工资相结合的分配方式所代替。

2. 以生产大队为基础的三级所有发展阶段的农村集体土地所有权制度（1959年—1962年下半年）

1959年2月《关于人民公社管理体制的若干规定（草案）》（以下简称《规定》）发布，《规定》指出，生产大队要与之前的高级社规模大小等同，并且作为人民公社的基本核算单位。同年4月中共中央发布的《关于人民公社的十八个问题》规定了人民公社实行三级所有，生产大队为基本核算单位，生产队是包产单位，对土地、生产资料和劳动力有使用权。1960年11月《关于农村人民公社当前政策问题的紧急指示信》，第一次明确指出“三级所有，队为基础”是现阶段人民公社的根本制度。

3. 以生产队为基础的“三级所有”农村集体土地所有制阶段（1962—1966年）

“三级所有”的主体架构主要包括人民公社、生产大队和生产队。从以生产大队为基础改为以生产队为基础，这阶段时间跨度为三年，即1962—1966年。1959—1961年三年困难时期，人民公社的土地制度也产生了混乱，党中央为了整顿人民公社纠正错误，于1962年发布《农村人民公社工作条

① 《高级农业生产合作社示范章程》第十一条规定：“要求退补的社员一般地要到生产年度完结以后才能退批，社员退社的时候，可以带走他入社的土地或者同等数量和质量的土地，可以抽回他所交纳的股分基金和他的投资。”

② 刘正山．当代中国土地制度史：上［M］．大连：东北财经大学出版社，2015：140-148.

例（修正草案）》，提出了坚持民主集中制的原则，社员共有共营，基本核算单位是生产队，也可以分为三级，即“人民公社、生产大队、生产队”集体所有，农业生产开始逐步恢复增长。1962年9月，中共八届十中全会确立了“三级所有、队为基础，三十年不变”的集体土地所有权制度。这一阶段我国确立了以生产队为基本核算单位的集体经济制度。土地由生产队统一组织经营和调配，农民和个人家庭拥有独立的土地所有权利，但不得自由买卖和出租。尽管生产队在队内生产经营和利益管理上有一定程度自主权，但是，在“政社合一”制度背景下，生产队的生产计划和产品分配要根据生产大队、人民公社和县的集中规划按部就班地进行。

4.“文化大革命”时期我国农村集体土地所有权制度（1966—1978年）

1967年，中共中央重申了人民公社现有的以“三级所有，队为基础”的集体经济制度。但是，部分农村出现极“左”思潮，实行大队核算。但从总体上看，“文化大革命”期间我国农村土地依然保留着“三级所有，队为基础”的制度。

1975年的《中华人民共和国宪法》专门论述：“农村人民公社经济是社会主义劳动群众集体所有制经济。”同样是“集体所有，集体经营”，“两权合一”的人民公社与高级农业生产社的差异性主要表现在发展层次与形式上。人民公社的本质是一种公有制的全面所有权管制形式，国家是所有制经济的首要决策者，集体经济组织处于被国家掌控和支配的位置，按照高度集中的指令计划执行，而集体的所有权和收益分配权等逐步丧失，集体次于国家成为次支配地位，最终形成了“三级所有，队为基础”的人民公社制度，同时也出现了所有权主体边界不清、监督成本提高、经济效益低下的不利情况。

二、从“两权分离”到“三权分置”（1978年至今）

1978年12月，党的十一届三中全会召开，我国农村改革以土地制度为发端逐步破题。土地制度改革以马克思主义土地所有权理论为指导，结合我国农村经济社会发展具体实践，实现了理论研究与实践深化，改变了“两权合一”的人民公社制度，确立了土地集体所有权和承包经营权“两权分离”的家庭联产承包责任制，该制度是农村土地制度的重大创新。家庭联产承包责任制这场深刻的变革，经历了诱致性变迁到强制性变迁的过程，首发于农民的实践探索。1978 年 11 月 24 日晚，安徽省凤阳县小岗村 18 位农民自发在一份大包干协议保证书上摁下了集体耕地“包产到组”“包产到户”的红手印，并逐渐得到政府的认可、调整、政策支持和推广普及，此后，我国农地所有权制度改革进入一个新的探索时期。

（一）“两权分离”农地所有权制度的形成和发展

1978 年党的十一届三中全会后，我国逐步推出保障生产队自主权的举措，由不联产计酬再到联产计酬，逐渐形成了包产到组、包干到组到户、包干到组到户等承包责任制。1979 年由原来“不许包产到户”改为“不要包产到户”，说明了政策态度已经开始放缓。

正当“办产到户”“包干到户”的推广实施受到很大的阻力时，邓小平对安徽省小岗村率先实施家庭联产承包责任制的举措表示了肯定和支持。1980 年 4 月 2 日领导人讨论长期规划问题时，邓小平指出针对地广人稀的困难地区要因地制宜。

1980 年 9 月，国家对包产到户、包干到户有利于工作生产和解决温饱问题给予了充分肯定。1983 年，第二个中央一号文件指出联产承包制不仅发挥了集体优越性，而且激发了个人积极性，家庭联产承包制得到了高度评价，随后在 1983 年被写入第六届全国人民代表大会的政府工作报告，这是一次未改变农地所有权的农业经营制度的改革。

1986 年中央一号文件对农业在国民经济中的地位、作用以及农村改革进行了肯定。同年相继颁布了《中华人民共和国土地管理法》《中华人民共和国民法通则》等涉及土地所有权的法律法规，首次对家庭联产承包责任制和土地承包经营权进行了法律形式的规定。

1991 年《中共中央关于进一步加强农业和农村工作的决定》中提出把以家庭联产承包为主的责任制、统分结合的双层经营体制，作为我国乡村集体经济组织的长期基本制度。1992 年 9 月，农业部《关于加强农业承包合同管理的意见》指出，依法管理农村承包合同是稳定和完善家庭联产承包制的重要保证，而管理法规不能一概而论，必须因地制宜，这意味着农村土地制度要迈入法律的正轨。1993 年《中华人民共和国宪法修正案》将“家庭联产承包责任制”正式修改为“家庭承包经营”。

实行家庭联产承包责任制以来，我国土地制度改革经历了“统分结合的双层经营体制”基本确立时期、农地承包关系稳定时期、农地承包关系长期不变和农村土地制度的动态稳定时期。在不同时期，不同目标和任务相应的政策体系不断出台与深化，建构了完整的“两权分离”农村土地制度权能体系和制度安排。1999 年《中华人民共和国宪法修正案》中指出社会主义劳动群众集体所有制变更为以家庭承包经营为基础、统分结合的双层经营体制。

2001 年开始，我国开始重视引导农村土地使用权流转问题。2003 年，国家指出要加强农村土地承包经营权证管理，这对农民而言是多了一道权益保障，也是进一步稳定完善土地制度的重要举措。2007 年《中华人民共和国物权法》的颁布对维护承包农户的权利有极大意义。

2008—2012 年国家都出台了有关政策相继强调要完善相关法律以稳定土地承包关系长久不变，土地承包经营发展形式要多样化、健康化，尤其是提出要对农业生产经营模式进行创新，这说明随着我国工业化和城市化发展，针对土地发展新形势进行了探索，为后来“三权分置”的土地改革模式进行了铺垫。

综上可见，“两权分离”的农村土地制度是在“群众首创—政策支持—立法规制”的逻辑演进与创新中持续推进与深化的，这其中涉及两个层面的改革，一是农村经营体制改革，即从“三级所有，队为基础”的人民公社制度转为以家庭经营为基础、统分结合的双层经营体制；二是土地承包经营权逐步从土地所有权中分离出来，2007 年出台的《中华人民共和国物权法》赋予农民物权性质的土地权利，这表明中国农村土地制度改革实质上是农村土地所有权制度改革。

（二）“两权分离”的农村土地所有权制度成效与问题分析

1. “两权分离”农村土地所有权制度具有独特性

以土地集体所有制和家庭联产承包责任制为标志的中国农村土地所有权制度，作为中国农村经济、社会和文化的最基本载体，在世界农村土地制度体系中是独一无二的。具体表现为：第一，坚持马克思土地公有制理论，确立土地公有制的绝对地位，带有浓厚的计划经济色彩。第二，改革开放后市场化发展出“两权分离”的家庭联产承包责任制，站在农民立场，这是农村参与市场化的一次最重要的改革。第三，中国农村土地制度在兼具正式制度和非正式制度上带有特殊性。在制度性约束方面，表现为国家对所有权的控制性。国家是农村土地制度的主要供给者，掌握着农地的终极所有权，是所有权分割性、模糊性和非制度性所造成的制度缺陷的补偿方，有助于降低农村经济交易损耗，实现中国经济的整体统一。因此，“两权分离”的农村土地所有权制度是最贴合当时我国现实的选择。

2.“两权分离”农村土地制度释放出强大的制度绩效

“两权分离”的家庭联产承包责任制取代“两权合一”的人民公社制度，确立了我国实行以家庭经营为基础、统分结合的双层经营体制，创新了农村土地所有权制度，这是马克思土地所有权权能统一和分离等相关理论的具体应用，适应了当时生产力的发展水平，释放出强大的制度绩效。“两权分离”的家庭联产承包责任制作为需求诱致性制度变迁的经典范例，最大限度激发了农民的生产积极性和家庭经营的优越性，兼顾了国家、集体和农民的利益，推动了农业经济发展。但是，两权分离理论作为一种制度创新，不代表我国农村土地制度改革的终结。适应生产力发展要求和各地具体实际的变化，在保持基本制度相对稳定的条件下，我国农村土地制度将继续深化改革与创新发展。

3.“两权分离”的所有权权能模糊问题凸显

随着社会经济的进步，农业生产经营主体、外部环境条件及土地资源配置状况变化巨大，农地所有权的模糊性及其引致的诸多问题使“两权分离”的所有权结构设计相关弊端日趋显露。

一是农地集体所有权主体的多元性与模糊性并存。农地集体所有权本质上是民事财产所有权。改革开放以后，我国确立家庭联产承包责任制，但无论是宪法、法律还是相关规范性文件，均没有明确农地集体所有权的落实层级。在实践中，农村承包土地集体所有权主体只有依靠村民委员会代行主体资格，从根本上回避了农民集体的内涵和外延问题。

二是农村承包土地集体所有权的弱排他性问题。农民集体的主体缺位引发承包土地所有权的弱排他性①。农村承包土地集体所有权存在着村民小组、行政村和乡镇三级农地所有权主体，“三级所有”下的越权与被侵权并存。在“两权分离”下，农村集体所有权的主体模糊，分权利由村民小组和村委会代行。但是，村民小组和村民委员会对内承担社会管理事务，在

① 黄维芳，李光德．中国农地产权弱排他性下的产权冲突及其优化路径选择［J］．江西财经大学学报，2012（6）：70-76.

一定程度上侵犯了农民的权益，在公平和集体土地流转效率等方面产生了负面影响。

三是集体经济组织成员的资格界定与现实矛盾。依据相关规范性文件和惯例和在实践中农村集体成员的获得资格，法律上成员资格固化的“农民集体”与现实中“集体成员”的动态性存在矛盾。农村集体成员资格的获得只能取决于习俗或村民意志，但是社会经济活动复杂及农村人员的流动性大，集体组织成员在界定时会受到诸如户口、土地、身份等复杂情况困扰，由于村委会界定困难，亟须将界定问题纳入立法议题，对集体成员的法律身份在法律制度中进一步明确。

四是农民土地承包经营行为的短视化问题。从民法理论上讲，所有权具有绝对性、对世性和排他性。农民集体占有的农村承包土地应长期得到认可与保护。由所有权派生的相关权利也应当具备相关属性。而在现实中，往往采取“大调整大变动”“大稳定小调整”的方式，土地一而再再而三的变动调整打击了农民投资土地的想法。

五是承包经营土地细碎化引发农业附加值及其效率损失问题。当前，所有权与其衍生的占有、使用、收益等权能相互分离、独立运作不存在制度障碍。农地承包经营权的不可分割性及其承载的社会保障性使农地流转一般在集体组织范围内进行，农地供需信息不对称，农地承包经营权流转效率低下，不利于农业现代化发展。同时，由于我国农村承包土地所有权主体与承包经营者在农地所有权制度安排和权责关系上存在模糊性、细碎化，严重影响农地市场化流转。此外，由于农地所有权主体虚化，以及农地公共制度供给、农田水利、种苗研发、农业科技研发及其冷链物流等市场化建设滞后，农民集体无法保质保量承担起公共产品的供给及创新任务。

（三）“三权分置”改革的确立与实施

我国农村土地制度变迁历程是坚持以马克思土地所有权理论为指导，顺应生产力发展需求，在总结原有制度的缺陷和问题基础上产生的，持续完善农地所有权权能体系，推进农地所有权配置市场化的过程。作为农村土地制度核心的农地所有权制度创新必须紧密结合中国具体农情，同时兼顾经济社会发展阶段等各种现实因素，研究具有前瞻性、注重农村土地制度创新、农地所有权结构合理、所有权主体清晰、土地市场化配置高效的农村土地制度。

1. “三权分置”改革的酝酿阶段

在强调农村土地集体所有权的前提下，将土地承包权和土地经营权从土地承包经营权中区分开来，保护农地承包权，再通过土地流转赋予新型经营主体更多土地权能，顺应土地要素合理流动的趋势，农业经营规模效益和竞争力将得到有效提升。

2012 年党的十八大指出：“坚持和完善农村基本经营制度，依法维护农民土地承包经营权、宅基地使用权、集体收益分配权，壮大集体经济实力……发展多种形式规模经营。”2013 年 7 月，习近平考察武汉农村综合产权所有权交易所时发表重要讲话，首次提出，要好好研究所有权、承包权和经营权的关系。2014 年 9 月，中央首次从国家政策层面提出，要形成“三权分置”经营流转的格局。

2. “三权分置”改革的确定和进一步完善阶段

2015 年中央一号文件进一步明确“三权分置”政策体系；同年 8 月，《国务院关于开展农村承包土地的经营权和农民住房财产权抵押贷款试点的指导意见》对试点地区“耕地不得抵押”的相关法律规定做出一定调整。“三权分置”的改革路线图体现了农地所有权演变的大趋势，农村土地制度改革的方向变得明朗。2018 年，中共中央做出第二轮土地承包到期后再延长 30 年的决定，这不仅让农业生产稳定时间变得更加宽裕，也对保护土地经营权做出了更贴切的要求，有利于推进农业现代化和社会主义新农村建设，改善民生。2021 年 2 月中央一号文件《中共中央　国务院关于全面推进乡村振兴加快农业农村现代化的意见》指出，要将“三权分置”改革纳入乡村振兴战略规划中，“三权分置”改革进入规范稳步发展阶段。

“三权分置”促进了土地经营权配置优化，提高了土地产出率、劳动生产率和资源利用率。党的十九届五中全会公报明确提出“健全城乡统一的建设用地市场，积极探索实施农村集体经营性建设用地入市制度”“深化农村集体所有权制度改革，发展新型农村集体经济”① 等新举措和新要求，这意味着我国开启了全面建设社会主义现代化国家的土地制度改革新局面。

① 中共中央关于制定国民经济和社会发展第十四个五年规划和二〇三五年远景目标的建议[M]．北京：人民出版社，2020：22.

第三节　深化土地制度改革，完善我国农村基本经营制度路径分析

农村土地制度是农村的根本制度，处理好农民和土地的关系是新时代新发展阶段中国农业农村改革的主线。处理好农村的土地问题，深化农村土地制度改革，是促进乡村振兴的必经之路。新中国成立以来，中国共产党坚持马克思土地产权理论的基本原则和立场，结合我国具体实际，实现了“四个坚持”：坚持把以人民为中心的思想和解放农民、发展农民思想相结合；坚持把马克思土地产权理论与中国实际相结合，实现中国农地产权理论的创新与发展；坚持以家庭承包经营为基础、统分结合的双层经营体制为农村基本经营制度；坚持打破城乡二元土地制度壁垒，走城乡融合发展之路。立足新时代，全面准确地理解新时代中国特色农村土地制度的内在要义，剖析存在的问题，研究深化新时代新发展阶段农村土地制度改革的对策建议具有重大意义。

一、我国现行农村土地制度的问题表征

中国特色农村土地制度改革，阶段性成效显著，推动了我国农村经济社会发展。但同时也存在诸多新问题与新挑战。为此，客观认识问题的本质与原因，厚植制度优势，是农村土地制度创新及其治理效能提升的必然要求和重要条件。

（一）现行农村土地制度供给滞后于工农城乡融合发展指向

人地关系及其矛盾的解决是我国农村土地制度变迁的重要驱动力。现阶段，“城乡分隔下的乡村中国”逐步向“城乡融合下的城乡中国”转型，这实质上就是新型工农城乡关系重塑的历史进程。在这一进程中，农民的分化及其空间位移，农民与土地、农民与乡村等诸多人地关系均处于逐步松动、逐步游离和逐步分离状态，一种城乡互动、合理分工、共融一体的新时代新型工农城乡关系正日趋显现。工农城乡融合发展成为新时代农村土地制度变迁的大逻辑与大方向。但是，我国现行的农村土地制度供给，未能全面摆脱城乡二元经济结构下固有的思维定势，工农城乡融合发展指向清晰，但是，相关制度供给配套相对滞后，未能适应人地关系变化及其

新要求，具体有两个方面的集中表现：

1. 对农民分化性转变和成长性扶持的制度安排不到位

处于新时代新发展阶段的农民，在市场化进程中，已经从同质化群体性和乡村熟人社会，逐步向人地主动分离趋向明显的异质化农民转变。但是，我国现行的农村土地制度依然从同质化农民的视角来看待农民群体，在“工业反哺农业”的宏观背景下，过度强调农民群体的政治属性及其权益保护，忽视农民群体的理性经济行为等经济属性，对农民群体的成长性扶持制度供给不能到位，导致以农民主体性地位为名义推进的农村土地制度改革，由于对承担主体认识不到位，从而影响制度运行效率，农村土地制度功能释放受阻。这种主体认知的偏差及其制度供给的不足，导致以农民主体名义推进的农村土地制度变革未能让农民留在乡村或返乡并真正地成为人地关系的主人，成为深化农村土地制度改革的根本推动者和受益者，从而也影响了我国农业现代化的进程。

2. 对适应新型工农城乡关系的互动与融合发展的制度供给不足

当前我国处于城乡互动发展新阶段，现行的农村土地制度还没有摆脱城乡分隔的惯性思维，仍然把农村独立化、保守化，城乡生产要素流动的禁锢性和强化农民落户城镇等高难性制度安排，跟农村功能的特征、城乡生产要素融合、现代农业发展等缺乏辩证性和历史性的综合分析研判，尚未从根本上改变城乡二元分隔状态，既妨碍了农村资源配置优化，也不同程度地损害了农民自主发展的需求。因此，发展兼顾公平与效率的农村土地制度需要从根本上改变现有观念，从农民整体成长、全面乡村振兴和农村土地制度创新与配套制度建设等诸多方面深化改革。

（二）农地所有权权能建设和农地利用冲突多维叠加

“三权分置”制度设计的本质是保障农村土地承包关系的长期稳定，要做好集体所有权的落实工作，保障农民的承包权，促进土地经营权高质量流转。这契合了马克思土地产权理论的本质内涵与相关要求，是我国深化农村土地制度改革的根本目标导向。但是，在实际运作过程中，依然存在诸多症结和深层次问题，亟须从四个维度关注农地产权权能建设和农地利用冲突多维叠问题。

1. 农村土地集体所有权权能定位与实现矛盾凸显

党中央始终坚持以马克思土地产权理论为指导，坚持土地产权关系适应我国农村社会生产力发展状况、坚持农村土地集体所有制、坚持产权权能统一与分离，尊重和保护广大农民的利益，实现了马克思土地产权理论的继承与创新，丰富了马克思土地产权理论，加快了我国农业农村的现代化进程。

随着新一轮农村土地制度改革的持续展开，相关制度建设和制度供给亟须进一步深化。现阶段，我国已经确立了农村土地承包经营制度，农村集体经济组织的土地产权得到了法律的认可与保护。但未能明确农村集体经济组织农地产权权责边界，进而致使农民集体土地承包权权能弱化，在市场利益博弈中处于弱势，从根本上影响了农地再生产能力。为此，深化农村土地制度改革，亟须对农地产权权能体系、农地市场化配置、市场化流转机制、农地流转市场溢价增值分配等诸多方面实行体制机制创新，实现对农地保护与增值的双重保护，实现公平与效率兼顾并且更加注重公平和公共服务的倾斜性投入，进一步夯实农业农村可持续发展的农地运作制度和体制机制安排。

2. “农地确权”和“农地还权赋能”等后续配套政策滞后

2013 年 1 月 31 日中央一号文件《中共中央　国务院关于加快发展现代农业进一步增强农村发展活力的若干意见》指出，我国从 2013 年开始了农村土地确权登记工作。截至 2021 年 12 月完成承包地确权登记领证，2 亿农民获得 15 亿亩的承包地确权领证，集体资产清产核资，涉及 9 亿集体成员。此次改革让更多的农村人有了财产权利。“农地确权”及其“还权赋能”是构建产权清晰、权能分解、顺畅流转、合理分配的农村土地产权制度的关键。新一轮农村土地制度改革成效、溢出效应、政策配套和相关监管评估等后续问题，也需要跟进分析与解决。关于农村人口迁移增减、农村妇女婚嫁后相关信息变更、新增农业人口的土地承包经营权保障问题、新市民的农地退出机制、农地规模化经营和现代农业发展问题等服务农业可持续发展的农村土地制度配套政策问题，均需要进行细化与研究。

（三）农村土地制度改革相关法治建设亟须加强

农村土地制度是农地产权权能体系的系统化表述，是彰显农村土地制度优势和制度治理效能的重要条件。新中国成立以来，中国共产党建立农村土地集体所有权制，积极探索制度创新和实现方式，让广大农民实现了“耕者有其田”，逐步建立和完善了从“集体所有、集体经营”到“集体所有、农户经营”的“两权分离”，再到“集体所有、家庭承包、多元经营”的“三权分置”新时代中国特色农村土地制度，持续推动了中国农村土地制度法治化建设进程，理论探索和实践检验已经充分显示，中国共产党有能力解决农民土地问题。同时，我们应该看到，伴随“三权分置”改革的持续推进，现行农村土地制度的法治化建设依然存在诸多短板，法治化进程有待加快。

1. 我国现有农地制度相关法律法规体系亟待进一步完善

新中国成立以来，我国农村土地制度相关法律法规的发布和内容见表 2-2。

表 2-2　现有农村土地制度相关法律法规

阶段	时间	法律名称	相关内容
新中国成立以来到改革开放前	1950 年	《中华人民共和国土地改革法》	农民土地所有权和经营权
	1955 年	《农业生产合作社示范章程》	农地所有权农民所有、初级农业生产合作社集体经营
	1956 年	《高级农业生产合作社示范章程》	高级社集体土地所有权、集体经营
	1961 年	《农村人民公社工作条例（修正草案）》	人民公社农地集体所有、集体经营
改革开放以来到党的十八大前	1982 年	全面推广家庭承包制	家庭承包制
	1993 年	《关于当前农业和农村经济发展的若干政策措施》	土地承包期限
	2002 年	《中华人民共和国农村土地承包法》	土地承包期限
	2007 年	《中华人民共和国物权法》	土地承包经营权的用益物权性质
	2008 年	《中共中央关于推进农村改革发展若干重大问题的决定》	土地承包关系
党的十八大至今	2016 年	《关于完善农村土地所有权承包权经营权分置办法的意见》	农村土地承包法、土地管理法
	2020 年	《中华人民共和国民法典》	土地经营权

目前，我国存在两大亟须深化研究补齐法律依据的问题：第一，健全和完善我国农地经营权有关法律制度，涉及农地经营权的性质界定和农地

经营权转让制度安排，亟须进一步明确具有用益物权性质的农地经营权审核登记制度，赋予农地经营权抵押融资担保权。第二，为保持土地承包关系长期稳定、确权登记颁证和第二轮到期延包等农村土地制度，提供健全的法治化支撑和保障。

2. “三权分置”制度从实施方面存在法治疏漏

“十四五”期间农地要素市场化配置的重要条件就是建立健全农地市场化配置机制。现阶段我国围绕“三权分置”为核心的农地所有权制度基本实现了农地市场化配置相关的农地确权安排，但是依然存在三个缺口：

一是集体所有权主体具体归属以及所有权落实路径。相关法律法规虽然已经明确村集体经济组织是集体土地所有权主体并赋予其监督权，但是村集体经济组织中的村集体、村小组及合作社组织等多重主体均处于履职状态，出现真正所有权主体不明确或虚置、相关权能缺位或越位等复杂问题。

二是法律明确规定稳定土地承包关系，但是实际运作过程中，农村中期待通过动态调整解决人地矛盾的呼声一直存在，农户希望通过土地调整来平衡人地矛盾，土地承包权的稳定性需要进一步落实法律制度。

三是“三权分置”制度安排的实践探索处于初步发展阶段，多样化的农地流转和经营方式、农地经营权抵押等现实运行方式，均亟须国家出台统一规范的实施监督管理规定。村集体组织和地方政府的干预，在一定程度上影响和干扰了农地市场配置规范发展和运作效率，使得农民和村集体合法权益受到损害或存在损害风险。

3. 农地经济、社会和生态功能平衡问题亟须解决

现阶段以要素市场化配置为导向的所有权制度改革，较多关注土地市场配置效率提升、农业生产增收和农民权益保护等，凸显其对经济功能和社会功能的关注。“十四五”期间提出完善自然资源所有权制度改革和市场化、多元化生态补偿机制，那么在保护土地生产功能、保障社会功能的基础上，如何实现生态功能的有效发挥，成为农村土地产权制度改革面临的挑战。耕地、林地和草地生态补偿机制均已开始探索，但是在生态补偿过程中，地方政府、村集体、农户、新型经营主体等相关权利主体分别承担何种职能，利益如何分配仍然缺乏明确规定，以“三权分置”为核心的土地所有权制度改革也尚未做出清楚回答，这无疑限制了生态补偿机制作用

的发挥，尤其限制了市场主导型的生态补偿机制的有效实施。

4. 从农地改革步调协同方面看，林地和草地制度改革明显滞后于耕地制度改革

耕地所有权制度日趋巩固和完善，耕地确权、延长承包期、农地抵押和经营权流转等环节及其配套改革持续深化。集体林权制度改革虽然进入加快推进阶段，在放活集体林经营权，适度规模经营、金融资本和社会资本引入等方面取得一定进展，但林权抵押贷款、评估、融资、流转、收储机制和生态补偿机制尚未健全。所有权和经营权主体关于林地的经济功能和生态功能间的认识矛盾仍然存在；集体所有和国家所有集体使用的草原“三权分置”制度仍然处在地方探索中，缺少全国层面的运行机制，使得草原所有权制度改革显著滞后。“十四五”期间，要加快推进农村林权、草原权“三权分离”制度改革，构建统一的农村土地产权制度，统筹推进自然资源资产所有权制度改革。

5. 亟须从价值层面提高相关法律法规品格，填补其相关治理赤字

建立健全相关法律法规，服务和有效平衡农地的经济、社会和生态功能，是农地法律法规品格和重要价值导向的体现。现阶段，我国农地权能和农地要素市场化配置较多地聚焦农地运作效率、农业增收及农民权益保障等方面，在经济和社会功能方面有一定的运作基础，农地运作的生态功能存在法治赤字及其法律法规品格提升问题。这部分的短板涉及完善自然资源使用的农村土地制度改革、市场化和多极化生态投入与补偿机制。

我国目前已经启动耕地、林地和草地生态补偿机制探索，但是，地方政府、村集体、农户和新型经营主体等相关农地权能主体的权利缺乏明确的法律依据和法律制度安排，已经发展成为影响补齐生态补偿机制短板的重要制约因素。同时，从更深层次的价值目标研究可以发现，我国农地及其利用规制、利益相关者农地权益的现实诉求、农地利用质量评估、农地投入等均需要进行全面的理论与实践探索，这是关乎法律法规社会认可、经济稳定运行的重要保障。现实表明：农村土地制度的法律法规一旦与促进农业农村发展、保护农民农地权益、建设新时代新型工农城乡关系等价值目标偏离，客观上会挤压法律法规的运行空间，进而出现农村土地制度法治环境软化和空转现象。

（四）农地流转价格形成与溢价增值分配机制问题

1. 农地流转价格形成机制问题

农地流转价格是实现土地资源市场化配置、推动现代农业规模化经营的重要影响因素和重要指标。农地确权和清晰农地产权权能是农地市场化流转的重要前提。伴随着我国经济社会发展和农村土地制度改革的不断深化，我国积极寻求多种形式的农村土地制度创新，而我国农村土地流转速度日益加快、规模日趋增大，农地流转价格明显上升。

但是，由于我国农地流转价格形成机制尚处于起步培育阶段，市场机制作用有限，土地经营权流转价格形成过程存在诸多问题，同时部分农户市场化运作意识还未养成，农地流转带有明显非市场化倾向。同时受城镇化、工业化和农业现代化等多因素影响，农地市场化流转价格存在较为严重的刚性上涨趋势。部分农地由于承载生活保障和农业生产经营多重保障功能，严重影响我国农地市场价格流转机制的建立和健全。

为此，建立效率与公平兼顾的农地流转市场价格机制，是市场化流转规范发展的重要前提。根据级差地租和绝对地租合力评估农地价格，积极探索和建构效率、公平、规范、有序的农地产权权能交易市场体系和农地流转服务平台，应成为重要的制度供给范畴。

2. 农地溢价增值分配机制问题

马克思认为："土地价格不外是资本化的因而是预期的地租。"① 农地价格是农地权利对预期收益的购买价格，为此，农地流转租金和农地征收补偿款应包括农地增值点及其预期收益。现有的农地流转预期收益及其补偿的缺失或不正常定价，是现阶段农地流转及其征用制度的缺陷，是对农民土地权权益的侵蚀，这将成为影响我国农地流转市场健康发展的重要因素。建立健全农地市场化配置及其溢价增值评估机制、分配机制和激励监管机制，是新时代新发展阶段我国农地产权多元主体的共同诉求，是关乎我国农村土地制度健康地市场化运作的关键，是服务全面实施乡村振兴战略的重要农村土地制度安排。

---

① 马克思．资本论：第3卷［M］．北京：人民出版社，2004：913.

二、深化新时代我国农村土地制度改革的对策和建议

（一）厘清新时代中国特色农村土地制度改革与发展指向

新时代中国特色农村土地制度是一个综合性的范畴体系，改革的逻辑思维和出发点是新时代中国特色社会主义，如何妥善处理人地关系是改革的主线。中共中央做出第二轮土地承包合同期满再延长30年的决定，有利于巩固和完善农村基本经营制度，健全“三权分置”制度，进一步放宽权利管理，全面促进农业农村现代化建设，推进乡村振兴，为全面建设社会主义现代化国家提供有力支撑。

1. 理论依据和逻辑起点：以马克思土地产权理论为依据，以新时代中国特色社会主义为逻辑起点

新时代中国特色农村土地制度的逻辑起点是在中国共产党领导下，把马克思土地产权理论和新时代中国特色社会主义具体实践相结合，立足新时代新发展阶段我国基本国情和农情，坚持农村土地集体所有制不动摇，积极探索新时代中国农村土地集体所有制的制度优势和实现形式等相关制度安排。新时代中国特色农村土地制度顺应生产力与生产关系的矛盾运动及其发展规律，坚持马克思农地产权权能细分、土地产权商品化和市场化配置理论，以马克思土地产权理论为依据，以新时代中国特色社会主义为逻辑起点，建构新时代中国特色农村土地制度，处理好人地关系，重塑新时代新型工农城乡关系，是历史逻辑、理论逻辑和实践逻辑相统一的重要体现。

2. 核心与制度供给：以人地关系为核心，创新农村土地制度多元实现方式

马克思主义认为，站在人的立场上，土地不但是劳动资料而且是劳动对象。人可以占有土地，同时还可以通过使用和支配土地来获得报酬。人地关系的产生就是以土地的特殊功能为前提的。

人地关系伴随着经济社会的发展而变化。新时代中国特色农村土地制度改革始终把土地及其特殊功能置于特殊重要地位，将土地要素作为处理好人地关系和重塑城乡关系的重要生产要素和基础。土地特殊功能、权责制度安排及人的行为选择取向是人地关系本质的反应和重要表现形式。

新时代中国特色农村土地制度改革将农地问题视为关系农民生存发展、农业现代化和全面推进乡村振兴的首要问题，是推动城乡融合发展的制度

根基。马克思土地产权理论运用唯物辩证法，以土地产权为逻辑基点，构建了土地产权权能的结合与分离、土地所有权制度变革等逻辑框架，贯穿其中的最重要主线与脉络就是人地关系及其相关制度安排。人地关系的相关制度安排涉及土地功能、土地权能制度、农民权益保护等重要制度安排与制度供给。一是土地功能安排及其作用的发挥，以满足人的需求为核心；二是土地权能制度安排要适应社会生产力状况，要确保农民的利益；三是农民权益保护要符合农地权能制度安排。新时代中国特色集体土地产权制度改革离不开农村土地制度实现方式的制度供给与创新。规范土地流转制度，创新土地规模经营制度，完善土地所有、占有、使用和管理制度，维护农民切身利益，是一个符合生产力发展要求的制度供给与创新的发展过程，任重道远。

3. 轴心与目标：以乡村为轴心，以全面推进乡村振兴为目标

自改革开放以来，我国农村经济社会发展成效显著，但是，由于长期以来我国工农城乡发展不平衡，区域经济发展不同步，导致城乡二元结构突出。中国特色农村土地制度以乡村为轴心，保护农户权益，提升农地使用和运作效率，着力夯实全面推动乡村振兴现代农业产业基础，建构城乡融合发展机制，在调整农村生产关系不适应生产力水平问题等方面深化改革与创新。同时，中国特色农村土地制度以农村为轴心，又不限于农村，进一步聚焦城乡发展运动规律，在推动新时代新型工农城乡关系重塑中破除城乡二元结构，实现城乡相互促进、工农一体目标。可见，以乡村为轴心，以全面推动乡村振兴、建构城乡融合发展机制为目标的新时代中国特色农村土地制度，具有显著的开放性和综合性优势，将促进“三农”短板发展为潜力板。

要根据《中华人民共和国国民经济和社会发展第十四个五年规划和2035年远景目标纲要》关于农村土地制度改革任务的相关要求，激发农村资源要素活力，全力推进乡村振兴，要以加快实现要素市场化配置为重点，推动城乡要素平等交换、双向流动，构建城乡发展一体化新格局，促进城乡融合新发展，激活人才、激活市场、激活要素，增强农业农村发展活力。

首先，实现农地经营主体和农村土地制度创新，夯实全面推进乡村振兴基础。一要认真抓好党的基层组织建设，着力整顿涣散的村级基层党组织，夯实组织基础，切实发挥基层党组织成员的重要作用。同时注重选拔

思想积极、能力突出的大学生，有针对性、层次性地培养他们成为青年干部，为党组织注入新的活力，推动农业农村高质量发展。二要培育乡村振兴新型人才，既要盘活乡村当前有限的人力资本，在内部发掘人才、培育人才，又要打通人才要素融入乡村振兴建设的多元化信息渠道，为人才搭建直通平台和发展舞台，以人才振兴、人文复兴带动当地农业产业发展，积极推动吸引优秀大学生返乡创业，参与乡村特色产业发展，全面提高他们就地就业意愿和增收致富能力，切实促进农村经济社会更好更快发展。三要培育壮大新型农业经营主体，如家庭农场、农民专业合作社和社会化服务组织等。乡村振兴的主体是农民、根本依靠是农民、根本目的是农民。因此要鼓励农民学习先进的农业科技文化，引入现代农业和电子商务培训课程，创新开发线上线下融合发展模式，促使他们掌握各类农业操作技能；细化农业专业领域的分工，激发农民劳动创造活力，促进农业生产提质增效。以务实高效的举措持续深化农村土地制度、农村集体所有权制度等农村重点领域和关键环节改革。

其次，保护农民农地权益和提高农地效益，推动农村土地制度改革健康发展，筑牢全面推进乡村振兴的重要根基。全面推进乡村振兴第一要务就是高质量发展农业农村经济，要牢固树立“绿水青山就是金山银山”的可持续发展理念，切实把保护乡村生态环境摆在发展的重要位置，保护传承好农耕文化，为农业农村持续健康发展奠定基石。要根据乡村土地使用规划甄别好农地用地性质，盘活农村存量建设用地，优化各行各业用地布局，在结构和方向上合理安排新增和存量土地供应。要通过农村土地制度创新，不断推进农村土地制度、农业经营制度、农村集体所有权制度等各项改革，为乡村振兴提供不竭动力。发展多种形式的适度规模经营，实现小规模农户与现代农业的有机衔接，引导城市现代生产要素进入乡村平等交换，双向流动。改造小规模农户，盘活闲置宅基地和闲置农房，积极推进土地成片集中式流转，解决因资源信息不对称引起的有人“抛荒”、有人“种不上地”的矛盾问题，促进土地集约化利用，努力实现土地效益最大化。

最后，资本健康发展是深化农村土地制度改革，服务全面推进乡村振兴的“血脉”。一要充分发挥地方政府的杠杆和导向作用，整合农村基础设施建设、农村公共服务体系和农村农业产业项目等财政投入资金，建立信息集合源头、简政放权、高效便民的长久机制，形成乡村振兴项目涉农资金集中安排、科学投入、重点扶持、合理运行管理方式的高效运用模式。二要加快建设普惠金融服务点配套设施，完善农业信贷担保制度、农业保险制度，缓解农村群众筹资难、融资成本代价高、融资慢和涉农投保难等问题，消除财政资金“不敢投”、农村金融风险共担的后顾之忧。三要通过以奖代补、民办公助、政府扶持等多种方式，加快构建社会资本流入乡村振兴的政策体系。全面加强政府服务农业农地使用领域项目平台建设，为社会资本到农村投资农地兴村提供项目信息、规划、用地、建设、经营等服务，以市场化方式设立乡村振兴基金，撬动金融资本、社会力量参与，重点支持乡村产业发展。高度重视巩固和拓展脱贫攻坚成果与乡村振兴有效衔接，保持帮扶政策的总体稳定，帮扶政策力度不减，把防止返贫监测和帮扶机制健全完善起来，持续壮大帮扶产业，加大产业就业支持、做好脱贫人口稳岗就业、做好易地扶贫搬迁后续帮扶工作、加强扶贫项目资产管理，兜住民生底线、完善低收入人口发现帮扶机制，全面落实兜底保障政策。

（二）更好地发挥政府在农地制度改革主体互动和权能演进中的作用

农村土地集体所有权制度是国家规范农村经济社会发展的重要规则，农村土地制度安排蕴含着国家意志，制度实践要充分考虑现实状况，对新时代新发展阶段经济、社会和农民相关诉求要审慎综合考虑。国家制定和实施产权（所有权）制度受制于社会生产力发展状况等现实条件，这决定了国家在社会和农民、在农民与土地等互动关系中的特殊重要地位与作用。立足新时代新发展阶段，结合马克思土地产权权能系列理论和国家在农村土地制度变迁中的特殊作用，积极探索中国特色农村土地制度变迁集成方略，充分考虑产权权能的不同功能及其发展趋势特征，按规律办事，综合研究产权权能的趋势特征和制度供给。

1. 更好地发挥政府在诠释农地产权政治功能和社会功能中的特殊作用

在农民土地所有时期，农地制度改革增强了农民对国家的认同；在土地合作和集体经营制度体制下，产权发挥了维持社会秩序的功能，为国家快速实现工业积累提供了可能；家庭联产承包责任制实施后，农地产权的治理形态和构造功能得以发挥，为农地产权社会功能的发挥提供了组织支撑；“三权分置”改革后，进一步强调了农地产权的政治保护性以及对其所蕴含权力的限制。农地产权政治功能的发挥，依次经历了强调满足国家需要到满足集体需要，再到满足个体需要的过程，农地产权的政治功能的发挥逐渐呈现出相应的自主性特征。从实践来看，农地产权的不同功能之间不存在严格互斥，但在一定的约束条件下，农地产权的功能释放不得不面临次序选择的问题，可以说，农地产权制度改革的稳步推进也是产权功能发挥由单一转向全面的渐进释放过程。

农民土地所有权时期，农地产权的社会功能发挥有限，社会问题突出；在农地合作和农地集体经营制度下，农地的社会功能及其保障作用在政府计划指导下全面落实；在确立和推行家庭联产承包责任制后，农地产权的社会功能进一步凸显，但农地产权社会义务功能未能同步推进；在农地“三权分置”改革中，农地产权的社会保障和产权权能主体的权益保障功能再次被重视，国家进一步规范与农地产权相关的非正式规则。

2. 明确农地产权经济功能发挥的渐进性，有序深化“三权分置”改革

新中国成立之初，农民拥有完整的农地产权权能，在一定程度上发挥了产权的经济功能，但诸多社会问题也随之出现；国家进一步推动土地合作和农村集体经营，土地产权的政治功能和社会功能充分发挥，但产权的经济功能受阻；家庭联产承包责任制的实施释放了产权的激励功能，但是产权的资源优化配置功能受限；国家继续深化改革，推动了“三权分置”改革，意在确保所有权激励功能基础上，进一步促进所有权市场化及其资源配置功能的释放。总之，要更好地发挥国家的引导作用，在农地产权整体权能释放过程中要遵循渐进性规律。

在目前“三权分置”改革进程中，应审慎分析、综合考量产权功能发挥的约束条件，确保产权功能发挥的渐进性和全面性，针对目前产权权能分置带来的权利干扰和冲突问题，要针对分置主体功能，依法细分和立法明晰“三权”权能边界，通过权利实践试点检视制度创新效果，在局部试错或模拟演绎中找寻解决权利冲突问题的方式与方法；要通畅农地产权权能主体、社会与国家协商渠道，疏通治理反馈机制，化解“三权分置”改革挑战的新问题，提高综合经济效应。

（三）加快农地制度法制化建设进程，实现我国农地制度现代化转型

以人地关系为轴心，以《中华人民共和国民法典》为依据，探寻解决农村土地集体产权“主体地位虚化”“所有权权能虚置”等问题的实施路径，探究构建新型农地运营管理模式，落实农民集体成员的农地所有者权益，是创新农村土地集体所有权实现机制的重要内容。

1. 落实农村土地集体所有权

农地是农民生存发展的最基本生产要素。农地“集体所有”是得到我国宪法的认可和保护的。为此，理顺人地关系，落实农村土地集体所有权，维护农民权益，是深化农村土地集体所有权制度的根本出发点和落脚点。

一是从法律视角明晰农村土地集体所有权主体。改变“主体地位虚化”和“所有权权能虚置”等问题的关键在于通过立法明确农村土地集体所有权主体及其权益安排，处理好农村集体经济组织和村民委员会的关系。落实《中华人民共和国民法典》相关规定，赋予农村土地集体所有权主体“特殊法人”或“独立民事主体”地位，激活并赋权农村土地集体所有权主体相关权益安排，力避村委会代行农村土地集体所有权主体职责，并将集体经济组织内重大事项提归集体村民会议讨论。

二是明确农村集体经济组织的成员资格和权益安排。集体所有权是建立在农户成员权基础之上的，应落实集体所有权中“集体”成员身份的边界、成员资格获取条件和相关成员权益安排。《中华人民共和国民法典》对此没有清晰安排。确立成员权的前提是认定集体成员资格。目前，虽然农村集体经济组织成员能得到国家法律明文保护，但是《中华人民共和国民法典》却没有对农村集体组织成员资格认定的相关规定。为此，依照国家有关法律明确农村集体经济组织成员的概念、性质、内容、权责利安排和准入条件，通过法律手段解决集体成员资格问题，对于明晰农村土地集体所有权主体权能、明确集体土地所有权及其权能安排具有重要的现实意义。

2. 加强农村土地集体产权权能体系建设

农村土地集体产权权能是指所有权人为实现其所有权权能行使和权能收益，依据其享有的权能对所拥有的不动产或者动产具备的各种外部行为权力。在明断集体土地产权主体的基础上需要进一步加强集体所有权权能分解、定位与建设，并借以落实集体所有权益，这是农村土地产权制度改革的一项重要内容和关键举措。目前这方面最大的症结是农村土地集体所有权主体权能缺位，进而影响其他权能的界定与行使。

但是，由于“所有权权能”高度抽象化，土地容易陷入“人人有份，人人无份”的窘况。同时，所有权主体未能获得与所有权相匹配的“权责利”权益，包括对农地使用、开发利用的权利。为此，一方面要坚持原则性与灵活性相结合的工作方法，逐步拓宽集体经济组织行使土地产权的权能，坚持“还权赋能”，给予集体经济组织更大的话语权；另一方面要明确集体成员收益权，确保集体成员从集体土地中获取收益是集体行使土地所有权的最终目的，因而明确集体成员收益权是加强集体所有权权能建设的重要内容。

3. 探索新时代中国特色农村土地管理模式

落实集体成员的所有者权益是建立农村土地集体所有权实现机制的重要内容。充分保障集体成员的土地权益是落实农村土地集体所有权的重要条件。因此，探索和构建新时代中国特色农村土地管理模式意义重大。

一是健全农民利益表达机制。保护农民在涉及切身利益的问题上拥有表达自己权能诉求的权利、渠道以及参与集体公共事务的决策管理与监督等的权利，鼓励和引导农村非政府组织发展，通过农民专业合作社增强农民利益表达权和知情权，提高农民的市场能力和群体性利益能力。

二是完善农村土地集体所有权信息公开制度。建立信息公开制度是保障集体经济组织成员知情权和监督权的重要管理措施，也是构建中国特色新型土地管理模式的关键环节。在农地规划与管理过程中，对农民迫切关注的诸如土地征收及补偿、土地开发利用的总体规划、土地结构调整等各项事宜，都要及时通过各种媒体进行多种渠道公开，并坚持公开透明的工作原则。

（四）强化“三权分置”政策保障，有序推进农地市场化流转

农村土地“三权分置”的确立过程是典型的诱致性制度变迁到国家自上而下的强制性制度规范的推进过程。家庭联产承包责任制始于20世纪80年代初期，释放了巨大的制度创新红利，同时也亟须解决土地承包经营权在占有、使用、收益等方面权益模糊、农地适度规模经营、农民权益保障和农地资源市场化配置等诸多问题。2012年6月，农业部办公厅颁发《农村土地承包经营权登记试点工作规程（试行）》，启动农地确权登记并开启对农村土地“三权”分置工作的安排与指导。2017年10月，习近平在党的十九大报告中指出：“巩固和完善农村基本经营制度，深化农村土地制度改革，完善承包地‘三权’分置制度。保持土地承包关系稳定并长久不变，第二轮土地承包到期后再延长三十年。”① 2019年中央一号文件明确要求完善农村土地“三权分置”的政策体系。目前，农村土地“三权分置”工作

---

① 决胜全面建成小康社会，夺取新时代中国特色社会主义伟大胜利：在中国共产党第十九次全国代表大会上的报告［J］. 青海交通科技，2020，32（1）：2.

面临的困境与挑战主要体现在农地产权权能交易服务体系、农地融资保障体系、农业产业扶植体系、承包地有偿退出机制和农地承包经营权的市场化流转等政策体系和运行机制问题，以及日益严重的农业“内卷化”效应，推进全面深化和构建“城乡一体的新型工农城乡关系”进程等发展战略等。

1. 审慎设计承包权有偿退出机制，建立健全农地承包权市场运行机制

农地资源市场化配置是提升农业生产效率和现代化水平的决定性因素，建立健全农地承包权退出机制，提升农地资源运作效率是深化承包地“三权分置”改革的一个重要方向。为此，聚焦现存的农地承包权退出主体界定不合理、承包权退出方式较为混乱、退地补偿标准和补偿资金的来源不合理、农地退出后的高质量耕作和风险防控不足等问题，应强化承包地有偿退出机制创新和制度建设。

一是创新农地承包权有偿退出的主体和形式等政策供给。依据 2015 年《国务院办公厅关于加快转变农业发展方式的意见》指出：“引导有稳定非农就业收入、长期在城镇居住生活的农户自愿退出土地承包经营权。”① 从目前试点的情况看，基本上遵循自愿、有能力退地、退地需要、退地风险小等原则，部分已迁户入城户、年老或丧失耕作能力、承包户或家庭成员离地务工、非农收入稳定、耕地撂荒等多种主体退出。

二是优化农地承包权有偿退出的补偿机制。其核心环节和关键因素就是解决好农地承包权定价及其补偿资金支付问题。依据马克思的地租理论及其在我国的实践经验可知，承包权是我国农村土地产权制度中的特殊性制度安排，兼具生存、就业和福利等多功能，这决定了其价格显化具有困难性。应根据区域、土力、距离市场远近、农产品价格、农民收入水平，并综合考量绝对地租、级差地租、资本回报率、农业经营收益等因素，确立相应的承包地量化基准价格及其市场波动价格，确定科学补偿标准。

三是建立健全农地承包权退出后市场风险防范机制。要依据承包地流转的重要发展目标实现农业集约化生产等，关注土地引进新型农业经营的能力及主动退出土地的再利用。对于无法融入城镇化发展的退地农民无保障情况，政府应通过从激励农户主动退出承包地及降低退地风险的综合考量到完善的社会保障机制等一系列措施，解决退地农民的基本生活保障

① 国务院办公厅关于加快转变农业发展方式的意见［J］. 辽宁省人民政府公报，2015（21）：2-9.

问题。

四是落实退地农户作为集体经济组织成员的相关权利保障。退地农民在失去土地承包权后还应享有其集体成员所拥有的宅基地的使用权、集体非建设用地的承包权。为此，宅基地、集体非建设用地等方面应与耕地承包权“三权分置”改革同步进行，优先赋予退地农民部分权利，放开宅基地使用权转让，以使农民收获租金权益。对于新型农业经营主体的引入，应该改变目前的行政主导情况，重点通过市场配置规范土地市场供给，并且从政府农地高质量发展、公共服务均等投入和增加土地市场需求等方面入手，探索建立农村土地市场化流转制度规范运作机制。

2. 完善农地产权交易服务体系的政策供给，创新农地权能市场化交易平台

承包地所有权、承包权、经营权“三权分置”改革的核心要义是明晰赋予经营权应有的法律地位和权能，重点是放活经营权。“三权分置”改革是继家庭联产承包责任制后我国农村土地制度改革的又一创举。“三权分置”改革实践的载体和基础是农地产权权能交易平台，需加强农地产权权能交易平台建设与中介服务，完善农地产权交易服务体系的政策。

第一，我国农地产权权能交易在信息传递、资格鉴定、动态登记、资产评估等服务的组织体系和功能建设方面明显存在诸多短板，应进一步推动农村土地流转服务市场建设。第二，强化农地产权权能商品化、市场化、信息化建设。充分利用信息技术建立农村土地经营权流转交易和管理信息数据库和网络平台，建立确权登记台账，建立农村经营主体的经营状况和资质等评价指标体系和评估机制，为政府支农财政项目、金融部门贷款等提供现实的依据。健全以农村土地产权权能价值评估、信用担保、产权权能交易、纠纷调解、金融、法律咨询为一体的农村土地经营权流转交易服务平台，具备数据分析、评估检验、土地市场化流转信息发布等功能，引导落实相关政策，并提供担保审核、金融服务、法律咨询等综合服务。第三，健全农地产权权能交易的中介服务。一方面，突出农村土地集体所有权相关资产管理职能和土地承包经营权交易中心市场中介服务职能，推动监管规范在内的行政职能独立运作，明晰政企权能。另一方面，积极培育农地产权权能市场化运作中介组织，法治建设先行，规范中介组织规章制度，建立健全土地流转相关信息服务和发布机制，开展农村土地融资、信托、

保险、招商、培训教育等方面的辅导配套服务，发挥好中介服务在土地流转工作中的桥梁和纽带作用。

3. 强化现代农业产业体系政策供给，加快培育新型农业经营主体

伴随着农地“三权分置”改革的持续推进和农地经营权的市场化，新型农业经营主体进一步参与现代农业体系的运作。由于我国现代农业发展不平衡，农业制度化水平落后于我国现代化总体水平，因此引导农工商贸科教文多业集结、共同发展是时代发展的要求，应加快培育专业农户、家庭农场、农业龙头企业、农民专业合作组织等新型农业经营主体，建构互利共赢的合作主体，形成优势互补、合作共赢的利益联结体，推动现代农业生产性服务和生产销售产业链、供应链、价值链协同作用，促进现代农业企业稳步发展。

更好地发挥政府在人才教育培训、企业融资、科技研发、科研推广等方面的政策指导和支持力度，推动市场化运作，加强涉农政策扶持和财政补贴等优惠政策，通过融资支持和政策扶持引导现代农业高质量发展。政府持续推动和引导农村产业结构实现高级化和高端化，推动新型工农城乡关系发展，推进农村一二三产业融合发展、特色发展。加大全面推进乡村振兴配套制度供给，培育乡村振兴支柱产业，发展白色农业、绿色农业、蓝色农业、都市农业、休闲农业、太空农业等现代农业产业集群，盘活农业农村资源，解决农民增收和农地产权权能市场化运作能力。

4. 强化农地抵押融资和风险分担政策供给，完善融资保障机制

农地抵押融资和风险分担政策供给，完善融资保障机制是“三权分置”改革和农村土地制度市场运作的重要条件。第一，在农业经营主体市场化抵押融资过程中，需对经营主体和土地经营状况进行技术装备、经营状况细化和分类管理，盘活或收购农村土地产权权能租赁和抵押后出现的不良资产，加大现代农业发展进程，建立对家庭农场、种粮大户等新型农业经营主体的技术推广、信贷支持，建立严格的农业经营主体资格准入审核机制。第二，支持并适当放宽农村金融机构的准入限制，壮大农地金融服务体系，鼓励各类金融机构提供农地产权权能权抵押贷款、租赁和按揭等金融服务，拓宽农地贷款融资保障渠道；探索建立政策性、商业性、合作性涉农土地金融体系。第三，建立健全相关的农地贷款融资政策体系和税收优惠制度。

建立健全涉农风险分担及防患机制。设立政府农地抵押融资的风险担保基金，探索建立多层级土地专项融资风险补偿基金，建立农地权能抵押贷款风险担保及再担保机制。探索建构涉农商业性融资担保体系，积极探索建构财政出资引导，政府和社会共同参与的农村产权融资担保体系，加强融资担保规范与管理，拓宽融资渠道。优化涉农灾害与风险分散、防范、保障机制，提高国家补偿比率，分散农业灾害风险，降低涉农经营和融资机构的风险，推动“三权分置”改革和农地市场化运作健康稳步发展。

第三章　推进中国农业现代化进程，夯实全面推进乡村振兴经济基础

实现农业现代化的过程，就是传统农业向现代农业转变的过程，也是促进农村生产力发展、夯实全面推进乡村振兴经济基础的过程。然而，由于农业发展的自然资源条件千差万别，以及生产力发展的不平衡，导致我国区域农村经济发展不均衡态势十分明显。为此，遵循统筹城乡发展和统筹区域发展的原则，结合我国区域资源条件和农业发展特征，分析我国区域现代农业发展布局与发展模式，具有重大的现实意义。

第一节　我国农村区域经济发展状况

新中国成立以来，我国区域划分先后经历了沿海和内地两大区域，东、中、西三大地带，20 世纪 90 年代后，国家相继提出了西部大开发、振兴东北、中部崛起和东部率先发展等战略，基本形成了西部、东北地区、中部、东部四大经济区域发展格局。根据国务院和国家发展改革委出台的有关“四大板块”的区域规划和指导意见，以及统计数据获取的难易程度，本书以省市区为单位进行探究。其中，东部地区包括天津、河北、山东、江苏、上海、北京、浙江、福建、广东和海南（10 个省、直辖市），中部地区包括湖北、湖南、江西、安徽、河南和山西（6 个省），东北地区包括辽宁、吉林、黑龙江（3 个省），西部地区包括重庆、四川、贵州、云南、广西、陕西、甘肃、青海、宁夏、西藏、新疆和内蒙古（12 个省、直辖市、自治区）。党的十八大以来，国家在全面实施“四大板块”的发展战略基础上，重点实施了“一带一路”建设、京津冀协同发展和长江经济带建设，取得明显成效，区域发展协调性增强。党的十九大报告首次明确提出要实施区

域协调发展战略，党的二十大报告指出要促进区域协调发展，深入实施区域协调发展战略、区域重大战略、主体功能区战略、新型城镇化战略，优化重大生产力布局，构建优势互补、高质量发展的区域经济布局和国土空间体系，这为今后一个时期推动更高质量的区域协调发展指明了方向。

一、我国“四大板块”经济发展状况

（一）区域经济总量不断增加，发展差距逐步缩小

改革开放以来，全国各地区经济发展水平的差距经历了先缩小后扩大再缩小的变化过程。从 2012 年党的十八大召开到 2021 年的 10 年间，区域经济呈现增长高地从东部向中、西部和东北地区转移的态势。其中，中部板块经济增长速度居“四大板块”之首，西部和东北地区经济增长速度加快，东部经济增长速度相对减缓，东部与中西部、东北地区的经济增长差距均出现缩小趋势，形成了地区经济发展良性互动的局面。如表 3-1 所示，从经济规模看，2021 年，东部、中部、西部、东北地区生产总值分别约为 59.2 万亿元、25.0 万亿元、24.0 万亿元和 5.57 万亿元。按不变价核算，2012—2021 年，东部、中部、西部、东北地区生产总值分别年均增长 7.0%、7.5%、7.7%和 4.7%，中西部地区发展速度领先于东部地区。从居民人均可支配收入看，2021 年，东部、中部、西部、东北四区域的居民人均可支配收入分别为 44980 元、29650 元、27798 元和 30518 元，最高的东部和最低的西部之间的收入比，由 2012 年的 1.70：1 缩小至 1.62：1，区域良性互动，相对差距逐步缩小。

表 3-1　2021 年各地区经济发展基本情况

区域	地区生产总值（亿元）		第一产业增加值（亿元）	第二产业增加值（亿元）	第三产业增加值（亿元）	居民人均可支配收入（元）
	2021 年	2012 年				
东部	592201.8（52.1%）	295892.0（51.32%）	26583.4（32%）	231411.8（51.8%）	334206.5（55%）	44980.3（9.07%）
中部	250132.4（22.0%）	116277.8（20.17%）	21587.2（26%）	103420.2（23.1%）	125125.1（20.6%）	29650（9.2%）
西部	239710.1（21.1%）	113904.8（19.76%）	27437.1（33%）	92570.4（20.7%）	119702.6（19.7%）	27798.4（9.37%）
东北	55698.8（4.9%）	50477.3（8.75%）	7478.6（9%）	19618.8（4.4%）	28601.4（4.7%）	30517.7（7.96%）

续表

区域	地区生产总值（亿元）		第一产业增加值（亿元）	第二产业增加值（亿元）	第三产业增加值（亿元）	居民人均可支配收入（元）
	2021 年	2012 年				
全国	1143669.7	576551.84	83085.5	450904.5	609679.7	35128.1（9.13%）

资料来源：中华人民共和国国家统计局．中国统计年鉴 2022［M］．北京：中国统计出版社，2022；中华人民共和国国家统计局．中国统计年鉴 2013［M］．北京：中国统计出版社，2013。

注：1. 地区生产总值、增加值指标对应的括号内数字为各地区生产总值占全国生产总值的比重，人均可支配收入对应的括号内数字为增长率。

2. 由于各种原因，统计年鉴中生产总值及三次产业增加值的各区域合计数不等于全国数。

（二）区域比较优势持续发挥，发展协调性逐步增强①

东部地区率先发展的引领作用更加凸显。2021 年，东部地区生产总值占全国生产总值的比重达到 52.1%，按不变价核算，比上年增长 8.1%，对全国经济增长的贡献率达到 52.9%。中部地区加快崛起，中部六省地区生产总值占全国生产总值的比重由 2012 年的 20.17%上升至 2021 年的 22.0%，按不变价核算，2021 年，中部地区生产总值增速为 8.7%，高于全国 GDP 增速 0.6 个百分点，中部地区整体实力和竞争力进一步提升。西部大开发战略深入推进，西部地区基础设施和生态环境建设取得积极进展，陆海新通道建设加快推进，营商环境不断改善，经济持续快速发展。西部地区人均地区生产总值由 2012 年的 29195 元增加至 2021 年的 62596 元，东部与中、西部人均地区生产总值比分别从 2012 年的 1.69、1.87 下降至 2021 年的 1.53、1.68。东北地区振兴取得新进展，东北地区统筹资源型地区转型发展、老工业城市更新改造、产业转型升级示范区建设持续深入，第三产业增加值占地区生产总值的比重由 2012 年的 40.1%上升至 2021 年的 56.7%，产业结构进一步优化。

（三）三大需求增长提速高点继续从东部向中西部和东北地区转移

2021 年，从三大需求综合指数来看，东部与中西部和东北地区的需求差距亦出现缩小趋势。全社会固定资产投资、社会消费品零售额、出口三

① 经济结构不断优化 协调发展成效显著：党的十八大以来经济社会发展成就系列报告之十一［EB/OL］．（2022-9-28）．http：//xjzd. stats. gov. cn/xwfb/xxfx/202210/t20221011_ 153797. html.

大需求和实际利用外资显现两大特点：一是三大需求作为经济增长的三驾马车，延续东部地区增速低于中、西部和东北地区的趋势；二是中、西部成为吸引外资的重要增长点。在中国更高水平开放和高质量发展战略指引下，中、西部地区经济快速增长，呈现崛起之势，相较发展更为成熟的东部区域，释放出更大的消费空间、更多的市场潜能、更充足的发展机遇，为吸引外资奠定了坚实基础，见表 3-2。

表 3-2　2021 年各地区三大需求情况

区域	全社会固定资产投资增长率	社会消费品零售总额（亿元）	出口（亿元）	实际利用外资增长率
东部	6.4%	222912.8（11.6%）	170610.7（20.2%）	14.6%
中部	10.2%	105965（14.9%）	21869.9（28.3%）	20.5%
西部	3.9%	92301.3（12.5%）	20693.4（21.2%）	14.2%
东北	5.7%	19543.5（9.3%）	4113.4（24.5%）	/
全国	4.9%	440823.2（12.5%）	217287.4（21.2%）	14.9%

资料来源：2021 年国民经济和社会发展统计公报，中国统计年鉴 2022。

注：1. 各项指标括号内数据为各地区相比上年的增长率。

2. 东北地区 2021 年实际利用外资增长率数据缺失。

区域协调发展问题历来是党和政府高度重视的战略问题之一。党的二十大报告指出，深入实施区域协调发展战略、区域重大战略、主体功能区战略、新型城镇化战略，优化重大生产力布局，构建优势互补、高质量发展的区域经济布局和国土空间体系。近年来，党和国家提出京津冀协同发展、长江经济带发展、粤港澳大湾区建设、长三角一体化发展、黄河流域生态保护和高质量发展等区域重大发展战略，就深入推进西部大开发、振兴东北地区等老工业基地、中部地区崛起、东部率先发展等做出新部署。2022 年 12 月印发的《扩大内需战略规划纲要（2022—2035 年）》和《“十四五”扩大内需战略实施方案》聚焦重点战略区域内的协调协商机制和成本共担利益共享机制尚不健全、重大基础设施网络化和一体化程度不高、东中西部和特殊类型地区发展不平衡等问题，对“优化区域经济布局”做出具体部署，一方面是依托区域重大战略打造内需新增长极，扎实推动京津冀协同发展、长江经济带高质量发展、粤港澳大湾区建设、长三角一体化发展、黄河流域生态保护和高质量发展，健全一体化发展体制机制，率先推进区域内交通、能源、水利等重大工程项目和信息网络等新型基础设施共建共享，实现区域间融合互动、融通互补。明确“十四五”期间要“基本建成轨道上的京津冀”，推动长江经济带高质量发展的“4+1”工程、粤港澳大湾区“两廊两点”等目标任务的完成。另一方面是推动区域协调发展，完善内需增长空间格局，提出要坚持“差异竞争、错位发展”策略，推动西部大开发、东北振兴、中部地区崛起，实现“三新”战略目标，进一步明确了东部地区、特殊类型地区的发展任务，立足不同区域主体功能定位，健全区际利益补偿机制和生态保护补偿制度，构建优势互补、高质量发展的区域经济布局和国土空间体系。加快完善农村低收入人口和欠发达地区帮扶机制，全面提升区域经济发展的整体性、协调性，从而释放巨大内需潜力。

二、我国农村区域经济农业发展基本状况和生产条件

第三次全国农业普查对全国农业生产经营户和农业生产经营单位的基本状况和生产条件进行了调查。具体情况如下：

（一）农业生产经营户和农业生产经营单位

2016 年，全国共有农业经营户 20743 万户，比第二次全国农业普查时增长 3.7%，其中规模农业经营户 398 万户。全国共有农业生产经营单位 204 万个，比第二次全国农业普查时增长 416.45%，在工商部门注册的农民合作社总数 179 万个，增长 96.7%，见表 3-3。

表 3-3　2016 年农业生产经营户和农业生产经营单位数量及构成

区域	农业生产经营户		农业生产经营单位	
	数量（万户）	比重	数量（万个）	比重
合计	20743	100.0%	204	100.0%
东部	6479	31.2%	69	33.8%
中部	6427	31%	56	27.5%
西部	6647	32%	62	30.4%
东北	1190	5.8%	17	8.3%

资料来源：国家统计局．第三次全国农业普查主要数据公报（第二号）［EB/OL］．［2017－12－15］．http：//www. stats. gov. cn/sj/tjgb/nypcgb/qgnypcgb/202302/t20230206_1902102. html.

注：1. 表 3-4~表 3-8 同此注。

2. 农业经营户：指居住在中华人民共和国境内（未普查港澳台），从事农、林、牧、渔业及农林牧渔服务业的农业经营户。

3. 规模农业经营户：规模农业经营户指具有较大农业经营规模，以商品化经营为主的农业经营户。规模化标准为：

种植业：一年一熟制地区露地种植农作物的土地达到 100 亩及以上，一年二熟及以上地区露地种植农作物的土地达到 50 亩及以上，设施农业的设施占地面积达到 25 亩及以上。

畜牧业：生猪年出栏 200 头及以上，肉牛年出栏 20 头及以上，奶牛存栏 20 头及以上，羊年出栏 100 只及以上，肉鸡、肉鸭年出栏 10000 只及以上，蛋鸡、蛋鸭存栏 2000 只及以上，鹅年出栏 1000 只及以上。

林业：经营林地面积达到 500 亩及以上。

渔业：淡水或海水养殖面积达到 50 亩及以上，长度 24 米的捕捞机动船 1 艘及以上，长度 12 米的捕捞机动船 2 艘及以上，其他方式的渔业经营收入 30 万元及以上。

农林牧渔服务业：对本户以外提供农林牧渔服务的经营性收入达到 10 万元及以上。

其他：上述任一条件达不到，但全年农林牧渔业各类农产品销售总额达到 10 万元及以上的农业经营户，如各类特色种植业、养殖业大户等。

4. 农业经营单位：指中华人民共和国境内（未普查港澳台）以从事农业生产经营活动为主的法人单位和未注册单位，以及不以农业生产经营活动为主的法人单位或未注册单位中的农业产业活动单位。既包括主营农业的农场、林场、养殖场、农林牧渔场、农林牧渔服务业单位、具有实际农业经营活动的农民合作社，也包括国家机关、社会团体、学校、科研单位、工矿企业、村民委员会、居民委员会、基金会等单位附属的农业产业活动单位。

5. 农民合作社：指有合作社的名称，符合《中华人民共和国农民专业合作社法》中关于合作社性质、设立条件和程序、成员权利和义务、组织机构、财务管理等要求，有农业生产经营或提供农林牧渔服务，名称为农民合作社的农民互助性经济组织。包括已在工商部门登记，以及虽未登记但符合上述要求的农民合作社，不包括以公司名称登记注册的股份合作制企业、社区经济合作社、供销合作社、农村信用社等，也不包括从事农业生产资料购买、农产品加工、贮藏、运输、销售等非农行业的农民合作社。

6. 拖拉机：指发动机额定功率在 2.2 千瓦（含 2.2 千瓦）以上的拖拉机，包括小四轮与手扶式。

7. 耕整机：指自带发动机驱动，主要从事水田、旱田耕整作业的机械，包括微耕机、田园管理机等。

8. 旋耕机：指与拖拉机配套完成耕、耙作业的耕耘机械。

9. 播种机：包括条播机、穴播机、异型种子播种机、小粒种子播种机、根茎类种子播种机、撒播机、免耕播种机等。

10. 水稻插秧机：指自带动力驱动作业，用于水稻插秧的机械。

11. 联合收获机：指能一次完成作物收获的切割（摘穗）、脱粒、分离、清选等其中多项工序的机械。包括稻麦联合收割机、玉米联合收获机。

12. 机动脱粒机：指由动力机械驱动专门进行农作物脱粒的作业机械。

13. 灌溉耕地面积：指实际耕种的耕地中，有灌溉设施、有水源，正常气候下能灌溉的耕地面积。

14. 温室、大棚占地面积：由三部分组成，一是实际使用面积，指沿墙内侧的围绕面积；二是墙体面积，指设施的墙体等其他支撑体自身的占地面积；三是采光占用面积，指设施距遮光物体（其他设施、房屋等）的必要距离所占的面积。

15. 四大地区：东部地区包括北京市、天津市、河北省、上海市、江苏省、浙江省、福建省、山东省、广东省、海南省。中部地区包括山西省、安徽省、江西省、河南省、湖北省、湖南省。西部地区包括内蒙古自治区、广西壮族自治区、重庆市、四川省、贵州省、云南省、西藏自治区、陕西省、甘肃省、青海省、宁夏回族自治区、新疆维吾尔自治区。东北地区包括辽宁省、吉林省、黑龙江省。

16. 部分数据因四舍五入的原因，存在着与分项合计不等的情况。

（二）农业生产经营人员

如表 3-4 所示，2016 年，全国农业生产经营人员 31422 万人，按地区分，东部地区 8746 万人，占 27.8%；中部地区 9809 万人，占 31.2%；西部地区 10734 万人，占 34.2%；东北地区 2133 万人，占 6.8%。按性别分，女性 14927 万人，占 47.5%；男性 16495 万人，占 52.5%。按年龄分，年龄 35 岁及以下的 6023 万人，占 19.2%；年龄在 36 岁至 54 岁之间的 14848 万人，占 47.2%；年龄 55 岁及以上的 10551 万人，占 33.6%。按受教育程度分，文盲占 6.4%，小学占 37.0%，初中占 48.4%，高中或中专占 7.1%，大专及以上占 1.2%。

表 3-4　2016 年农业生产经营人员数量及构成

		全国	东部地区	中部地区	西部地区	东北地区
农业生产经营人员数量（万人）		31422	8746	9809	10734	2133
占比		100%	27.8%	31.2%	34.2%	6.8%
性别构成	男	52.5%	52.4%	52.6%	52.1%	54.3%
	女	47.5%	47.6%	47.4%	47.9%	45.7%
年龄构成	35 岁以下	19.2%	17.6%	18%	21.9%	17.6%
	36~54 岁	47.3%	44.5%	47.7%	48.6%	49.8%
	55 岁及以上	33.6%	37.9%	34.4%	29.5%	32.6%

续表

		全国	东部地区	中部地区	西部地区	东北地区
受教育程度构成	文盲	6.4%	5.3%	5.7%	8.7%	1.9%
	小学	37%	32.5%	32.7%	44.7%	36.1%
	初中	48.4%	52.5%	52.6%	39.9%	55%
	高中或中专	7.1%	8.5%	7.9%	5.4%	5.6%
	大专及以上	1.2%	1.2%	1.1%	1.2%	1.4%
从事行业构成	种植业	92.9%	93.3%	94.4%	91.8%	90.1%
	林业	2.2%	2.0%	1.8%	2.8%	2.0%
	畜牧业	3.5%	2.4%	2.6%	4.6%	6.4%
	渔业	0.8%	1.6%	0.6%	0.3%	0.5%
	农林牧渔服务业	0.6%	0.7%	0.6%	0.5%	1.0%

资料来源：国家统计局．第三次全国农业普查主要数据公报（第五号）[EB/OL]．[2017－12－15]．http：//www.stats.gov.cn/sj/tjgb/nypcgb/qgnypcgb/202302/t20230206_1902105.html.

（三）农业机械及使用情况

全国农业机械装备水平较第二次农业普查时有了显著提高。2016 年年末，全国拖拉机 2690 万台，耕整机 513 万台，旋耕机 825 万台，播种机 652 万台，排灌动力机械 1431 万台，联合收获机 114 万台，见表 3-5。

表 3-5　2016 年主要农业机械数量　　单位：万台

	全国	东部地区	中部地区	西部地区	东北地区
拖拉机	2690	758	888	582	463
耕整机	513	70	163	240	40
旋耕机	825	148	183	430	65
播种机	652	108	258	126	160
水稻插秧机	68	9	11	6	42
排灌动力机械	1431	442	521	384	84
联合收获机	114	33	45	16	20
机动脱粒机	1031	134	271	600	26
饲草料加工机械	409	23	37	303	46

续表

	全国	东部地区	中部地区	西部地区	东北地区
挤奶机	10	2	1	5	2
剪毛机	5	1	1	2	0. 5
增氧机	194	125	42	23	3
果树修剪机	49	21	13	14	0. 6
内陆渔用机动船	28	13	10	3	1
海洋渔用机动船	25	22	0. 0	1	2

资料来源：国家统计局 . 第三次全国农业普查主要数据公报（第二号）［EB/OL］.［2017－12－15］ . http：//www. stats. gov. cn/sj/tjgb/nypcgb/qgnypcgb/202302/t20230206_1902102. html.

（四）农田水利设施

2016 年年末，全国调查村中能够正常使用的机电井 659 万眼，排灌站 42 万个，能够使用的灌溉用水塘和水库 349 万个，见表 3-6。

表 3-6　2016 年农田水利设施

	全国	东部地区	中部地区	西部地区	东北地区
能正常使用的机电井（万眼）	659	206	208	152	92
排灌站（万个）	42	18	16	7	1
能灌溉用的水塘和水库（万个）	349	43	224	78	4

资料来源：国家统计局. 第三次全国农业普查主要数据公报（第二号）［EB/OL］. 2017－12－15. http：// www. stats. gov. cn/sj/tjgb/nypcgb/qgnypcgb/202302/t20230206_1902105. html.

2016 年年末，全国灌溉耕地面积 61890 千公顷，其中有喷灌、滴灌、渗灌设施的耕地面积 10018 千公顷；灌溉用水主要水源中，使用地下水的户和农业生产单位占 30. 5%，使用地表水的户和农业生产单位占 69. 5%，见表 3-7。

表 3-7 2016 年农田灌溉

		全国	东部地区	中部地区	西部地区	东北地区
灌溉耕地面积（千公顷）		61890	16044	20064	18633	7148
有喷灌、滴灌、渗灌设施的耕地面积（千公顷）		10018	1655	1899	5079	1385
灌溉用水主要水源	地下水	30.5%	36.9%	35.7%	12.1%	59.3%
	地表水	69.5%	63.1%	64.3 %	87.9%	40.7%

资料来源：国家统计局．第三次全国农业普查主要数据公报（第二号）［EB/OL］．［2017-12-15］．http：//www.stats.gov.cn/sj/tjgb/nypcgb/qgnypcgb/202302/t20230206_1902105.html.

（五）设施农业

2016 年年末，全国温室占地面积 334 千公顷，大棚占地面积 981 千公顷，渔业养殖用房面积 7.6 千公顷，见表 3-8。

表 3-8 2016 年设施农业情况 单位：千公顷

	全国	东部地区	中部地区	西部地区	东北地区
温室占地面积	334	130	41	95	69
大棚占地面积	981	474	186	215	106
渔业养殖用房面积	7.6	4.5	1.7	1.0	0.3

资料来源：国家统计局．第三次全国农业普查主要数据公报（第二号）［EB/OL］．［2017-12-15］．http：//www.stats.gov.cn/sj/tjgb/nypcgb/qgnypcgb/202302/t20230206_1902105.html.

第二节 中国农业现代化区域发展目标模式

一、我国现阶段区域现代农业发展现状

从 2004 年以来中央一号文件已经连续 18 年聚焦我国“三农”问题，我国农业现代化综合水平从 2005 年的 0.126 发展到 2019 年的 0.605①，农

① 刘养卉，刘路国．乡村振兴背景下的区域农业现代化综合水平评价：基于省级面板数据的实证分析［J］．开发研究．2021（6）：102-108.

业现代化综合水平得到显著提高，不同区域的农业现代化综合指数也不断增长，其中东部地区增长了 0.536，东北地区增长了 0.609，中部地区增长了 0.52，西部地区增长了 0.37。15 年间我国东北地区的农业现代化水平高于东部地区，东部地区的农业现代化水平高于中部地区，中部地区的农业现代化水平又高于西部地区，即我国的农业现代化水平呈现从东北到西部递减的趋势。

（一）东部地区外向型农业发展迅速，现代农业发达，但农业资源流失严重

东部地区属沿海地区，具有独特的交通、区位优势，外向型农业成为该地区农业发展的强力增长点。2000 年以来，东部地区农产品出口值年均增幅超过 12%，占全国农产品出口总值的比重保持在 70%左右，其中 2021 年山东省农产品出口 1238.4 亿元，占全国农产品出口总值的 22.7%，在全国各省市中位居第一位①。现代化农业已现雏形。东部地区农业装备水平领先全国，耕地农机装备动力达到每公顷 9.6 千瓦，是全国平均值的近 2 倍，农产品加工程度和产业化经营水平相对较高，东部地区食品工业总产值相当于地区农业总产值的 1.07 倍。东部地区人多地少，耕地资源严重不足，由于经济快速发展，农业资源出现严重的非农化倾向，加上经济结构调整，导致东部地区耕地面积不断萎缩，粮食产量不断降低。1998—2005 年，东部地区粮食播种面积调减了 686.67 万公顷，下降了 21.8%，占全国耕地面积减少量的 72.2%。同时，由于高投入、高产出的集约化经营和工业化过程中对环境污染监管力度不够，导致水资源超采和水体污染严重，农业环境威胁到安全生产，也影响到农产品出口，制约着外向型农业的发展。

（二）西部地区特色产业优势明显，但农业资源与生态环境约束十分突出

西部地区面积占我国国土总面积的60%以上，耕地占 1/3 以上，水资源占全国的近一半，森林面积、林木蓄积量及草地资源也较丰富。西部地区已初步形成专用玉米、糖料、棉花、苹果、肉羊、牛奶等优势产区，特色农产品在全国具有举足轻重的地位，如：新疆的棉花产量已占全国的 1/3，

---

① 2021 年山东省农产品出口 1238.4 亿元 连续 23 年居全国各省市首位［EB/OL］.（2022-1-17）. https://baijiahao.baidu.com/s?id=1722203864310701052&wfr=spider&for=pc.

甜菜产量占全国的近 2/3；广西的甘蔗年产量超过全国的 1/2；云南贵州烟叶年产量约占全国的 1/2；内蒙古牛奶产量占全国的 1/5 以上。农业发展面临着的资源与生态环境的严重约束，西北内陆地区水资源极为短缺，年均降水量不足 200 毫米，单位耕地面积平均拥有水量仅为全国平均水平的 1/10，单位农业产出的耗水量高于全国平均水平。水土流失面积占其土地总面积的 60%以上，土地荒漠化面积占其土地总面积的 20%以上。草地退化和土壤盐碱化的趋势也没有得到有效遏止，生态环境十分脆弱。同时，西部是少数民族集中聚居地区，也是贫困人口最为集中的地区，2020 年西部农民人均可支配收入比全国平均值低 17. 6%。

（三）中部地区大宗农产品生产在全国地位突出，但农业产业化发展滞后

中部地区农业生产条件优越，历来是我国农产品的主要生产基地，被称为粮仓和“鱼米之乡”。中部地区粮棉油及肉类等大宗农产品发展迅速，大宗农产品生产在全国地位突出。改革开放以来，除棉花外，其他大宗农产品生产在全国所占比重都呈上升趋势。2020 年，玉米、小麦等谷物生产在全国所占比重为 31. 5%，油料比重为 44%，均高于其他地区。目前已建成专用小麦、专用玉米、棉花、“双低”油菜、“双高”甘蔗、柑橘、苹果、肉牛、肉羊、牛奶、出口水产品、河蟹等优势农产品产业带和养殖区。由于资金、技术等方面的欠缺，农产品转化增值方面比较落后，产业化水平不高。农副食品加工业规模以上企业中，平均单个企业创造的增加值和利润仅相当于全国平均水平的 74. 2%、68. 8%，比西部地区还要低，与东部地区差距更大。农产品加工业水平低，对农业的带动力不足，以及农户经营规模偏小，导致种粮效益相对较低，农业增产和农民增收之间难以形成良性互动。

（四）东北地区粮食专业化生产趋势明显，但农业基础设施薄弱

东北地区农业生产条件优越，为世界三大黑土地分布区之一，总面积约为 103 万平方千米，地广人稀、土壤肥沃，单位面积粮食产量高，人均农业资源尤其是耕地相对丰富，已成为我国最重要的商品粮基地。2019 年，东北地区的人均耕地面积为 0. 233 公顷，位于四大区域之首，东北地区常住人口仅占全国总人口的 6. 96%。2021 年东北地区粮食总产量 28891 亿斤，占全国粮食总产量 21. 15%；粮食商品化率平均在 60%以上；粮食调出量占

全国的30%以上，已基本形成我国最大的专用玉米、高油大豆和北方最大的优质水稻产业带，吉林的玉米种植面积占全省粮食种植面积的2/3以上，黑龙江的大豆和粳稻种植分别占42%和18.8%；2020年肉、蛋、奶产量分别占全国肉、蛋、奶生产总量的11.2%、16.5%和19.2%，畜牧业和加工业有一定的发展，农林牧渔总产值、农业总产值和畜牧业总产值分别占全国的10.16%、10.22%和12.58%。然而东北地区农业基础设施薄弱，规模小、分散经营已经制约了东北农业的发展，同时其农业产业链短，产品附加值低，一产、二产、三产融合程度低，信息交互不足，产业协同能力差，严重削弱了东北地区农业现代化的基础。近年来，农民收入增长较慢，收入水平低，改革开放之初，东北地区农民人均纯收入在全国处于领先，但到2020年农民人均纯收入为16581.5元，远低于全国人均水平。

二、中国农业农村现代化总体目标

党的十九届五中全会审议通过的《中共中央关于制定国民经济和社会发展第十四个五年规划和二〇三五年远景目标的建议》提出到2035年实现农业农村现代化。2022年国务院印发《“十四五”推进农业农村现代化规划》，对“十四五”时期推进农业农村现代化的战略导向、主要目标、重点任务和政策措施等做出全面安排，增强了农业农村对经济社会发展的支撑保障能力和“压舱石”的稳定作用，持续提高农民生活水平。

农业农村现代化的主要目标：

到2025年，农业基础更加稳固，乡村振兴战略全面推进，农业农村现代化取得重要进展。梯次推进有条件的地区率先基本实现农业农村现代化，脱贫地区实现巩固拓展脱贫攻坚成果同乡村振兴有效衔接。

（1）粮食等重要农产品供给有效保障。粮食综合生产能力稳步提升，产量保持在1.3万亿斤以上，确保谷物基本自给、口粮绝对安全。生猪产能巩固提升，棉花、油料、糖料和水产品稳定发展，其他重要农产品保持合理自给水平。

（2）农业质量效益和竞争力稳步提高。农业生产结构和区域布局明显优化，物质技术装备条件持续改善，规模化、集约化、标准化、数字化水平进一步提高，绿色优质农产品供给能力明显增强。产业链供应链优化升级，现代乡村产业体系基本形成。

（3）农村基础设施建设取得新进展。乡村建设行动取得积极成效，村庄布局进一步优化，农村生活设施不断改善，城乡基本公共服务均等化水平稳步提升。

（4）农村生态环境明显改善。农村人居环境整体提升，农业面源污染得到有效遏制，化肥、农药使用量持续减少，资源利用效率稳步提高，农村生产生活方式绿色低碳转型取得积极进展。

（5）乡村治理能力进一步增强。党组织领导的农村基层组织建设明显加强，乡村治理体系更加健全，乡风文明程度有较大提升，农民精神文化生活不断丰富，农村发展安全保障更加有力。

（6）农村居民收入稳步增长。农民增收渠道不断拓宽，农村居民人均可支配收入增长与国内生产总值增长基本同步，城乡居民收入差距持续缩小。农民科技文化素质和就业技能进一步提高，高素质农民队伍日益壮大。

（7）脱贫攻坚成果巩固拓展。脱贫攻坚政策体系和工作机制同乡村振兴有效衔接，脱贫人口“两不愁三保障”成果有效巩固，防止返贫动态监测和帮扶机制健全完善并有效运转，确保不发生规模性返贫。

展望2035年，乡村全面振兴取得决定性进展，农业农村现代化基本实现。

从以上表述可以看出，农业农村现代化是农民生活现代化、农村产业现代化、农村基础设施现代化、农村科学技术现代化、农村经营管理现代化和农业资源环境现代化各方面系统构建的一个有机整体。主要指标体系见表3-9。

表3-9 “十四五”时期推进农业农村现代化主要指标

序号	指标	2020年基期值	2025年目标值	平均增速（累计）
1	粮食综合生产能力（亿吨）	——	>6.5	
2	肉类总产量（万吨）	7748	8900	2.8%
3	农业科技进步贡献率	60%	64%	（4%）
4	高标准农田面积（亿亩）	8	10.75	（2.75）
5	农作物耕种收综合机械化率	71%	75%	（4%）
6	畜禽粪污综合利用率	75%	>80%	（>5%）

续表

序号	指标	2020 年基期值	2025 年目标值	平均增速（累计）
7	农产品质量安全例行监测合格率	97.8%	98%	(0.2%)
8	农产品加工业与农业总产值比	2.4	2.8	(0.4%)
9	较大人口规模自然村（组）通硬化路比例	——	>85%	——
10	农村自来水普及率	83%	88%	(5%)
11	乡村义务教育学校专任教师本科以上学历比例	60.4%	62%	(1.6%)
12	乡村医生中职业（助理）医师比例	38.5%	45%	(6.5%)
13	乡镇（街道）范围具备综合功能的养老服务机构覆盖率	54%	60%	(6%)
14	农村居民人均可支配收入增速	3.8%	——	与 GDP 增长基本同步
15	集体收益 5 万元以上的村占比	54.4%	60%	(5.6%)
16	县级及以上文明村占比	53.2%	60%	(6.8%)
17	农村居民教育文化娱乐消费支出占比	9.5%	11.5%	(2%)

注：括号内为 5 年累计数。

第三节　中国农业现代化区域推进方略

一、东部地区农业现代化推进方略

（一）东部地区农业现代化面临的问题

东部地区的农业发展水平比较高，基础比较好，农产品优质化、商品化、区域化、产业化和农村城镇化的进程较快，近年来东部地区乡村凭借其区位、资本优势，依托工业蓬勃发展，产业规模化、集群化效应显著，乡村现代化程度较高。东部地区是我国参与国际市场竞争的前沿地带，也是我国经济和社会发展水平最高的地区，正在向更高的目标迈进。但是在农业现代化进程中，东部地区的农业资源利用效率偏低、农业规模化发展程度低、产业融合发展仍处于起步阶段等问题依然存在，其根源是农业产业一体化和城乡一体化结合发展的滞后，这也是影响东部地区率先基本实现农业现代化的主要因素。

农业产业一体化是以市场为导向，以农户为基础，以龙头企业、合作组织或中介组织为依托，以经济效益为中心，以系列化、社会化为服务手段，通过种养加、产供销、农工商一体化经营，把农业再生产的产前、产中、产后各环节联结为一个完整的产业系统，其目的是引导分散的农户小生产变为社会化生产的组织形式，具备自我积累、自我调节、自我发展的运营机制。农业产业一体化实质上就是农业的市场化、专业化、社会化。

城乡一体化是指城乡在相互联系而又相对独立发展的过程中，城乡劳动者发挥各自的能动性发展全社会的生产，实现在共同利益基础上的第一、二、三次产业的协调发展，最终实现城乡人民共同富裕的动态过程。城乡一体化的最终目的是全社会在生产、交换、分配、消费等环节上的平等，这是城乡劳动者全面发展的前提。

农业产业一体化与城乡一体化是当前影响东部地区农业现代化进程中的两个关键问题，两者有着十分密切的内在联系，只有实施农业产业一体化，才能使城乡一体化有实质性的突破，也只有城乡一体化发展，才能促进和加快农业产业一体化的进程。农业产业一体化的发展为城乡一体化的发展寻找到了最佳结合点，城乡一体化的发展为农业产业一体化拓展了发展空间。二者互为发展条件，相互联系，相互促进。农业产业一体化和城乡一体化都是在我国工业化发展到一定阶段的 20 世纪 80 年代中期产生的，并且都产生在沿海经济较发达地区，乡镇企业在二者的发展中起着重要的桥梁和纽带作用，二者都对农业现代化的发展起着重要的推动作用。东部地区农业产业一体化与城乡一体化结合发展的滞后严重地影响了东部地区农业现代化进程，具体表现为：

（1）当前，我国农业发展正从低投入、低成本向高投入、高成本转变，加上农业劳动生产率不高，严重制约农民增收，影响农民生产积极性。近年来，农业生产资料价格持续攀升，农业土地租金不断上涨，农业生产经营所需物化投入、设施投入、社会化服务投入明显增多，原来可以忽略不计的人工成本也因青壮年劳动力大量外出而快速提高。农业比较效益特别是种粮比较效益过低问题日益突出，限制了东部地区农民收入的提高。再加上东部地区工业化城镇化快速推进，资源要素受趋利性影响，更容易从农业转向工业、从农村流入城市，耕地在逐年减少，生态资源遭到破坏，农业的可持续发展受到威胁，成为制约东部地区实现农业现代化和经济持续发展的重要因素。

（2）农村劳动力经过长时间、大规模的转移，尽管在总量上仍处于过剩状态，但结构性、季节性、区域性短缺矛盾日益显现，青壮年劳动力紧缺、劳动力素质结构性下降的问题十分突出，关键是农时缺人手、现代农业缺人才、新农村建设缺人力问题日益普遍。

（3）城乡一体化进程的缓慢，制约着农业产业一体化规模的扩大，形成规模化经营与小规模生产并存、“大农”与小农并存的格局。农业产业一体化的目的，就是要在坚持家庭承包经营的基础上实现农业的适度规模经营，但由于城乡一体化进程缓慢，阻滞了生产要素的合理流动，使农业利益大规模流失，限制了农业发展的空间和一体化的规模，制约了农业产业一体化的健康发展。

（二）目标：外向型农业和效益集约型农业

按照东部农业率先实现现代化要求，东部农业应在保证当地居民口粮基本自给的基础上，积极发展外向型农业。东部地区将是我国高附加值农业生产和优势产品出口基地。以蔬菜、水产、规模养殖为特征的外向型农产品生产，根据沿海地区农业资本密集、加工业发达、信息流畅、出口便利的特点，采取技术密集和劳动密集的高加低战略，探索适合东部地区的生产手段设施化、生产经营企业化、产业组成一体化、产业配置国际化的效益集约型农业。通过大力发展特色优势农产品精深加工产业，做优做强主导产业，促进特色农业向现代化、高端化转型发展。

（三）战略重点

东部地区粮食生产要在保证当地农村居民粮食基本自给的基础上，严格保护耕地，走资本密集型、资源节约型的道路，发展“工厂化”农业和“外向型”农业，充分发挥地区综合比较优势，做强做大有持久产业竞争力的农业主导产业，以市场需求为导向，深入推进农业产业结构的战略性调整，构建现代农业产业结构体系。其战略重点是：（1）农业国际化。东部地区的经济基础和区位条件有利于农业国际化的发展；长江三角洲地区要重点发展蔬菜、花卉、名特优水产品等农产品，建成规模化、高标准的农产品出口创汇基地；东南沿海地区要以高标准设施化栽培和工厂化规模养殖为主，大力发展资本和技术密集型农产品生产，重点发展面向港澳台、东南亚和欧美市场的优质高档菜篮子产品，促进热带、亚热带花卉、水果、中药材、名特优水产品等规模化生产；环渤海地区主要面向日韩等东亚市场，着力开拓俄罗斯和欧盟市场，重点发展蔬菜、水果、海水养殖等产品，提高农产品加工深度。（2）农业“工厂化”。东部地区发挥其资本充足、农产品消费市场高档的区位优势，实施高投入、高产出、高效益的“三高”农业发展方向，用现代工业武装农业，推进农业现代化进程，积极推行设施种植业、设施畜牧业和设施水产业，发展安全、绿色、有机农业，把农业转向现代高新技术农业、工厂化农业的发展道路。如上海等地区应突出农业的生态性、旅游休闲、出口创汇、农业科普教育，并积极进行辐射示范。大力推动生态农业、观光农业、设施农业、高效工厂化的设施农业发展。（3）农业“多样化”。要充分发挥东部的区域比较优势，利用东部地区比较发达的资金优势、优越的气候，以及人才、技术等综合优势，加快推进粮油、蔬菜等十大主导产业的发展。大力拓展农业的多种功能，延长农业的产业链，提升农业的价值链，拓展农业发展的新领域。顺应新科技革命和新产业革命兴起的趋势，培育农业战略性新兴产业，把农业种子种苗业、农产品精深加工业、农产品现代物流业、农业生产性服务业、农业休闲观光业、农业生物质能源产业等六大农业战略性新兴产业作为农业发展的新增长点加以重点培育。

（四）战略布局

一是珠三角（含福建）重点发展花卉、苗木、水产、热带特色果品等出口创汇农业和高效益农业；以满足外贸出口和城市供应的需要为出发点，全面发展畜牧、蔬菜、水果、水产、花卉等优质农产品商品生产及深加工产品基地，成为向港澳地区出口的外向型和效益集约型农业。二是长三角大力推动规模养殖业、水产、工业化（设施）农业等高档农业和都市农业发展，用于出口和满足内需。大中城市周边地区主要采取生态农业与循环农业相结合的农业发展模式，积极发展都市农业；中小城市周边地区重点发展以市场带动的集农产品生产、加工为一体的农业发展模式；浙北、苏中地区推动规模化农业发展。三是京津冀地区大力发展规模化生产、精细农业，主要用于满足周边大城市发展的需要，同时要重点建设生态屏障。

四是山东半岛在保持粮食生产能力的同时，大力发展蔬菜种植、加工、海洋养殖。建设大型商品粮基地，提高农业综合生产能力。大力发展高产、优质、高效、生态、安全农业，大力发展畜牧、水产业，不断提高占农业总产值的比重。

（五）发展对策

1. 选准农业产业一体化与城乡一体化协调发展的结合点

加强精致小城镇群建设和强化农业科技注入是推进农业产业一体化与城乡一体化协调发展的结合点。精致小城镇群建设是推进农业产业一体化与城乡一体化协调发展的最佳载体。随着农村工业化和农村城镇化的发展，我国东部地区的小城镇已基本形成网络，成为连接中心城市与乡村的桥梁。当前存在的一个突出问题是，农村城市化进程仍然滞后于工业化发展，压缩了第三产业的发展空间，减缓了农村剩余劳动力的转移，延缓了现代化的进程。东部地区小城镇数量不少，规模小，功能偏弱，大中城市数量少，整体功能差，对农村经济的带动和辐射作用不强。东部地区要提高农村自身的生存和发展能力，强化规划，优化布局，致力于精致小城镇群建设，从量的扩张转向质的提高。培育一批区位优、实力强、后劲足、辐射广，人口在15万人以上，功能齐备的现代化小城镇群，形成以大城市为中心、中等城市为骨干、小城镇合理布局、功能互补的城镇发展体系。

农业科技注入是农业产业一体化与城乡一体化协调发展的推动力，就是将先进的科学技术进一步注入农业和乡镇企业，提高农业和乡镇企业产品的科技含量，实现新一轮农业产业结构调整，加快农业现代化发展的进程。因此，必须在农业科技体制上，改变过去那种条块分割、多头管理、机构重复、力量分散的状况，按城乡一体化的原则，创建与市场经济相适应的多学科综合科技服务组织，并形成覆盖一定范围的服务网络，充分发挥科技服务农业的功能。

2. 发挥政府职能，创建农业现代化政府推进机制

东部地区农业现代化战略重点的实现和战略布局的实施，离不开政府的宏观调控和政策支持。应充分发挥政府职能，构建有利于农业产业一体化与城乡一体化协调发展的促进科技进步机制，主要包括：（1）建立农科教、产学研一体化的组织形式与管理制度；建立农业科研和技术推广转化新机制；建立适应城乡科技人员自由流动的科技管理体制。（2）建立促进

一体化发展的现代化管理机制。发挥政府在区域整体布局规划、政策信息指导、协调利益关系等方面的指导、服务和保障的职能。（3）建立多元化投融资机制。政府应统筹城乡金融体系，在重点扶持龙头企业的基础上，通过多种途径广泛筹集社会资金，引导各种生产要素进入农业开发领域，形成以市场为导向的多元化投融资机制。（4）建立城乡一体化的土地流转机制。在稳定家庭承包经营的基础上，建立城乡一体化的土地使用权流转机制，注重加大农业土地制度创新的力度，加速构建符合市场经济体制的土地使用制度框架，促进土地合理流转，适应农业规模化、专业化和商业化发展的要求。

3. 发挥市场机制的基础性作用，健全市场推进机制

东部地区农业现代化应坚持市场化发展方向。首先，建立市场化的农业资产运营机制，遵循市场经济规律实现农业资产流动、组合、运营和保值增值。通过股份制和股份合作制改造，使城乡各种所有制企业的运营走向市场化。其次，完善利益联动机制。以市场为导向，建立以利益为纽带的利益联动机制，降低农业生产经营风险和自我保护原则，提高农业生产经营效益。最后，建立健全城乡一体化市场体系。以促进农业生产商品化、经营市场化为目标，统筹城乡商品市场和生产要素市场，培育城乡要素自由流动的要素市场和各类中介服务市场，拓宽农副产品市场体系，加快农副产品流通。

二、西部地区农业现代化推进方略

（一）西部地区农业现代化面临的问题

幅员辽阔的西部地区，是贫困人口最多的地区，也是我国生态环境脆弱及经济欠发达地区，其农业开发所面临的困难与问题突出。

第一，生态环境脆弱，农业开发成本极高。西部地区位居我国地势的第一阶梯、第二阶梯，以高山、高原地貌为主，地形复杂多样，土地沙化面积超过 1600 万公顷，占全国的 90%，退化草地面积占西部可利用草地面积的 23%。气候类型多变，光、热、水、土资源组合错位，自然灾害频繁发生，农业生产中过量使用农药化肥、超环境承载能力放牧和过度开垦等现象普遍，给当地生态环境带来巨大压力。西部农业产出不稳定、波动大，频繁发生的自然灾害等不可控因素严重阻碍了农业生产，“靠天吃饭”特征

明显。

第二，市场化进程缓慢，商品经济发展程度低。西部地区以高原大山为主，道路建设难度大、耗资多，交通设施落后。虽已建成数条铁路干线，但广大山区交通仍十分困难，公路等级低、路况差、通过能力小，严重阻碍了与外界的交流，成为农村商品经济不发达的重要原因之一。

第三，农业生产结构单一，以传统农业生产方式为主。西部地区地处农、林、牧交错与过渡地带，除青藏高原区以游牧为主外，其余地区长期迫于人口压力，不适当地毁林毁草发展种植业，形成了以粮为主的单一生产结构，如黄土高原粮食作物占农作物播种面积的80%以上，经济作物比重只占10%左右，是全国粮食作物比重最高而经济作物比重最低的地区。在农业总产值结构中，农业比重高达65%以上，而牧业比重只有20%左右，也是全国一级农业区中农业产值比重最高而牧业产值比重最低的地区。除平原、盆地和绿洲区农业技术装备较好外，西部大部分地区以人力和畜力为主要动力，实行倒山轮种，部分地区仍实行“刀耕火种”和“休闲制”生产方式，生产水平十分低下。虽然我国在20世纪90年代就开始了西部地区植树造林活动，但是西部地区仍存在一定程度的水土流失，土地沙化、植被草原破坏等环境问题，制约了农业的发展。

第四，教育投入不足，人力资源素质较低。西部地区是我国少数民族的主要聚居区，由于语言交流障碍与经济发展水平的限制，西部地区教育落后，农民文化水平低，文盲和半文盲劳动力比重远高于全国平均水平。据不完全统计，西部农村大学及以上文化程度的人口仅占0.16%，每万人中农业科技人员仅有5.29人①。

由于科技文化素质低，农民对新技术接受吸收的难度大、使用率低，长期沿用传统的粗放型农作方式，广种薄收，靠天养畜，生态环境保护观念淡薄，在生产经营过程中往往只关注眼前的利益，缺乏市场判断能力，商品经济意识不强，严重制约了西部地区经济的可持续发展。

（二）目标：生态型特色农业

中国西部地区包括12个省，总面积约685万平方公里，约占全国土地的71.4%；耕地面积67425.8万亩，约占全国耕地面积的37%。西部地区地

---

① 郭威威．西部农业现代化发展研究［J］．合作经济与科技，2021（15）：14-16.

域广阔，气候、地貌类型多样，西部地区还有广阔的草原、森林等适宜生物生长的土地资源。同时，西部水资源也比较丰富，2018 年西部地区水资源总量为 16152.8 亿立方米，占全国的 58.8%①，西部地区农业发展潜力较大，在保护生态环境的前提下，其发展的目标应是实施特色农产品、绿色农产品、旱作农业等生态农业战略，推动资源节约型农业发展，保护西部生态环境，把其建设成为特色农产品发展基地和国土安全的重要生态屏障。随着生态型特色农业的发展，特色农业、旱作节水农业、绿色农业等生态型农业将会得到进一步发展。由于粮食供给及草场环境的制约，西北地区的草地畜牧业发展保持稳定，西南的草食畜牧业发展将加快，畜产品比重将保持稳定，奶业生产能力大幅度提高。新疆是中国最大的产棉区，据国家统计局核定，2021 年新疆棉花总产量达 512.9 万吨（102.6 亿斤），占全国棉花产量的近九成；新疆棉花产量连续四年稳定在 500 万吨以上，占全国的比重连续五年超过 80%②，因此，新疆成为我国最大的棉花调出区域。以水果、花卉、道地中药材、特色养殖等为代表的西部地区特色农业将会得到迅速发展，成为农民收入增加的主要来源，农民收入增量的 50%以上将来源于特色农业。

（三）战略重点

西部是我国的生态脆弱区，也是国土生态与边境安全的保障区，资源开发的潜力较大，但现阶段其农业生产水平相对较低，农民增收缓慢。西部地区具备发展特色农产品、草地畜牧业和生态农业的优势，应着重营造绿色农产品发展的良好环境，重点实施如下战略：（1）发展特色农业。加快发展优质棉花、糖料、水果、蔬菜、花卉、中药材、牧草、烟叶、茶叶、蚕桑、脱毒种薯和名特优水产品等具有传统优势的农产品生产，建设特色农产品生产基地，大力发展特色农产品加工业，注重地方民族风味和传统特色。（2）发展绿色农业。西部地区大气、水、土壤等自然环境状况明显优于我国的东部及中部地区，发展西部生态农业为最佳选择，将西部生态农业与开发绿色食品相结合是其最佳发展模式。西北地区重点旱作农业，以水资源节约利用为核心，大力推动马铃薯、特色小杂粮的生产。西南地

① 郭威威．西部农业现代化发展研究［J］．合作经济与科技，2021（15）：14-16.

② 高峰．今年新疆棉花总产量 512.9 万吨　占全国产量近九成［EB/OL］．（2021-12-16）［2022-12-20］．https：//baijiahao.baidu.com/s？id=1719317951463997047&wfr=spider&for=pc.

区重点利用丰富的草山草坡资源，发展草食畜牧业；大力发展生物质能源作物，开发非粮食作物的甘蔗、木薯等的种植基地。（3）实行生态保护与建设。继续实行推进退耕还草的相关政策措施，发展资源节约型农业，加强风沙区、水源保护区的生态建设与恢复，在西南等地区，积极推动以农业废弃物资源综合利用为主的清洁农村能源工程（沼气），保护当地的林地资源①。

（四）战略布局

西部地区地域广阔，资源条件千差万别，农业发展各具特色，现代农业发展重点也各不相同，不同区域布局如下：（1）内蒙及长城沿线区。坚持以畜牧业为重点，强化农牧结合。在加强草原和高标准基本农田保护建设的基础上，重点发展特种优质谷物和以甜菜为主的经济作物生产，加强奶业产业化基地建设。（2）西南地区。在综合治理和改善生态环境的基础上，大力加强烤烟、甘蔗、茶叶、中药材、花卉、冬春绿色蔬菜等特色农产品的生产基地建设，积极发展特色农产品加工业。进一步发展以养猪为主的优势畜牧业和草食畜牧业，推动肉制品加工业的提升。（3）黄土高原区。加大退耕还林还草力度，治理水土流失。在加强高标准基本农田建设、努力提高单位面积产量的基础上，积极发展经济林果业，推动果品加工业的发展。（4）甘新区。发展集约化的绿洲农业与牧区畜牧业，加强优质高产的糖、棉、瓜果基地和以羊为主的畜牧业基地建设，推动棉花、小麦生产的规模化和现代化。扶持发展具有传统优势并在国内外享有盛誉的蕃茄、葡萄、香梨、啤酒花、枸杞等特色农产品，深入推动农产品加工业的发展。

（五）发展对策

（1）强化生态环境建设。无论是西北地区还是西南地区，水土流失已成为制约农业生产发展和影响江河下游安全的一个突出问题。另外，草原沙化、灌区盐碱化问题也日趋严重。因此退耕还林还草，加强水土保持林及农田风沙防护林建设，提高植被覆盖度是西部农业开发的一项重要战略任务。

（2）强化农业基础设施建设。由于西部地区经济发展缓慢，农业投入

① 尹昌斌，周颖，邱建军．我国区域现代农业发展途径与战略重点［J］．农业现代化研究，2007，28（6）：641-646.

显著不足，长效硬件设施建设水平及规模远不适应现代农业发展需要，应在灌区农业开发过程中加强水利设施建设，提高灌区装备水平，改善交通及通信条件。

（3）加强科技投入，提高农民人力资源素质。“科教兴农”是西部农业现代化的一项重要战略举措。技术短缺、科技投入不足及农民文化层次低已成为阻碍西部开发的一大因素。西部科教行动应列入国家西部开发计划，依托科技实现西部农业现代化目标。

（4）调整农业产业结构，组建大农业产业基地，加速优势产业发展。西部农业结构单一，优势明显但不具规模。根据区域资源特点，结合市场需求，应因地制宜建立合理的农业产业结构，对优势产业的发展给予全力扶持，组建新疆棉花生产基地，新疆、河西走廊瓜果生产基地，四川盆地生猪与油菜生产基地，秦巴山区林特产品生产基地，云贵高原优质烤烟生产基地，藏东南名贵药材开发生产基地，青藏高寒区草地畜牧业生产基地，渭北、陇东优质果品生产基地，陕北、宁南、陇中苜蓿草业生产基地，黄土高原杂粮豆生产基地等大农业产业基地，充分发挥区域优势，推进西部地区农业现代化发展。

（5）发展现代高效农业。2021 年 11 月，四川省和重庆市印发《成渝现代高效特色农业带建设规划》，提出构建“一轴三带四区”的空间格局。“一轴”，即建设成渝主轴现代高效特色农业一体化发展示范区。“三带”，即沿长江现代高效特色农业绿色发展示范带、沿嘉陵江现代高效特色农业转型发展示范带、渝遂绵现代高效特色农业高质量发展示范带。“四区”，即重庆主城都市区都市现代高效特色农业示范区、成德眉资都市现代高效特色农业示范区、渝东北川东北现代农业统筹发展示范区、川南渝西现代农业融合发展示范区。这些现代高效特色农业示范区的构建必将为西部农业现代化的实现奠定坚实基础。

三、中部地区农业现代化推进方略

（一）中部地区农业现代化面临的问题

（1）农业经济结构单一。中部地带位于我国第一级阶梯与第二级阶梯的过渡地带，地貌上具有山、丘、岗、平组合分布的特点，中部地带是我国三大地带中农业资源相对丰富的地区，农业用地类型多样，适合于农、林、牧、渔多途径发展。从我国农业地域的宏观分布来看，中部地带不仅大宗农产品生产量比重大，地位突出，而且单位面积产量和人均产量也具有明显优势，农业地带的特征明显。但是，中部地带农业和农村经济结构单一，传统农产品比重大、高效农产品少。农村经济结构中，非农产业比重远小于东部地区的。在种植业内部，粮食、生猪比重大，尤其是常规粮、猪产品仍占有较大比例，高效农产品及附加值高的加工品比重小，传统农业结构的特征依然明显，农业生产经营效益有待进一步提高。

（2）城乡发展不协调，地区部门分割严重，农业现代化进程缓慢。中部地区的6个省、区“三农”问题比较突出，二元经济结构特征比较明显，城乡发展存在着许多不协调、不和谐的矛盾和问题，这些制约着中部地区城乡统筹发展、城镇化进程发展以及农业现代化目标的实现。中部地区受传统体制的惯性影响大，在较大程度上制约了农业资源要素的合理流动和农业结构的优化调整，使得农业在国民经济中的弱势地位很难在短时期内得到改变。几十年来形成的城乡分离、部门分割和地方保护的惯性仍然继续存在，农民和农业在整个社会和国民经济中仍处于弱势地位，发展艰难。

（3）农业投入不足，农业现代化建设乏力。农业投入不足主要体现在两个方面：一是资金投入不足，不同的投资主体对农业资金投入有不同程度的减少；二是科技投入不足，农业科技队伍不稳定且人才流失严重。虽然在中央“多予、少取、放活”政策指导下，各级政府加大了农业投入，但因历史上“欠账”太多，当前农业投入与发展要求相比仍显不足。

（4）农业科技创新能力减弱，农业竞争力不强。中部地区农业生产经营中科技含量低，在较大程度上制约了农业科技进步和农业科技含量的提高，使得当地农业和农产品在国际国内市场上的竞争力很难有明显的提高。由于科研投入经费严重不足，使得许多农业科研、推广单位运转艰难，导致农业科技创新能力减弱，农业科技成果储备不足，科技成果转化和推广应用仍是一个薄弱环节。

（5）社会需求日益增长，农村生态环境承载能力有限，农业可持续发展受到挑战。中部地区人口压力大，现代农业发展滞后，生态环境破坏严重，较大程度上制约了农业的发展效率和速度，使得现代农业建设面临可持续发展的重大挑战。在社会从温饱阶段进入小康阶段后，社会需要农业生产出更多、更好的优质安全保健食品，提供生态功能强大的良好生产生活环境，这使得农村自然资源和农村生态环境将承受更大的压力。

（二）目标：农业专业化基地

中部地区是我国最重要的农区，也是农产品发展最具现实潜力的地区。其发展的目标应是构建农业专业化基地，实施稳定大宗农产品生产、延伸农业产业链、发展农业循环经济战略，建设我国重要粮食生产基地，发挥农业多功能性，拓展农业功能，使现代农业发展成为中部地区农民增收的重要源泉、社会主义新农村建设的重要保证和为国家实施中部崛起战略提供重要支撑。中部地区棉、水果、肉、蛋产量在全国所占的比重超过 30%，油料比重超过 40%。长江中游平原、黄淮地区是我国最重要的粮仓与商品粮供给基地，比如河南粮食总产量连续 4 年稳定在 1300 亿斤以上。2020 年，河南省粮食产量达到 1365 亿斤，首次跨越 1350 亿斤台阶，是全国产粮第一大省市。中部地区的农业发展将借助粮食及相关种植业的优势，积极延伸农业产业链条，养殖业将比全国其他地区发展更快一些，肉类产量占全国肉类总产量比重超过 30%。随着中部崛起战略的提出与实施，中部农业发展进一步加强，农业总产出占全国的比重将逐步升高，成为我国农产品输出区域。农业专业化产业带将在中部地区率先形成。

（三）战略重点

长期以来，中部地区形成了棉花、双低油菜、小麦、水稻、肉牛肉羊、水产品等六大优势农产品。在巩固农业主产区地位的同时，积极建立围绕农业发展的新兴工业格局，形成从绿色农业、生态农业到食品加工业再到出口农业等产业链条，有条件的地方，大力发展农业装备，全面提升农业现代化水平。当前，中部地区农业发展应实行如下战略重点：（1）扶持构建区域优势农业体系。根据中部六省的自然环境和农业生态自然资源最佳开发利用方式的区域差异，以及主要商品农产品在地区分布上的交叉重叠等特点，发展以中部三大平原农业区为重点、以两湖平原（江汉平原和洞庭湖平原）为主的农业区，以及以黄淮平原为主的农业区和以洞庭湖为主的农业区，强化三大区域的农业特色，构建具有区域优势的现代农业产业体系。（2）推动农业产业化经营。一是发展优势农产品，壮大区域性支柱产业。在中部的小麦、棉花及双低油菜优势产区引进、培育和推广优良品种，推广一批降本增效技术。在水产品优势产区重点推广一批健康水产养殖技术。二是培育龙头企业，科学选择多种产业化经营模式。扶持有条件的龙头企业在优势产区建设农产品生产、加工、出口基地，加强基地与农户、基地与企业之间的联动与合作，由以农民为生产单元向“农户+基地+企业”的农业产业化模式转变，等等。（3）以农业产业创新为动力、发展农业循环经济。围绕具有优势的农产品资源，提高精深加工水平，挖掘地方农产品传统加工技术，形成优质、高效、特色农产品加工业，延长产业链。以推动资源节约型农业发展、农业产业化过程的清洁生产、农业废弃物的资源化利用和农村生活清洁消费为切入点，充分利用农产品每一个环节的废弃物资源，推动农业生产技术范式和组织方式的变革，大力发展农业循环经济，推动区域农业产业创新，使农业成为中部农区农业增收的重要源泉。①

（四）战略布局

长江中游（四省）重点推动水稻、棉花生产优势化、规模化，淡水产品、农产品深加工；在黄淮（山西、河南）重点推动优质小麦生产、规模化养殖以及农产品深加工。积极发展绿色食品，包括发展无公害粮油和蔬菜、畜禽、水产品及其加工产品。

一是加快建立以两湖平原为主的生态农林牧渔农业区的建设。调整种植结构，大力发展优势突出的优质双季稻和双低油菜，重点扩大芝麻、花生与苎麻、中药材等生产；畜牧业重点发展牛、山羊、猪、鸭、鹅；林业发展以茶叶、板栗、银杏、油茶、油桐为重点的经济林。二是以冬小麦、棉花、花生与芝麻、烟叶、中药材以及牛、羊、猪、鸡等现代农牧为主的黄淮平原（包括山西省），进一步加快农作物优良品种的更新换代，加强以水、肥、土壤耕作为中心的栽培管理，大力推广实用先进技术，努力提高单产，强化优势农作物生产，优化农作物结构。畜牧业发展应充分利用丰富的小麦、玉米、水稻作物秸秆与饲料优势，重点发展肉用牛、羊、猪、鸡等养殖。

（五）发展对策

（1）加大政府和银行的投资力度，扶持中部地区弱质农业发展。现代农业需要高科技、人才和资金，仅靠农民自身的力量无法实现农业现代化，

① 尹昌斌，周颖，邱建军. 我国区域现代农业发展途径与战略重点［J］. 农业现代化研究，2007，28（6）：641-646.

必须依靠国家的支持，在政府财力不足的情况下，应因地制宜进一步加大对农业的投入，按市场经济价值规律的要求，多元化、多渠道筹集资金，并激励农民增加对农业的资金投入。当前，应逐步建立起以政府投入为导向、集体和农民投入为主体、信贷投入为驱动、外资投入为补充的农业投入机制，制定资金使用管理制度；并通过农业投资立法规范政府投资行为，保证对农业投资的稳定增长及对资金使用的有效监控。同时，中部各省要用足国家支农政策，其中关于切实加强对粮食主产区的支持、关于建立稳定增长的支农资金渠道等，这些支农政策明确提出了国家对中西部地区粮食主产区、国家扶贫开发工作重点县的一系列扶持政策。中部六省应抓住机遇，用足中央各项扶持政策，加强农业基础建设，保证本地区粮食增产、农民增收，为早日实现农业现代化打下良好基础。

（2）创新土地流转机制，实现规模经营。家庭联产承包责任制使农户成为独立自主的商品生产者和经营者，直接参与市场竞争，这调动了农民的生产积极性。但当前家庭分散生产经营的组织形式在一定程度上加大了农业向科学化、规模化及市场化转变的难度，成为农业进一步发展的障碍因子，是实现农业现代化的最大制约因素①。中部地区人口稠密、非农产业不发达，土地划分零碎、使用分散，经营效益低下。因此，中部地区应创新土地流转机制，采用土地租赁、转包、拍卖、股份经营、合作经营和托管经营等多种形式，实现适度规模经营，加快传统农业向现代农业转移的进程。

（3）构建各类农业经济组织，加快农业产业化的步伐。中部地区在优化政府涉农部门职能的同时，应积极引导和支持以行业或产品为纽带的各类民办专业协会、研究会和合作社等农民自发成立的服务组织，发挥它们在保护农民利益、沟通市场信息、组织产品运销等方面的作用，大力发展农业产业化经营。在实施农业现代化的进程中，要采用产业一体化组织战略，把以农户为主的小农组织结构转变为“公司+合作社+专业户”的产业化组织结构，实行经营管理企业化，在农业产业内部和涉农领域形成平衡的组织结构，从而有力地促进中部地区农业市场化运作，提高农业生产经营效益。

---

① 郭书田．农村经济体制改革与农业现代化［M］//中国农业现代化之路（上）．北京：中共中央党校出版社，1999.

（4）延长产业链，拓宽农产品加工领域，加大农产品市场建设力度。市场农业是现代农业的主要特征之一。中部地区外向型农业发展的区位条件远不如东部地区，加之中部地区大的区域经济中心不多，农产品的国内消费市场条件也比不上东部地区。因此，发展农产品精深加工、拓展农产品市场已成为中部地区农业市场发展的主要任务。通过拓宽加工领域和流通领域，延长产业链，大力发展精品农业、特色农业，努力增加农产品附加值。中部地区应在大宗农产品主产区和重要集散地，重点扶持和建设一批具有区位特色的农产品批发市场，增强市场的配套服务功能和生产导向功能，形成布局合理、功能健全的农副产品市场体系。

（5）加强对农民的教育，广泛开展农业科技培训，全面提高农业人力资本素质。劳动者的整体素质的提高是实现农业现代化的必然要求，必须根据中部地区农村的现状和实际情况，开展农民教育，提升农村人力资本素质。加强现代农业科技知识培训，使广大农民掌握新的科学知识和生产技术，促进传统农业向现代农业跨越。加强非农产业就业技能培训，使农民有能力从传统的种植业、养殖业转移到产前、产后环节，转移到非农产业，解决巨大的农村剩余劳动力压力，提高农业现代化进程。加强市场知识方面的培训，包括法律知识、市场管理知识等，提高广大农民的市场知识水平，造就一大批懂科技、懂法律、懂市场经营的现代农民。

四、东北地区农业现代化推进方略

（一）东北地区农业现代化面临的问题

（1）农业基础设施投入不足，抗灾能力弱，粮食产量不稳定。农田水利建设、农产品流通重点设施建设、商品粮棉生产基地、用材林生产基础和防护林建设、农业教育、科研、技术推广和气象基础设施等投入不足，标准化水平低。现有的水库和水利灌溉系统老化严重，主要河流缺乏控制性工程，堤防工程标准偏低，抗灾能力差。农业基础设施建设滞后，造成中低产田改造缓慢，且多分布于中西部平原地区，辽、吉、黑三省中低产田面积占耕地面积比重分别为 64 %、74.8%和 68.7%，中低产田比重高是制约东北地区农业发展的突出问题①。

① 杨瑞珍．东北地区耕地质量现状、问题与对策［EB/OL］．（2014－10－27）．https：//www.caas.cn/xwzx/zjgd/247872.html？from＝groupmessage.

（2）农业生态环境保护不力，水资源匮乏现象日趋严重。20世纪50年代以来的大规模工业化、城市化和农业开发，使东北地区农业生态环境遭到严重破坏，黑土流失加剧，土地沙化、盐碱化和草场退化加剧，据《中国水土保持公报（2019年）》数据，东北黑土地水土流失面积达到21.87万平方公里，占黑土地总面积的20.11%。水土流失主要来自于3°~15°坡耕地，占水土流失总面积的46.39%，其中60%以上的旱作农田发生了水土流失问题，黑土层正以年均0.1~0.5厘米的速度剥蚀流失。根据中国科学院2021年发布的《东北黑土地白皮书》，东北黑土区受风蚀影响的面积约占黑土地总面积的11.1%，年均风蚀厚度在0.5~1.0毫米，占总侵蚀量的20%~30%。东北松嫩平原的盐碱地面积从1950年的约2.4万平方公里增长到2016年的约3.9万平方公里。草地退化加重，湿地大量丧失，部分地区水、土遭受污染，因过量开采地下水导致地下水位下降，很多地区出现了地下水位漏斗区。

（3）农产品市场竞争力不强，农业结构不合理，农业产业化经营水平低。由于科技含量低，现代营销方式尚未全面推广，东北地区主要粮食作物玉米、大豆、水稻等农产品的级别和市场占有率均存在一定问题，农产品在价格和品质上缺乏比较优势，市场竞争力不足。东北地区以种植业为主，且粮食生产占主要地位，经济作物比重较低，农业结构不合理。从农村经济结构看，乡镇企业发展慢、起点低，农村工业化水平和农业产业化经营程度低，龙头企业数量少、带动作用弱，农业合作经营利益联动机制不健全，粮食和农产品流通体制不畅，农产品市场发展落后，农业生产经营风险性大。

（4）非农产业不发达，农村剩余劳动力转移问题严重，农村经济结构调整困难。东北地区非农产业不发达，城镇化进程缓慢，劳动力转移速度和数量低于全国平均水平。东北三省主要粮食作物大豆、水稻和玉米适宜通过大规模机械化作业凸显其规模经济效应，而大规模连片耕作需要在土地市场化流转的基础上，转移大量剩余劳动力；但由于农业人力资源素质低、非农产业不发达等，导致剩余劳动力转移能力低下，农村经济结构调整进程缓慢，土地规模化经营在短期内难以实现。

（二）目标：农业专业化产业带

东北地区地域辽阔，中国粮食产量增量的50%以上来源于东北地区，其在我国粮食安全中的地位将会进一步上升。其发展的目标应是构建农业专业化产业带，实施农业规模化、机械化及粮食转化与加工增值战略，把东北地区建设成为我国重要的商品粮生产基地与精品畜牧业生产基地，率先建成我国大宗农产品生产专业化产业带，为国家粮食安全提供现实保证。以玉米、大豆、稻谷为代表的口粮与饲料粮输出应进一步增加，成为我国大城市居民口粮和商品饲料的重要供应基地，粳稻商品率将超过90%。同时，依托丰富的饲料资源，畜禽规模化养殖、奶业以及与之相匹配的加工业发展及相关的龙头企业将发展壮大。农业生产的机械化和规模化趋势进程将会进一步加快。

（三）战略重点

要用工业的思维谋划东北地区农业，发展以农业产业化、规模化为主的现代农业是东北振兴的重要部分和新的经济增长点，充分利用东北农业资源的综合优势，用现代科技和现代工业装备农业、用现代管理手段经营农业，进一步强化东北农业在国家粮食安全中的地位，把东北建成我国最大的粮食安全保障基地、最大的粮草结合型精品畜牧基地和现代高效生态农业科技示范推广与安全生产基地。（1）推动粮食转化与加工增值。在保障国家粮食安全的前提下，由单一生产格局转变为粮食—经济作物—饲料作物协调发展格局，加大优质、高效农产品的比重，依托粮食资源组合优势，培育新的增长点。按照区域化布局、专业化生产、一体化经营、企业化管理的产业化经营模式，形成扶龙头、建基地、带农户的产业化经营发展格局和多类型的农业产业化体系，推动粮食转化与加工增值。（2）推动精品畜牧业发展。缺乏市场拉动和工业拉动的东北地区农业，应在“粮仓”优势的基础上，以市场为动力，推进畜牧业跨越式发展，把畜牧业建设成为东北农区的支柱产业，扶持发展奶业，再打造“肉库或奶油”的优势，不断延长和拓宽产业链，发展大宗农产品经济。（3）实施以耕地质量建设为核心的资源保护。东北广阔的土地和肥沃的黑土地是东北地区农业规模化和现代化的根本，要保护东北地区以耕地为代表的农业资源，加强耕地质量建设，同时，要提升水资源的利用效率，加强农业基础设施建设①。

① 尹昌斌，周颖，邱建军．我国区域现代农业发展途径与战略重点［J］．农业现代化研究，2007，28（6）：641-646.

（四）战略布局

依托三江平原大面积的湿地生态资源，建设大型优质安全水稻生产基地；利用中部平原区充裕的粮食资源，发展以淀粉和豆类制品为主导产品的粮食规模化加工业；依托丰富的山地森林生态优势，开发利用林特产资源，加大食用菌、人参、林蛙等林特名牌产品的培育与开发。一是依托独特的生态环境条件，在辽东半岛、辽西及丘陵地区发展绿色水果生产基地。二是以松嫩平原、三江平原畜牧业产业链和生态畜产品精深加工业基地为重点，强化优质畜牧产品加工基地建设。三是中部平原农区的秸秆资源和玉米、大豆等饲料粮生产优势，是规模化畜牧业发展的重要保障；以发展乳制品工业为龙头，促进玉米带—奶牛带的整合发展。优化农业种植结构，发挥农区种草的比较效益，建设“舍施养殖”基地。四是以森林资源保育为核心，在抓好“天然林保护工程”的同时，多元开发特色农业产品，在半山区实现“立体开发”，在山区建成特色农业和特色产品配套加工业基地①。

（五）发展对策

（1）因地制宜，合理布局，发挥区域生态资源优势，加强农业生态系统优化管理。第一，根据多种气候资源分布状况，调整作物种植结构，合理布局农业发展格局，建立起专业化、区域化和规模化的农产品生产带。第二，加大农业投入力度，提高科技含量，注重品种改良，深度开发耕地资源，提高农业劳动生产力。第三，加强水利建设，强化水资源保护。东北地区水资源比较丰沛，但江河整治工作落后，除第二松花江兴建了丰满水电站和白山水电站外，基本上无大的节制工程，有灌排措施保证的农田仅占全部限用的20%左右，商品粮产出量波动较大，应加强农田水利建设，依据作物的需水规律，推广节水灌溉技术，提高水资源的利用率。

（2）强化政府职能，推进农村中介组织发展，合理整合农业资源，促进农业全面发展。第一，充分发挥基层政府职能，切实保护农民的各项产权，引导和支持土地市场化流转，实现土地规模化经营。第二，加快东北地区城市化发展，提高城市吸纳农村剩余劳动力的能力。东北有较好的工

① 尹昌斌，周颖，邱建军．我国区域现代农业发展途径与战略重点［J］．农业现代化研究，2007，28（6）：641-646.

业化基础和城市化条件，改革开放前，东北的城市化率是全国最高的，吸纳的农村人口也最多。但是近些年来，东北老工业基地发展缓慢，东北的城市化进程也受到严重影响。东北地区应依托现有的大中城市，迅速推动东北的城市化，解决农村剩余劳动力的问题，同时推进老工业基地改造。第三，推进农村中介组织发展，促进生产要素的市场化和专业化。各种专业协会、专业合作社等农村中介组织，极大地促进了农业生产要素的市场化和农业生产的专业化，提高了生产效率，促进了农业现代化的发展。各级政府应该大力扶持市场中介组织的发展，为农业生产要素的市场化和专业化提供组织保障。第四，坚持宏观间接引导，充分发挥市场机制的基础性作用，完善要素价格形成机制。要素市场化程度直接关系生产专业化分工水平，为此，要降低政府对要素价格的直接干预，建立健全农业生产要素的市场价格体系，保证农业生产资源优化配置。

（3）整合东北农业技术资源，建立战略联盟。首先，通过基地合作模式①和基金合作模式②，采用政府推广或企业运作的形式，建立一定规模的合作基地或合作基金，形成风险共担、利益共享的利益联动机制。其次，整合农产品市场，推进农业布局区域化。各级主管部门要按照产业基础、资源优势、区位特点和市场需求，建立市场流通中心，推动优势农产品向优势产区集中，形成具有国际竞争力的优势产业带和物流中心。集中资金在优势地区和主产区建立和完善农产品市场体系，建设各类辐射面广的综合及专业市场，逐步形成跨区、跨行业、全方位开放的市场格局。最后，加强农业信息的整合和交流。粮食主产区各级政府要及时向农民提供信息服务，形成较完善的市场预警机制，使农业生产经营主体了解国际农产品价格状况及其运行趋势、国内大宗农产品供求状况及其演化态势，降低市场经营风险，提高市场竞争力。

① 基地合作模式是指在主产区和生产基地设立农业技术推广站，以政府推广或企业运作的形式进行技术培训，推广新技术。

② 基金合作模式是指为促进某一或某些技术领域的发展，各级地方政府或大企业共同出资建立一定规模的风险基金，出资方风险共担、利益共享。

第四章 农村金融支持全面推进乡村振兴

在脱贫攻坚目标任务全面完成后，我国从摆脱贫困转向全面推进乡村振兴、巩固全面脱贫攻坚成果新阶段。前一阶段，全面脱贫解决的是保障基本生活问题，消除的是绝对贫困，这是全面建成小康社会的底线要求。进入新发展阶段，全面实施乡村振兴战略的深度、广度、难度都不亚于全面脱贫。要清醒地认识到，我国农业基础仍不稳固、城乡发展仍不平衡、农村发展仍不充分。既要巩固拓展脱贫攻坚成果，也要促进可持续发展，从输血变为造血，进一步解决发展不平衡不充分问题。这些都对金融服务巩固拓展脱贫攻坚成果同乡村振兴有效衔接提出了更高要求。金融服务涉及融资、融资方式、融资模式等基本概念。农民专业合作社融资是一种独特的融资模式。新古典经济学合作社理论、新制度经济学制度理论、交易费用理论、产权理论和现代企业融资理论等理论为农民专业合作社提供了坚实的融资理论基础。

第一节 金融支持理论基础

一、融资相关概念

（一）融资

1. 融资的含义及实质

融资即资金的融通，是指资金由资金供给者向资金需求者运动的过程，包括资金融入与融出，是一种资金双向互动过程。广义的融资指资金的筹集和运用，狭义的融资指资金的融入，也即资金筹集。融资是企业根据未来经营策略与发展需要，从自身经营现状及企业资金运用情况出发，经过科学的预测和决策，采用一定的方式，利用内部积累或一定的渠道向企业的投资者及债权人筹集资金。

融资实质上是一个资金配置过程，即通过资金投入上的不断变化，引导资金流向个别收益率较高的行业或企业，以保持企业的竞争优势和实现企业经济效益的最大化。资金配置就是对资金进行科学合理的组织来最大限度地减少资金浪费和实现资金利润的最大化。企业融资过程就是一种以资金供求形式表现出来的资源配置过程。

2. 融资方式及其分类

融资方式是指资金盈余部门向资金短缺部门转化的途径和渠道，资金来源的多样性决定了企业的融资方式也是多样的。企业融资方式可以按不同标准来划分，不同的分类还会产生交叉和重叠。

（1）按照融资过程中形成的产权关系不同，可以分为股权融资和债权融资。

股权融资也称所有权融资，是企业向其股东或投资者发行股票筹集资金的方式，一般在企业创办或增资扩股时采用。股权融资具有长期性、不可逆性、无负担性特点。债权融资是企业利用发行债券、银行借贷等向其债权人筹集资金的方式，可以发生于企业生命周期的任何时期。债权融资获得的资金称为负债资金或负债资本，它代表着对企业的债权。股权融资和债权融资的选择实际上体现的是企业资本结构决策问题，主要受企业目标、融资风险及融资成本的影响。在价值最大化目标下，企业是采取债权融资还是股权融资要视其所在产业及行业的特点、企业发展阶段和在行业中的地位而定。

（2）按照融资过程中资金来源的不同方向，可以分为内源融资和外源融资。

内源融资和外源融资的划分是由美国经济学家格利和爱德华·肖提出来的。内源融资是指企业创办过程中原始资本的积累及其运行过程中剩余收益的资本化，是企业建立和发展的基础。外源融资是指企业以支付一定的利息为代价而对外举借的债务。内源融资是外源融资的保证，由内源融资所引起的企业净资产的增加，有利于克服外源融资的逆向选择和道德风险问题。外源融资必须建立在一定的内源融资基础之上，且其规模和风险要以内源融资的能力来衡量。企业创立初期，主要依靠内源融资满足资金需要；当企业发展到一定规模时，外部融资的重要作用开始显现。这一过程持续到企业形成集团化规模，此时企业往往会以财务公司、内部银行等形式再回到内源融资。因此，企业融资是一个随着自身的发展由内部融资发展为外部融资再发展为内部融资持续变化的过程（图 4-1）。

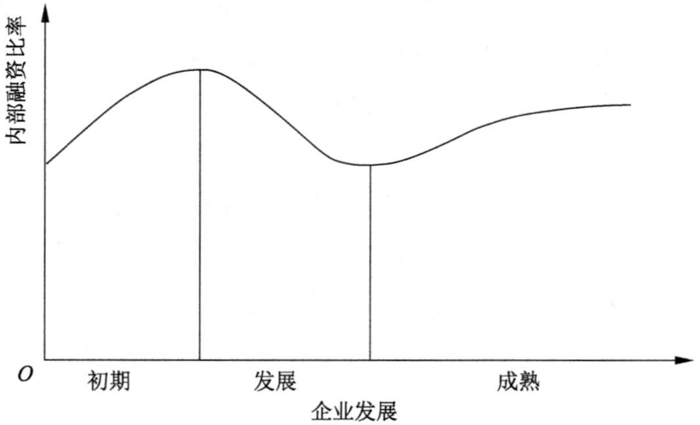

图 4-1　内部融资与企业发展阶段

（3）按金融中介发挥作用的不同，可以分为直接融资和间接融资。

直接融资与间接融资的区别，不仅在于有无金融中介机构，而且要看金融中介机构在其中所扮演的角色（图 4-2）。在直接融资中，通常也有中介机构的介入，但中介机构的作用仅仅是沟通、收取佣金，其本身不是一个资金供求主体，不发行金融凭证。在间接融资中，中介机构本身就是一个资金供给主体或需求主体，需要发行金融凭证，将资金从最终供给者手中引到最终需求者手中。

另外，两者还具有一些不同之处：第一，两者体现的产权关系不同。直接融资特别是股票融资体现的是所有权与控制权的关系，间接融资体现的是债权债务关系。第二，融资风险不同。在银行信贷资金高效运作的前提下，对居民来说，直接融资的融资风险要高于间接融资。第三，融资成本不同。一般而言，直接融资的融资成本低于间接融资的。

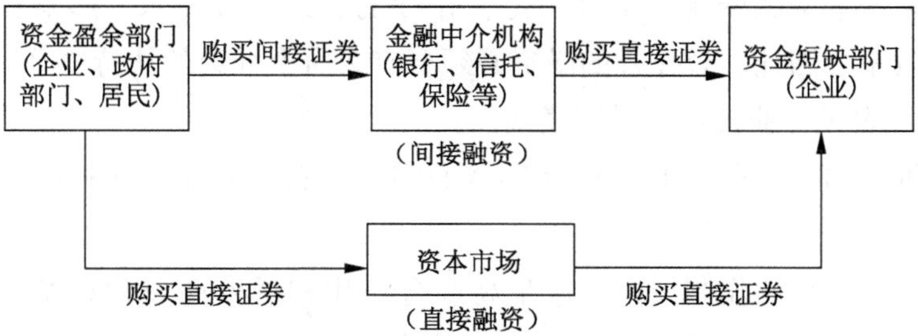

图 4-2　企业直接融资与间接融资比较

3. 农民专业合作社融资

农民专业合作社的资金通常由两部分组成：社内资金（内部资金）与社外资金（外部借款）。社内资金，即合作社自有资金，包括股款、存款和公积金等；社外资金，是指合作社资金在不敷需求情况下的社外借款，其来源方多为政府、社会或金融界，这种借款形成合作社的债务。若从资本供给方式上看，前者是“内源资本供给”，后者则是“外源资本供给”。应该说，自有资金作为内源型的资金供给，是合作社最主要的资本金来源，也是合作社活动资金的根基。

（1）农民专业合作社融资特点。

第一，营利性。农民专业合作社融资是为了扩大合作社规模，增强服务社员的能力，更好地满足市场的需要。农民专业合作社对内不以营利为目标，但是对外则以追求利润、实现利润最大化为目标，这是合作社作为营利性经济组织的必然要求。合作社贷款的偿还也必须以盈利为基础，因此，营利性是农民专业合作社融资的基本特点，这一点与其他企业没有差异。

第二，风险性。经济市场风云变幻，处于其中的企业面临许多不确定性。以农业产前、产中、产后服务为基本业务内容的农民专业合作社除了面对市场风险，还要面对自然灾害等意外风险，因而农民专业合作社的经营活动风险较大。合作社面临的这些风险对吸引资金流入有负面影响，对资金供给者来说，对合作社放贷风险很大而收益较小，因此合作社商业贷款数量有限。

第三，扶助性。农民专业合作社自身规模较小，加之主体是农业这个弱质产业，其产出效率短期内不会凸现，并且合作社自身营利能力比较弱，所获利润大部分按社员与合作社交易额度返还给社员。因此，单纯依靠市场调节来配置资金资源，很难满足合作社的有效资金需求，影响社会资源配置的效率。因此，合作社的融资必须要有政府及社会的扶持。

（2）农民专业合作社融资模式。

根据国内外农民专业合作社发展的实践，农民专业合作社融资有三种模式①。

第一，传统合作制模式。这是高度合作化和低度商业化相结合的传统合作制模式。这种模式的合作社规模较小，经营比较专业。我国当前正在广泛发展的新型农民专业合作社更多地强调合作制的资本均等原则和民主管理原则，大部分以乡村为限，资本有限，规模较小，比较适合这种模式。

第二，高度利用资本市场融资并商业化运作的模式。这是高度市场化和低度合作化相结合的现代合作制模式。它规模很大，资本充足，经营多核化，利用股份制和资本市场融资较多，目前我国专业合作社尚无条件采用该模式。

第三，合作制原则与资本市场紧密结合的模式。该模式是前两种模式的综合。合作社在充分利用自身产权融资的基础上，利用适当的方式向金融机构借款，扩展融资渠道。这种模式应当是新型农民专业合作社未来融资的主要方式。

上述三种模式在农民专业合作社发展中都可以采用，而且随着合作社的发展，必将出现合作制与商业化结合的更多的模式。长远来看，农民专业合作社完全可以用自己的资产作后盾进行融资，借助资本市场筹资以改善资本结构。

（二）合作社融资是独特的企业融资形态

合作社是集营利性企业法人与非营利性社团法人于一身的特殊企业法人，因此合作社融资也是一种较为独特的企业融资形态。在世界范围内，合作社的发展出现了很多新趋势，有的引入了股份制和公司式的运作机制，但这并不意味着合作社就具有公司的性质，合作社与股份公司在融资问题上有许多共性也存在诸多差异，必须把握好二者之间的度。与典型的股份公司融资相比，合作社融资在资金来源、融资形式、资本运营等诸多方面与之存在差异。

---

① 廖运凤．对合作制若干理论问题的思考［J］，中国农村经济，2004（5）：4-9.

1. 合作社是不同于股份公司的非典型企业

合作社是现代企业制度的非典型形态，与股份公司相比，合作社不以营利为目的，更具有人合的特点。如图 4-3 所示，假定外部环境不变，其他企业产品的价格是固定不变的，合作社与股份公司一样，面对相同的市场需求，有着相同的成本函数。对股份公司来说，其一般以利润最大化为企业目标，此时应有 MC（边际成本）= MR（边际收益），均衡点为 A 点，它对应的价格为 P_1，需求量为 Q_1，企业实现利润最大化目标。但对于一个合作社来说，它的不同目标可能使其有不同的策略：它可能也是追求利润最大化，此时它的行为就和普通企业一样，均衡点为 A 点；如果合作社是以价格最低为目标，则有 AR（平均收益）= AC（平均成本），均衡点为 C 点，它对应的价格为 P_2，需求量为 Q_2；若合作社是以消费者净剩余最大化为目标，有 MC（边际成本）= AR（平均收益），则它对应的均衡点就为 B 点，对应的价格为 P_3，需求量为 Q_3。在现实中合作社的目标可能并非单一的，但合作社的目标和行为与股份公司的区别是存在的①。

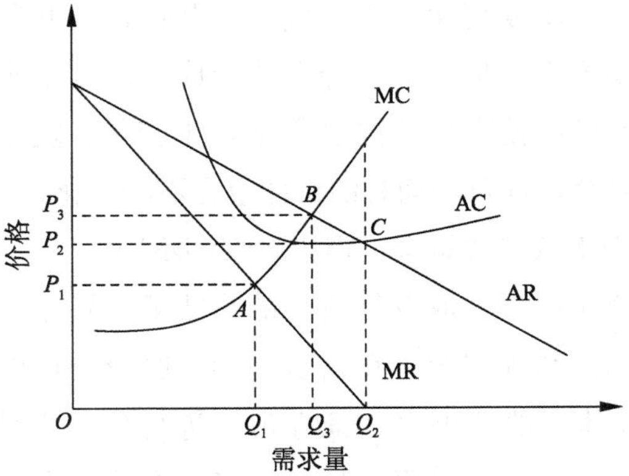

图 4-3　合作社与股份公司比较

2. 合作社与股份公司的融资比较

股份公司是现代企业的典型形态，而合作社则是代表弱势群体的非典型企业形态，合作社与股份公司在融资方面有诸多差异。合作社的融资方式和资本结构与股份公司不同，必须根据自己的利益与目标决定是否扩大融资及融资方式。

① 周建华．合作社组织在农业产业化中的作用［J］．农业技术经济，1999（4）：13-16.

（1）资本来源和性质不同。

股份公司的资本来源于外部投资者，获得方式是出售股份和债券。合作社的资本来源于社员，获得方式有三种：一种是成员入社直接交纳股金，一种是按社员交易额扣留一定比例的纯收入作为股金，还有一种是在日常交易中按每一单位交易额分摊。股份公司与合作社都属于多元出资经济组织，但联合的基础不同。合作社有入股和退股的自由，社员入股不限于资金一种形式，其他生产要素如土地、设备、技术等均可入股，与资金一起参与利润的分配。股份公司不允许退股，但股票可以自由转让。因此，合作社与股份公司相比在财产组织形式上有两点区别：

第一，股份公司的资本具有稳定性，而合作社是资本可变动的组织。由于公司股东在出资后不能收回出资，只能转让股份，因而公司的资本具有稳定性。而合作社的一项基本原则是加入自愿、退出自由，新成员的加入和原有成员的退出都会使合作社的资本发生变化。

第二，股份公司的股权结构具有相对稳定性，而合作社成员对合作社财产的拥有份额处于不断变化之中。成员对合作社公共积累的贡献份额是以其与合作社交易比例为依据的，合作社新成员加入带来资金和原有成员退出带走资金，都可能使合作社的总资本发生变化，随着公共积累的不断变化，不同成员对合作社财产拥有的份额也在不断变化。①

（2）均以股票形式筹集资金，但内含权利不同。

股份公司与合作社都采取发行股票的形式筹集资本金，但在股票发行范围、股票包含的权利等方面存在诸多差异。股份公司的普通股票公开发行，不限定发行范围，股票可以在证券市场进行公开交易，流通性、变现性比较好。合作社在资金的筹集上虽然也采取股票的形式，但是合作社股份不公开发行，只允许成员购买，并且有最大数量限制。为了更广泛地筹集资金，合作社借鉴股份公司的经验，把股票进一步划分为普通股票和优先股票两种类型。优先股票是合作社发行得较为广泛的股票，它除了有固定的面额以外，还有固定的红利率，但红利率不得超过各国法律所规定的合作社股金的红利率。这种股票的持有者没有投票权，也就是说，人们在购买了这种股票以后并不能成为该合作社的正式社员。因此，这种股票可

① 赵鲲，门炜．关于合作社基本特征的分析和思考：从合作社与有限责任公司对比的角度［J］．中国农村观察，2006（3）：23-31.

以卖给社员，也可以卖给非社员。在有的国家（如美国），合作社也利用这种股票代替现金支付一部分惠顾退还金。普通股票是拥有投票权的股票，这种股票只卖给符合合作社成员资格的人，凡购得普通股票就等于取得社员的资格了，合作社对这种股票不支付红利。通常社员在按票面额购得一股以后，就拥有了合作社社员所有的一切权利和义务。但是，因为每个社员只能购买一股普通股票，所以用这种方法聚集的资金是十分有限的。而股份公司对股票的购买量没有任何限制，因此股份公司利用股票筹集的资金数量远远超过合作社。

（3）内在结构不同是导致合作社与股份公司融资差别的根本原因。

股份公司的产权结构是多元的，并实现了产权商品化、证券化、市场化，从而打破了资本的凝固状态，使资本能够迅速在全球范围产生游移和集聚，使股份公司能够在全球范围内迅速扩展。合作社的本质就是要限制外部资金进入并分割合作社利润，这种制度的基本特点是以劳动者的劳动联合制约资本对劳动的剥削。为了满足现代经济发展的需要，美国新一代合作社从社会上招募资金，但前提是社员资格具有一定的封闭性，即对单纯的投资者，他们只参加合作社的利润分红，但不具备社员资格；交货权可以转让；社员支付较高的首期投资等。这些做法在稳定合作社自有资金规模、扩大资金来源等方面无疑是成功的。但是，只要每个社员不是以投资者的身份出现，合作社的股份不是作为具有吸引力的资本投资来配置，那么资金就必然成为合作社发展中的难题。如果把股份资金作为是否拥有社员资格的前提条件，那么合作社所强调的个人参加以及合作社的基本特征就不复存在①。合作社在融资方面的弱点，只能在一定程度上被减弱，但不能被消除②。

二、融资基础理论

农民专业合作社及其融资是一个复杂的系统，涉及西方现代融资理论、新古典经济学合作社理论、新制度经济学制度变迁理论、产权理论、交易费用理论和现代企业融资理论。农民专业合作社是一个节约社员与市场之间交易费用的企业组织，其融资问题必须在产权变革的基础上推进，国家

① 周连云，齐雪飞．合作社与公司比较研究［J］．合作经济与科技，2005（12）：10-12.

② 王文献．我国新型农民专业合作社融资问题研究［D］．成都：西南财经大学，2007.

通过正式制度为其创造良好发展环境，农民专业合作社可以借用西方现代企业的融资理论实现融资方式变革。这些理论是解决农民专业合作社融资的基础。通过它们，可以从宏观、整体的角度把握农民专业合作社融资问题。

（一）西方现代融资理论

国外关于融资的理论主要集中在对企业融资的研究中。对于企业融资理论的研究，从研究方式来划分，大体可以分为三个体系：一是以兰特为主的早期企业融资理论学派；二是以 MM 理论为中心的现代企业融资理论学派，包括平衡理论；三是进入 20 世纪 70 年代以来，随着非对称信息理论研究的发展，诸多学者开始从不对称信息的角度对企业融资问题进行研究，其中包括新优序融资理论、代理成本理论、控制权理论、信号理论等等。

（1）MM 理论。美国学者莫迪利亚尼（Modigliani）和米勒（Miller）在 1958 年发表的著名论文《资本成本、公司财务与投资理论》中得出 MM 理论，成为西方现代企业融资理论的开端。MM 理论认为：在一定条件下，企业的价值与所采取的融资方式——发行债券或发行股票无关的理论。1963 年，莫迪利亚尼和米勒将企业所得税加进了原模型中进行修正。

（2）平衡理论。平衡理论是 20 世纪 70 年代中期形成的“在负债的税收收益与破产成本现值之间进行平衡”而得到一个最优融资结构的理论。梅耶斯、斯科特平衡理论认为，制约企业无限追求免税优惠或负债最大值的关键因素是：由债务上升而形成的企业风险和费用，因此，企业最佳融资结构应当是在负债价值最大化和债务上升带来的财务危机成本以及代理成本之间选择最适点。

（3）新优序融资理论。该理论认为：在信息不对称情况下，企业首先偏好内部融资，只有当内部融资无法满足融资的需要时，企业才会考虑使用外部融资，对于外部融资则偏好债券融资。因而投资者可以通过观察企业的融资方式来判断企业的经营情况。

（4）代理成本理论。代理成本理论是以企业理论、委托-代理理论和产权理论来解释信息不对称下的企业融资结构问题的学说。其基本的结论是，均衡的企业所有权结构是由股权代理成本和债权代理成本之间的平衡关系来决定的，企业的最优资本结构是使两种融资方式的边际代理成本相等从而总代理成本最低。

（5）控制权理论。控制权理论的代表人物主要是阿洪和博尔顿。他们将控制权理论引入企业资本结构进行研究，在模型中分析了普通股、优先股、债券三种融资方式对企业控制权的不同影响。

（二）西方产权理论

西方产权理论是美国芝加哥学派创立的、研究市场经济中产权的界定和交易的经济学理论体系，可追溯到19世纪末20世纪初的旧制度经济学派。1991年度诺贝尔经济学奖得主科斯于1937年发表的《企业的性质》、于1960年发表的《社会成本问题》等被公认为西方产权理论的开山之作。其后，科斯的追随者阿尔钦、德姆塞茨、威廉姆森、张五常、菲吕博滕和配杰威齐等为产权理论的丰富和发展做出了重要贡献。经济学界对产权的界定并不统一。阿尔钦的定义是“产权是一种通过社会强制而实现的对某种经济物品的多种途径进行选择的权利”①，这一定义表明，产权包括多项权利内容，人们可以根据自己的需要和能力选择这种权利的组合；巴泽尔认为：“个人对资产的产权由消费这些资产，从这些资产中取得收益和让渡这些资产的权利和权力的组成。”② 这一定义提出了产权由收益权、消费权、让渡权三种权利构成。通过以上经济学家对于产权的定义可以看出对产权的理解最重要的是产权不是人与物之间的关系，而是由物的存在和使用引起的人们之间一些被认可的行为关系。根据经济学家对于产权的论述可以将产权的特征归纳为：

（1）产权的完整性和残缺性。产权是一个权利束，而非单一权利。完整的产权是指拥有经济资源中的所有权利，如果权利的所有者对于他所拥有的资源有使用的排他性、收入的独享性和自由的让渡权，就说他拥有了一个完整的产权。如果其中某个权利受到限制，则称为产权的残缺。巴泽尔认为产权常常不可能完整地被界定，因为完全界定产权的成本太高。

（2）产权的排他性和非排他性。产权的排他性是指决定谁在一个特定的方式下使用一种稀缺资源的权利。产权的非排他性是指两个或两个以上的主体共同占有某一种资源的权利。产权的非排他性是产权外部性和“搭便车”问题的根源。

---

① 约翰·伊特韦尔，默里·米尔盖特，彼得·纽曼．新帕尔格雷夫经济学大辞典［M］．北京：经济科学出版社，1992：79.

② 巴泽尔．产权的经济分析［M］．费方域，段毅才，译．上海：上海人民出版社，1997．

（3）产权的明晰性和模糊性。产权的明晰性与产权的模糊性表明的是权利束的边界划分问题。根据西方产权经济学家的论述，如果产权的主体是唯一的，那么这个产权就是明晰的。但是有些产权所有者尽管是确定的但不是唯一的，这就容易产生产权的模糊性，这种模糊性的产生有两种可能性：一是产权归属关系不清，二是财产在使用过程中权利归属不清。

（4）产权的可分割性和可转移性。产权的可分割性是指两个或两个以上的个人可以拥有同一商品的不同属性或权利。这就是说产权是可以拆分的，产权的可分割性就决定了产权的可转移性。产权的可转移性是指所有者有权按照双方共同决定的条件将其财产转让其他主体。产权的可分割性和可转移性使得资源可以发挥出最优效率。

西方产权理论主要表现在：第一，用于分析产权结构与企业行为的关系。从企业融资角度来看，股权与债权的不同比例会导致企业出现不同的经济行为，导致企业产生对待风险的不同态度。第二，用于分析外部效应问题。外在性问题的产生是由于产权无法界定或界定得不清楚，对无法界定的产权领域，通过产权的合理分配可以将外部性问题内部化。第三，用于分析企业的规模及其与市场的边界关系。

（三）信息不对称的相关理论

20 世纪 70 年代，信息经济学主要是关于非对称信息的研究，由乔治·阿克尔洛夫、迈克尔·斯彭斯和约瑟夫·斯蒂格利茨三位经济学家共同完成。20 世纪 80 年代，一些西方经济学家把信息经济学理论应用于对金融市场的研究，特别是对信贷市场的分析和应用。信息不对称理论是指在不完全信息市场上，相关信息在交易双方的不对称分布对市场交易行为的影响，以及由此而产生的市场运行效率问题。一般来讲，不对称信息可以分为事前不对称信息和事后不对称信息。事前信息的不对称主要反映在企业经营者能力、企业的质量、项目的质量等方面；事后信息的不对称主要反映在经营者对所投资项目的选择以及经营者的努力程度等方面。事前信息的不对称导致逆向选择，事后信息的不对称导致道德风险。其基本的理论即是博弈论的基本原理。

信息不对称的核心理论主要有詹姆斯·莫里斯的经济激励理论和委托-代理理论、乔治·阿克洛夫的柠檬市场理论和约瑟夫·斯蒂格利茨的信息不对称理论。莫里斯在不完全信息博弈方面开创了委托-代理理论的模型化方法，建立了委托-代理理论的基本模型框架，从中推导出了最优激励合同的基本条件。阿克洛夫建立了分析信息不对称问题的基本框架，为迈克尔·斯彭斯对劳动力市场的分析和约瑟夫·斯蒂格利茨对资本市场的分析提供了基础。而斯蒂格利茨在信息不对称理论研究上的最大贡献主要体现在对信贷市场、保险市场、金融市场效率等所作的深入研究之中，他的模型和分析方法已经演绎成信息经济学乃至领域更宽泛的微观经济学和宏观经济学的规范方法①。

第二节　全面推进乡村振兴的金融支持体系与政策框架

一、中国农村金融体制改革 70 多年历程的回顾

新中国成立 70 多年来，我国农村经济社会发生了巨大的变化，农村金融顺应农村经济发展与改革的需要，在农业农村现代化建设中发挥了重要作用。70 多年来，农村金融走过了一条极为不平凡的艰难道路，农村金融从弱到强，从单一到多元，从服从计划经济体制到服务社会主义市场经济，从支持农业生产到服务乡村振兴，农村金融在体制机制、组织体系、金融工具、金融产品和服务方式等方面都取得了巨大的成绩。2022 年 4 月，银保监会印发了《关于 2022 年银行业保险业服务全面推进乡村振兴重点工作的通知》。数据显示，截至 2021 年 12 月末，涉农贷款余额 43.21 万亿元，较年初增长 11.83%，普惠型涉农贷款余额 8.88 万亿元，较年初增长 17.48%，超过各项贷款平均增速 6.19 个百分点。2021 年，农业保险为 1.78 亿户次农户提供风险保障金 4.72 万亿元。70 多年来，农村金融经历了创立、改革、创新、发展的曲折过程。以 1978 年的农村改革为标志，可以从改革前和改革后两个阶段来观察农村金融的发展历程。

（一）第一阶段：1978 年农村改革前的 30 年

新中国成立初期，我国开展了对农业的社会主义改造，通过合作化把自给半自给的小农经济引导到社会主义农业的道路上来。经过土改，成立了互助组、初级社和高级社，最终建立了人民公社制度；确立了土地和生

① 梁艳军．转型期我国农民专业合作社融资困境研究［D］．太原：山西财经大学，2010.

产资料集体所有制下的“三级所有，队为基础”的生产队集体统一经营模式。国家实行高度统一的计划经济体制。农村金融是计划经济体制的组成部分，服从社会主义建设和计划经济体制的需要。

为了推动农业合作化运动，国家决定在全国农村推广农业生产合作社、供销合作社和信用合作社“三大合作社”。1951 年，由农民自愿入股、民主管理的农村信用合作社在全国得到迅速推行。到人民公社成立之前的 1957 年年底，全国共建立了 88368 个农村信用合作社。农村信用合作社为解决农业生产所需资金，推动合作化运动发展做出了重要的贡献。

这一时期的农村信用合作社基本保持了合作制的性质，对促进农村经济恢复和发展，改善农民生活发挥了积极的作用。随着人民公社体制的建立，农村信用合作社成为人民公社的组成部分，不再由社员自己管理，而交由人民公社统一管理，变成了集体信用组织。1977 年 11 月国务院颁发的《关于整顿和加强银行工作的几项规定》指出，信用社是国家银行在农村的基层机构。

1951 年，中央决定成立中国农业合作银行，即中国农业银行的前身，其主要任务是按照国家计划办理农业财政拨款和一年以上的农业长期贷款，领导农村信用合作社工作。1978 年农村改革前，农行经历了“三起三落”。由于农业合作银行只设立了总行，没有分支机构，基本没有展开农业财政拨款和长期贷款业务，因此 1952 年 7 月，农业合作银行被撤销，农村金融工作归中国人民银行统一领导和管理。1955 年 3 月，国家决定建立中国农业银行，在中国人民银行的领导下开展农村金融业务。1957 年 4 月 12 日，国务院发出了《关于撤销中国农业银行的通知》，农业银行因精简机构而被撤销，农村信贷工作由中国人民银行统一负责办理。1963 年 10 月，中共中央、国务院颁发《关于建立中国农业银行统一管理国家支援农业资金的决定》，当年 11 月，中国农业银行在北京正式成立。两年后，中国农业银行又因人行、农行分设后，基层机构重复、管理机构重叠、管理人员增加等问题，于 1965 年 11 月 3 日被撤销。

这一时期，农村金融有以下几个特点：一是由政府主导，服从政府的统一安排，机构的成立与撤销均服从国家的需要，是政府干预农村的手段之一。二是执行政府的指令性信贷计划，接受国家计划的指导，承担政府对农业的信贷项目。农村金融扮演政府“第二财政”的角色。三是农村金融体系呈现“大一统”的格局，农村金融机构的职责只局限在办理财政支农拨款及各类农业长短期贷款等方面，业务单一，种类匮乏。四是严重依赖政府的补贴，农信社和农业银行的盈利能力非常弱，承担了政府支农信贷项目的发放工作。

（二）第二阶段：1978 年农村改革至今的 40 多年

1978 年的农村改革开启了农村经济社会快速发展的新局面，也促进了农村金融的繁荣与发展。农村金融既服务于农村改革，也是改革的领域之一。为适应农村改革的需要，我国亟须加快构建与农村基本经营制度相适应的农村金融体系。随着社会主义市场经济体制的确立，我国农村金融开始了以市场化为导向的改革，农村金融在这一时期快速发展与不断改革，在以下五个方面都取得了令人鼓舞的成绩。

1. 农村金融体系构建方面

第一，按照《中共中央关于加快农业发展若干问题的决定（草案）》的要求，1979 年 3 月恢复重组中国农业银行，实行中国人民银行、中国农业银行两行分设。农业银行统一管理支农资金，集中办理农村信贷，领导农村信用社，农村金融实现专业化发展。在领导和管理农村信用社的过程中，推进了村信用站的建设。但是，由于农业银行的管理僵化，“官办”性质浓厚，长期处于垄断和封闭的运行方式，因此成为从农村吸收资金向城市和非农产业转移的“抽水机”，对农业和农村发展的资金支持不足。农业银行领导下的农村信用社“三性”特点没有得到体现，其由以前的为集体经济组织提供服务转向为农户提供服务，业务开展不切合实际，难以适应和满足农村改革与市场经济发展对金融的需求。

第二，发展壮大农村信用社，使其成为农村金融的主力军。1996 年出台的《国务院关于农村金融体制改革的决定》要求，农村信用社与农业银行脱离行政隶属关系，由中国人民银行托管。由此，全国 5 万多个农村信用社和 2400 多个县联社成为独立的“民办”合作金融机构。

第三，1994 年 11 月，中国农业发展银行成立，作为中国唯一的农业政策性银行，其承担了农业政策性金融业务，代理财政支农资金的拨付，为农业和农村经济发展服务，并增设农业发展银行分支机构。

第四，农村合作基金会的兴起与清理。1984 年中央一号文件指出：“允许农民和集体的资金自由地或有组织地流动，不受地域限制。”20 世纪 80

年代中期，在对人民公社运动中的集体资产清理的过程中，通过“清财收欠，以欠转贷”的方式成立的农村合作基金会，在初期有效发挥了资金融通、填补商业金融和农信社服务空白的作用。由于监管缺失，加上地方金融管理经验不足，出现了大量的不良资产，在既有的政策框架下难以处置。为了防范和化解金融风险，1999 年，中央决定关闭农村合作基金会。

第五，从邮政储蓄到邮政储蓄银行。从 1986 年开始，恢复开办邮政储蓄业务，为农民提供储蓄和汇兑服务。之后，邮政储蓄的业务扩展到国际汇兑、保险和代理服务。2007 年，中国邮政储蓄银行成立，定位自身是服务社区、服务中小企业、服务“三农”的国有大型零售商业银行，其拥有近 4 万个营业网点，具有基层网点多的绝对优势。

第六，新型农村合作金融不断涌现。2019 年 1 月，中华全国供销合作总社印发了《中华全国供销合作总社关于规范发展供销合作社金融服务的指导意见》，深化供销合作社综合改革，在供销社系统规范发展供销合作社金融服务，推进生产、供销、信用“三位一体”综合合作。2018 年年底，供销社系统金融服务营业额达 970. 5 亿元。一些地方政府积极推动生产合作、供销合作、信用合作“三位一体”的新型农村合作体系建设，新型的信用合作正在农村涌现。

至此，我国初步建立了包括农村政策性金融、农村合作金融和农村商业金融在内的多层次、全方位、互补的农村金融体系。我国农村金融体系以合作性的农村信用社为主体，立足遍布乡镇的基层网点，承担了农村金融主力军的重任。

2. 农村金融体制改革方面

2003 年，国务院启动以产权制度和管理体制为核心的农村信用社改革试点。明确以农信社产权改革为核心，同时，建立省级农信社管理机构，协调和推进农信社的改革。此举标志着农村金融改革开始由简单的机构功能设计向产权、机制和服务效率等纵深领域推进。农村信用社改革明确了商业化改革方向，否定了本不存在的合作属性，让农村信用社接受市场的检验。商业化改革为多年定位不准确、亏损严重的农村信用社找到了正确的发展方向。改革挽救了处于长期亏损状态的农村信用社，商业化赋予了农村信用社活力，农村信用社的资产质量和服务水平得到了明显的改善。

3. 农村金融市场化推进方面

20 世纪 90 年代开始的国有商业银行的商业化改革，使农业银行成为独立经营的商业机构。2006 年，按中央要求，银监会出台政策，降低了农村地区银行业金融机构准入门槛，鼓励社会资本在农村地区建立包括村镇银行、贷款公司和农村资金互助社等在内的新型农村金融机构，以服务县域经济为主的村镇银行应运而生。村镇银行作为地方性的小型农村金融机构，具有贴近农民、经营灵活、治理完善的优势，丰富了农村金融的供给渠道，成为农村金融的一股重要力量。同时，也弥补了农村金融市场缺乏竞争性的不足。中国邮政储蓄银行的成立，使又一家以提供农村金融服务为主的国有商业银行进军农村金融市场，解决了邮政储蓄资金返回农村的问题。同时，中央首次明确了农业银行“面向三农、商业运作、整体改制、择机上市”的改革方向，2008 年农行股改方案获批，农业银行开启了统筹城乡的网点布局和服务功能建设工作。

4. 推进普惠金融发展方面

我国把发展普惠金融作为国家战略，制定了《推进普惠金融发展规划（2016—2020 年）》，提出到 2020 年，建立与全面建成小康社会相适应的普惠金融服务和保障体系，有效提高金融服务可得性，明显增强人民群众对金融服务的获得感，显著提升金融服务满意度，满足人民群众日益增长的金融服务需求。要求大中型银行设立聚焦服务小微企业、“三农”、脱贫攻坚及大众创业、万众创新的普惠金融事业部，提升普惠金融服务能力，并对普惠金融服务纳入监管评价体系情况，明确了资本管理、不良贷款容忍度等差异化监管要求。2018 年，为了提高大型商业银行提供农村金融服务的能力，中国农业银行和中国邮政储蓄银行分别成立了“三农金融事业部”，成为具有较高经营自主权的专门化的农村金融提供者。同年 9 月，中共中央、国务院印发了《乡村振兴战略规划（2018—2022 年）》，提出“发展乡村普惠金融”。2019 年年末，中国建设银行在国有大行中率先成立“乡村振兴事业部”，之后国有大行纷纷成立了相关部门（或单独成立或与普惠金融事业部共建）。国有大行发力普惠金融和乡村振兴领域，并在较短时间内实现了业务规模的迅速扩张，重新成为农村金融市场的重要参与者。

5. 农村金融产品和服务方面

创新农村抵押担保形式，与农村集体产权制度改革相适应，推出了林权抵押贷款、农村土地承包经营权抵押贷款、宅基地使用权抵押贷款、浅海滩涂承包权抵押贷款以及订单抵押贷款、仓库库存抵押贷款等种类繁多的抵押担保形式。一些金融机构结合当地的实际，不断创新抵质押形式，推出了厂房和大型农机具抵押、圈舍和活体畜禽抵押、动产质押、仓单和应收账款质押、农业保单融资等信贷业务。农村金融机构积极开展农村信用贷款，小组联保贷款及担保保证贷款等有效解决了农民缺少担保抵押物的问题。随着信息技术的发展和移动互联及终端设备的普及，互联网金融活跃了农村小额融资市场，成为最具潜力的金融供给者。

二、农村金融服务乡村振兴取得的成效与存在的问题

（一）取得的成效

党的十八大以来，我国加快推进农村金融改革创新，积极采取有效措施，在推动建立健全适应金融市场规律、满足农业农村发展需要的农村金融服务体系建设方面，取得了显著成效，为保障重要农产品有效供给、助力打赢脱贫攻坚战、支持推动新型经营主体做大做强、引领扩大农业农村有效投资做出了突出贡献，也为党的二十大后金融高质量服务乡村振兴奠定了良好基础。

一是服务体系不断健全。基本形成了以银行业金融机构为主体，非银行业金融机构和其他微型金融组织为补充，商业性金融、政策性金融和合作性金融互相协作，广覆盖、多层次的农村金融服务体系，金融服务乡村振兴的热情被有效激发。农业信贷担保体系覆盖全国，中国农业再保险公司组建运营，大型金融机构都设立了普惠金融部门，乡村地区总体实现了人人有银行卡、村村有 POS 机、乡乡有 ATM。“政银保担基”合作机制更加完善高效，“需求方、供给方、监管方”三方协同的农村金融服务体系得到进一步加强，金融服务乡村振兴良好格局基本形成。

二是业务规模不断扩大。以“保本微利”为经营原则的政策性银行是乡村全面振兴不可或缺的“金融活水”，其金融支农力度不断加大，涉农贷款规模稳步提高。一方面，涉农贷款规模连续多年攀升，农村金融服务的适应性、竞争力、普惠性明显增强。据统计，2007 年，我国涉农贷款余额为 6.1 万亿元，而截至 2022 年二季度末，涉农贷款余额达到 47.1 万亿元，同比增长 13.1%，增速较上年年末高 2.2 个百分点，比同期本外币贷款平均

增速高 0.5 个百分点。另一方面，以农村信用社、农村合作银行和农村商业银行为主的农村金融机构在支持和服务“三农”、贯彻落实国家乡村振兴战略方面发挥了重要的作用。数据显示，国内农村金融机构贷款余额规模从 2010 年的 5.7 万亿元增加到 2021 年的 24.25 万亿元，累计增长 325.44%，农业发展银行累计发放涉农贷款 1.88 万亿元，国家开发银行累计发放现代农业贷款 3668 亿元。另外，农业保险持续发力，“扩面、增品、提标”加快推进，2021 年，中央财政农业保险保费补贴资金 333.45 亿元，较上年增长 16.8%，中央财政补贴品种从 2007 年运行之初的 6 个品种扩展到 16 个关系国计民生和粮食安全的品种，为 1.88 亿户次农户提供风险保障 4.78 万亿元。上下联动、紧密可控、运行高效的“国家–省–市（县）”三级农业信贷担保服务体系已经建成，其业务范围不断拓宽，对全国县域范围、主要农业县的业务覆盖率分别达到 97%和 99%。

三是基础设施加快提档升级。农村信用体系日趋健全，在探索运用农业农村大数据解决新型农业经营主体缺合格抵质押物、缺便捷信贷通道，金融机构缺信用信息、缺评价体系等问题上取得进展。基层金融服务网络逐步优化升级，金融机构服务网点加快下沉，农村金融综合服务室扩面覆盖。据统计，全国已设立助农取款服务点（助农金融综合服务站）89.33 万个，行政村覆盖率达 99.31%。科技赋能基层金融服务能力提升，通过智能金融 App、惠农电商服务平台、农村普惠金融服务点等智能终端和设备的应用，有效拓宽了金融服务半径，填补了偏远地区金融服务空白，为农民提供足不出村的便捷金融服务。

四是金融模式推陈出新。在金融支持乡村振兴的过程中，商业银行不断加强模式创新，探索新型服务路径，强化风险管理效果，推出了一系列具有普及推广价值的服务模式，包括供应链金融模式、平台金融模式、绿色金融模式、产业帮扶模式等多种模式。

供应链金融通过经营关联化与农户集中化为金融机构降低风险监督成本、契约执行成本创造了有利条件，可以助力涉农金融机构实现规模化经营。同时，供应链金融以“链式信用”取代孤点信用，将优质主体的盈余信用链式传播覆盖至产业链整体，提升了信用不足主体的金融可获得性。越来越多的商业银行在支持乡村发展过程中积极探索供应链金融模式，因地制宜推出个性化金融产品，为链上主体提供综合解决方案，促进全产业链均衡增值。例如，西峡农商银行基于西峡地区香菇产业资源优势，针对香菇种植、收购、仓储、加工、销售等环节，分别推出了“菌货通”“购菌通”“储菌通”“企菌通”“销菌通”等信贷产品，成为推动西峡香菇产业形成百亿级大产业的“链式金融”力量。

平台金融模式在降低信息不对称、提高交易履约效率、助力形成规模化经营方面发挥了重要作用。例如，厦门国际银行依托福建省金融服务云平台，借助省级政策性优惠贷款风险分担补偿增信手段，通过“快服贷”产品为符合条件的农业企业、农民合作社、家庭农场等中小微主体提供“茶商贷”“茶厂贷”等“乡村振兴贷”系列普惠产品。

绿色金融模式融入 ESG（environmental、social、governance，即环境、社会、公司治理）理念，推动绿色金融发展，走“乡村振兴+绿色发展”之路已成为众多商业银行的特色。随着我国“碳达峰”和“碳中和”战略目标的确立和推进，金融支持绿色发展的步伐加快，融合了绿色发展理念的乡村振兴模式不断创新，推动乡村朝着绿色、环保和可持续的方向发展。例如，2022 年初，农业银行对接山东高青县的“黑牛养殖+光伏发电”“鱼虾养殖+光伏发电”项目融资，为实现农业产业绿色发展提供了支持。

产业帮扶模式以金融服务为基础，进一步提供消费帮扶和产业帮扶，金融支持乡村振兴的内涵不断扩大。消费帮扶助力农产品销售，结合线下销售和线上直播等多种形式解决农产品销售难、收益低的问题。产业帮扶为乡村振兴建立长效机制，从单一的金融帮扶延伸至乡村经济社会发展的多个层面。例如，光大银行通过“光大财精彩”平台开展助农“直播带货”，上线多款助农商品，截至 2021 年年末已累计为全国 19 个省的 107 个原国家级贫困县的 116 家企业提供了产业帮扶。

五是数字科技助力乡村振兴。第一，服务效率方面，力争提供操作便捷、程序简便、逻辑清晰的数字化服务。商业银行均致力于加强金融科技建设，着力提升自身的数字化发展水平，不断提高涉农服务的便捷度，提升涉农服务的友好性，打通涉农服务的“最后一公里”。例如，网商银行自主研发了一款基于卫星遥感技术的金融科技产品“大山雀”，通过卫星接收农作物光谱反射信号判断农作物种类、长势，进而预判产量和产值，实时生成信贷额度。“大山雀”让卫星掌握“信贷员技能”，实现“天地连接”，诠释了另一种意义上的“靠天吃饭”，对比其他同类银行，网商银行的金融服务效率可谓“一骑绝尘”。第二，风险管理方面，通过数字化不断提升风险管理质效。首先，充分发挥数据要素价值，推动数据要素资源化、数据资源资产化、数据资产金融化。例如，陕西省农村信用社联合社建设基于区块链的“两权”抵押贷款管理平台，将当地人民银行分支、产权交易中心、村委会、农商行等机构纳入区块链，实现了“两权”数据在线即时传输，促进“两权”数据金融化。其次，综合运用包括区块链、物联网、5G等在内的新技术和新方案，在优化涉农服务流程的基础上提升风险管控质效，充分解放商业银行的生产力。

（二）存在的问题

一是农村金融供需矛盾突出，贷款难、贷款贵等问题依然难以有效解决。农业农村信贷供给总量不足，农业贷款增长滞后于金融机构贷款总量的增长。供需失衡问题突出，农村各类经营主体的资金需求正从传统的分散、小额、高频的小微零售式融资需求转向链式、规模化、长期性融资需求，金融机构的融资服务仍倾向于提供小额、短期化、单一化的融资服务，与需求不匹配。精准对接的产品创新不足，存在期限错配、额度不满、定价不合理等问题。

二是农业保险服务相对不足，风险保障作用未能充分发挥。农业保险大灾风险分散机制还不健全，保险公司缺乏财政支持的大灾风险基金和（或）其他紧急融资机制。农业保险财政补贴规模较小，补贴品种较少，补贴方式单一，补贴制度有待优化，同时，面临补贴层级太多、补贴比例不合理和补贴拨付不及时，以及农业保险品种和区域之间的保障不平衡等突出问题。16种中央补贴的大宗保险产品占到保费总收入的80%，北京与上海两个直辖市农业保险保障水平遥遥领先于其他省份，是全国平均水平的4~5倍，“农业大省保障小省”的问题依然存在。

三是融资信贷担保体系不够健全，担保机制障碍犹存。部分地方政府和省级公司做大额担保业务、做泛农业务的观念未根本转变；很多省份仅有的几家政府背景的担保机构较少对农业企业融资提供担保；有的省份一定程度上还存在重业务开展、轻风险防范的倾向，贷款放大倍数远高于行业平均水平，可能面临较大风险代偿压力。农村信贷担保物有限、担保形式创新不足，农民缺乏金融机构认可的标准抵（质）押物，大量的生物资产以及投资形成的农资仓库、农机库房等生产性设施也难以被认定。

四是农村金融基础设施底子较为薄弱，发展普惠金融依然任重道远。农村信用体系建设滞后，农户信用信息采集和更新难；信用信息共享机制有待健全，缺乏统一的、有公信力的信用数据管理平台；农村现代支付体系等基础设施较少，农村部分网点缺乏自助服务终端、POS机、验钞机、通信网络及网店配套等服务设施，农村网络运行质量较差、宣传推广针对性不强、农户对新兴支付工具认知度低等制约了现代支付手段在农村的使用。

五是监管政策层面的一些问题也会制约金融支持乡村振兴的质效。第一，有关金融支持乡村振兴的部分政策缺乏长期性，尤其是地方执行层面不切实际下文件、下指标、下任务，导致商业银行疲于应付监管要求而无法作长期研究、长期规划和制定长期发展策略。第二，有些政策要求过于笼统，缺乏具体操作规范，商业银行因无法理解监管意图而不能开展具体业务；部分商业银行在实施过程中曲解监管要求，将一些不合规业务进行包装后加以开展。第三，乡村振兴中诸多业务存在较大信用风险，如果机械地执行监管要求，在不良容忍度有限的情况下，商业银行信贷投放意愿不足，而倾向于采取“乾坤大挪移”的方式“优化指标”。

三、“十四五”期间我国农村金融服务全面推进乡村振兴发展方向

金融是实体经济的血脉，也是巩固拓展脱贫攻坚成果与推进乡村振兴的重要支撑。为切实做好“十四五”时期农村金融服务工作，《中共中央 国务院关于实现巩固拓展脱贫攻坚成果同乡村振兴有效衔接的意见》（中发〔2020〕30号），支持巩固拓展脱贫攻坚成果、持续提升金融服务乡村振兴能力和水平。“十四五”规划纲要中单列专章对“坚持农业农村优先发展，全面推进乡村振兴”进行部署，其中就强调要“健全农村金融服务体系”。以创新驱动农村金融发展，不断健全农村金融服务体系，需要大力推进金融制度创新、金融产品和服务方式创新，大力推进普惠金融、绿色金融与科技金融，构建可持续助力乡村全面振兴的普惠金融服务体系和绿色金融服务体系，才能最终形成长效服务机制，助力巩固拓展脱贫攻坚成果同乡村振兴有效衔接，推进乡村全面振兴。

首先，改革完善相关的金融制度，助推乡村全面振兴。金融制度主要包括金融组织体系、金融基础设施和金融政策扶持三方面的内容。完善农

村金融制度体系应做到以下三点：一是创新完善农村金融组织体系。应在已较好满足脱贫群体基本金融需求的基础上，继续创新和完善包括政策性金融组织、商业性金融组织和其他金融组织等在内的多元化、多层次的农村金融供给体系，实现优势互补，保证金融服务在农村的全覆盖。搭建以城带乡、城乡融合、互惠共赢的农村金融生态系统，为巩固拓展脱贫攻坚成果同乡村振兴有效衔接构建长效金融服务组织体系。继续支持商业银行完善各类与乡村振兴相关的金融事业部门，如“三农”事业部、扶贫事业部、普惠型涉农金融业务部等，建立专业化、不脱农、可持续发展的乡村振兴金融供给机制。鼓励各类金融资本设立或参与设立各类新型农村金融机构，鼓励商业银行与村镇银行合并重组，进一步创新发展农村合作金融，为金融支农提供有效补充。二是完善金融基础设施。目前，全国农业信贷担保体系已初步形成，今后需要在土地承包经营权抵押、农民住房财产权抵押、水域和林权抵押、厂房和大型农机具抵押等方面结合农村实际加以改进。大力鼓励并支持金融科技在农村信用担保体系建设、保险服务及风险分担体系建设、支付体系建设等金融基础设施建设中的创新应用，建立政府引导、科技创新支持、市场化运作的农村金融基础设施建设长效机制。建设良好的农村金融服务环境，切实提高农户的金融服务获得感。三是继续用好金融扶持政策。鉴于农业自身的弱质性，需综合运用适当的财政政策与货币政策，引导各类金融组织服务于贫困群体及其所在区域的行业企业。对开展普惠金融服务、创新型扶贫金融服务与绿色金融服务的金融机构，一方面进一步实施利率与费率补贴等相关扶持政策，降低农村金融组织的市场化运作成本，提高其支农效益和意愿；另一方面继续进行涉农贷款增量奖励，鼓励各类金融资本下乡开展涉农业务。对农村金融机构实行较低的存款准备金率与再贷款、再贴现政策，持续提升农村金融市场活力。

其次，在金融制度创新的基础上，坚持市场化运作为主和政策扶持为辅，因地制宜鼓励和支持金融产品和服务方式的创新，并将各类产业扶贫型金融产品和服务适时调整为产业带动型的金融产品和服务。一是积极运用金融科技手段创新开发低成本、广覆盖、便捷可得的普惠型农村金融产品，在巩固脱贫攻坚成果的同时，持续为乡村振兴提供金融科技的强效助力。为了更好地满足农村居民的贷款需求，建立广覆盖的农村金融服务体系，农村金融组织可以创新设计基于农地、农房、农具等抵押的融资产品，在农村推广应用融资租赁等金融工具，大力发展绿色信贷、绿色债券等绿色金融产品和服务，不断打造特色支农金融产品和服务，针对不同的金融需求细分主体，如为贫困户、女性和老年群体等提供定制化的金融产品与服务，针对乡村特色旅游行业，特色种植业、养殖业等开发专项贷款产品。二是继续探索新型农村金融服务方式，推进农村金融服务方式创新，重点是推动农村一二三产业融合发展与农业产业化发展，进一步培育农业产业化联合体，支持农业产业化示范基地、农村产业融合发展示范园、田园综合体等的建设，做强农业产业化龙头企业，形成围绕产业链的金融生态圈，吸引更多金融机构为产业链上的龙头企业及上下游新型农业经营主体提供金融服务，为巩固拓展脱贫攻坚成果、推进乡村振兴提供源源不断的金融支持。积极推动农村金融机构与金融科技企业协同创新，大力鼓励和支持金融科技在金融服务模式创新中的多维度应用，破解农村普惠金融发展的技术瓶颈。区块链技术与供应链金融具有天然的匹配性，可开发设计诸如“区块链+供应链金融”“区块链+农业产业化联合体金融”等业务模式，开发基于农业电商平台的互联网金融、网络供应链金融等相关产品，不断拓展农村普惠金融的服务边界。

最后，在鼓励金融机构通过服务创新持续提升农村金融服务质量，助力巩固拓展脱贫攻坚成果同乡村振兴有效衔接的同时，务必坚守不发生系统性金融风险的底线，加强农村金融的风险预警与监控，推进农村金融服务的规范发展。要注重持续推进农村信用体系建设，完善农村金融信用大数据的维护与使用，营造农村良好的信用环境，从源头上防范金融信贷风险；注重将金融科技作为控制金融风险的重要手段，通过金融科技创新为应对农业供应链金融信用风险进行差异化的科学评价与有效控制，鼓励因地制宜创新农村的保险与期货业务。

第三节　金融支持全面推进乡村振兴的政策背景与运作策略

一、金融支持全面推进乡村振兴最新政策导向

2022 年 3 月 30 日，《中国人民银行关于做好 2022 年金融支持全面推进

乡村振兴重点工作的意见》（以下简称2022年《意见》），指导金融系统优化资源配置，精准发力、靠前发力，切实加大“三农”领域金融支持，接续全面推进乡村振兴，为稳定宏观经济大盘提供有力支撑。2022年《意见》共有23条内容，从8个方面提出了具体要求：一是全力做好粮食生产和重要农产品供给金融服务；二是加大现代农业基础支撑金融资源投入；三是强化对乡村产业可持续发展的金融支持；四是稳步提高乡村建设金融服务水平；五是持续推动金融支持巩固拓展脱贫攻坚成果；六是提升金融机构服务乡村振兴能力；七是持续改善农村基础金融服务；八是加强考核评估和组织宣传。

（一）强化货币政策工具支持

当前，“三农”、小微企业仍是经济发展中的薄弱领域，需要进一步加大对它们的金融支持力度。2021年，中国人民银行等部门印发《关于金融支持巩固拓展脱贫攻坚成果 全面推进乡村振兴的意见》（以下简称《意见》）。《意见》的内容与2021年文件内容相比，政策的针对性和可操作性进一步增强。

在强化货币政策工具支持方面，《意见》要求，进一步优化存款准备金政策框架，执行好差别化存款准备金率政策，引导机构法人在县域、业务在县域、资金主要用于乡村振兴的地方法人银行释放更多资金投入乡村振兴领域。人民银行各分支机构要继续加强支农支小再贷款、再贴现管理，强化精准滴灌和正向激励功能，提高政策支持普惠性，适度向乡村振兴重点帮扶县倾斜，加大对县域法人金融机构的支持力度。

2020年以来，央行通过定向降息支持实体经济薄弱环节，降低小微企业、“三农”综合融资成本，激发微观市场主体活力。例如，支农支小再贷款自2021年12月7日起下调0.25个百分点，下调后3个月、6个月、1年期再贷款利率分别为1.7%、1.9%、2%，引导中小银行降低“三农”和小微企业贷款利率。

金融支持乡村振兴关系国计民生，具有政策性的一面。招联金融首席研究员董希淼表示，从政策层面看，我国应进一步完善并加大政策支持力度：一是完善顶层设计和制度安排；二是加大对相关机构的流动性定向支持，降低服务成本，金融机构也应加快探索普惠金融新模式，以民营和小微企业、“三农”经济为重要服务对象，提升金融服务效能，拓宽金融业务的广度和深度；三是政策性金融机构应积极利用本身的资金优势，与农村商业银行、农村信用社等金融机构展开深度合作。

（二）强化基础设施建设的金融支持

在业内看来，“三农”、县域是普惠性金融服务的主要对象和重点领域，也是乡村振兴的主战场和实施主体，全面乡村振兴目标能否实现，与普惠金融能否真正落地紧密相关。

由于各地特色产业、资源分配各不相同，因此各金融机构要制定具有针对性的金融制度，不能搞“一刀切”和经验主义，应因地制宜创新金融产品、提供精准服务。比如，未来要进一步完善小额信贷产品设计，丰富小额信贷产品种类，继续发挥其在乡村振兴新阶段的积极意义。

在强化对乡村产业可持续发展的金融支持方面，《意见》强调，要推动农村一二三产业融合发展，加强县域商业体系建设的金融支持，做好农民就地就近就业创业金融服务，拓宽农业农村绿色发展融资渠道。比如，丰富“三农”绿色金融产品和服务体系，积极满足农业面源污染综合治理、畜禽粪污资源化利用、秸秆综合利用、国土绿化等领域的融资需求。探索创新林业经营收益权、公益林补偿收益权和林业碳汇收益权等质押贷款业务。鼓励符合条件的金融机构发行绿色金融债券，支持农业农村绿色发展。人民银行各分支机构要积极运用碳减排支持工具，引导金融机构加大对符合条件的农村地区风力发电、太阳能和光伏等基础设施建设的信贷支持。

此外，在强化对农业农村基础设施建设的金融支持方面，《意见》要求，各金融机构要围绕农业农村基础设施建设、人居环境改造等重点领域，在不新增地方政府隐性债务的前提下，根据借款人资信状况和偿债能力、项目投资回报周期等，探索开发合适的金融产品和融资模式，加大对乡村道路建设、供水工程改造、农村电网巩固提升等项目的信贷支持力度，积极投放中长期贷款。

（三）稳妥推进农村信用社改革化险

当然，乡村振兴还需金融机构持续优化金融服务方式，创新宣传信贷产品，切实满足企业及农户在春耕备耕、粮食流动等方面的资金需求。

《意见》指出，各银行业金融机构要围绕高标准农田建设、春耕备耕、粮食流通收储加工等全产业链，主动对接融资需求，强化粮食安全金融保障。规范发展供应链金融服务，加大对重要农产品生产加工、仓储保鲜冷链物流设施建设等金融支持。

值得注意的是，作为全国网点最多、服务面最广的金融机构，农村金融机构在支持乡村振兴方面发挥着重要作用。但目前农村金融不仅在乡村振兴上发挥作用受限，还面临大行挤压、供给相对不足、资源外流严重、整体合力不强等问题；需进一步提升金融资源配置效率，有效解决农村金融供给不平衡不充分的问题，切实增强金融支持乡村振兴的能力和水平。

《意见》指出，稳妥推进农村信用社改革化险。进一步压实地方党政风险处置责任，遵循市场化、法治化原则，稳步推进农村信用社深化改革化险工作，保持商业可持续的县域法人地位长期总体稳定。继续支持发行地方政府专项债券，用于补充中小银行资本。坚持农村信用社服务当地、服务小微和“三农”、服务城乡居民的定位，严格约束异地经营行为。各省、自治区农村信用社联合社要明确职能定位，落实“淡出行政管理”的要求，因地制宜做优做强行业服务功能。①

二、金融服务全面推进乡村振兴的运作模式选择

在现有的金融制度安排下，强化全面推进乡村振兴的农村金融服务体系建设，可以从两个方面来思考，一是农村金融服务体系参与农户、微小企业向农村金融机构融资的过程，二是农村金融服务体系以一定方式向农户、微小企业提供金融服务。以全面推进乡村振兴在农户、微小企业信贷融资中的情况为例，可以分析出其发挥作用的三种模式：

第一，辅助农村正规金融机构特别是农村信用社开展农户小额信用贷款。农户小额信用贷款是农村信用社基于农户的信誉，在核定的额度和期限内向农户发放的不需抵押、担保的贷款。农村信用社大多依托一定的社区、村落和产业，具有较好的地缘、人缘关系，对地区内成员比较了解，因此，可以在开展农户小额信用贷款过程中发挥重要的作用。

第二，在抵押品不足的社员向金融机构申请商业贷款时，那些规范运作的、具有一定经济实力的现代农业产业组织，可以为社员提供担保，以帮助社员获得贷款。这方面山西省榆社县的经验值得推广。该县以农民专业合作社的信用为担保给农民贷款，取得合作社担保的信用状况较好的农

---

① 2022年金融支持乡村振兴路径清晰，央行发文提出精准、靠前发力［EB/OL］.（2022-3-30）［2022-11-13］. https：//baijiahao. baidu. com/s？ id=1728732592355641422&wfr=spider&for=pc.

户最高可以获得50万元贷款。同时，榆社县政府拨专款成立担保公司，专门为全面推进乡村振兴提供再担保，并实行农民贷款贴息的政策。例如，榆社县通过对全面推进乡村振兴实施金融支持，促进了全面推进乡村振兴的发展，也增强了农民还贷能力。2007年全县各类全面推进乡村振兴项目实现纯利润720万元，累计归还信用社贷款4000多万元，不良贷款率1%以下。这一金融服务新模式开始在山西省的56个县推广，近40万农民从中受益。

第三，推动产业化程度较高的生产型、加工型、流通型现代农业产业组织，实行诸如“公司+合作社+基地+农户”模式，或“合作社+基地+农户”模式。农户生产的产品是合作社加工、销售的原材料来源，如果单个农户贷款较困难，合作社可以自己的名义申请贷款，然后再通过向农户提供生产资料等关联交易方式，将资金现实地转移给农户使用，或者是转贷给农户使用。例如，依托农户生猪养殖小区建立起来的有一定经济实力和一定积累的，以生猪销售、饲料加工为龙头的生猪专业合作社，合作社可以自身名义向金融机构申请贷款，然后建造圈舍、购买仔猪，将仔猪租赁给农户养殖，并向农户提供饲料，农户用生猪育肥以后的销售收入逐步偿还贷款；或者是将从金融机构申请到的贷款转贷给农户，由农户自己建造圈舍、购买仔猪、购买饲料，养殖和育肥生猪，销售并取得收入，逐步偿还贷款。

三、创新全面推进乡村振兴金融服务体系

全面推进乡村振兴农村金融服务本身也在探索之中，一方面全面推进乡村振兴农村金融服务的各种制度安排需要完善，另一方面全面推进乡村振兴金融服务也需要配套服务。在发展全面推进乡村振兴农村金融服务的过程中，我们需要注意以下四个方面问题：

第一，应进一步放宽农村微型金融市场准入政策，为村镇银行、农村资金互助社、小额贷款公司三种新型农村金融机构的发展提供更广阔的空间。在银监会关于新型农村金融机构准入新政策出台以后，各类社会资本表现出极大的投资热情。但是就现有的制度安排而言，村镇银行需要现有银行作为主要发起人并参股20%以上，实践中出现发起银行短缺问题；农村资金互助社，是农户自己的组织，正规化发展是必要的，但因银行监管部门监管不到位而审批滞缓；各省市政府在组织小额贷款公司试点过程中，

普遍提高了准入门槛。制度安排的不完善，也给全面推进乡村振兴金融服务空间的拓展带来了障碍。

第二，应创新全面推进乡村振兴金融服务的监管方式。为全面推进乡村振兴提供金融服务，是对现有金融制度安排的创新，因此在较多方面的探索可能与现有的监管制度安排不协调，从而监管方式需要创新。特别是农村资金互助社，作为成员之间的互助制度安排，更多的是需要非审慎监管，否则，监管过度就成为金融服务创新的阻碍。

第三，应完善全面推进乡村振兴金融服务的配套服务。一是要研究有利于现代农业产业组织金融服务健康发展需要的配套的法律法规；二是现代农业产业组织参与的各类银行与非银行金融机构也需要融资，应该为它们进入货币市场、资本市场创造条件，特别是农民资金互助社，应该准予其进入银行同业拆借系统进行资金交易；三是可以组建投资基金，为农村各类微型金融组织，特别是农村资金互助社，进行股权投资；四是要在治理结构优化、机构信用评级服务、审计服务、法律援助、信息服务等方面提供服务。全面推进乡村振兴需要健全的管理系统、决策系统，同时其本身也需要信息服务。

第四，应创新全面推进乡村振兴金融服务产品。如上海农村商业银行为合作社发放信用贷款，上海安信农保为此设计出“合作社贷款信用保证保险”品种，降低了银行为合作社放款的顾虑，大大提高了专业合作社融资的可获得性。

同时，要加强农村信用工程建设，建立和完善多种形式的贷款担保，特别是建立以财政资金、商业资金、社员资金等为主体的担保基金运作体系，探索建立农户、现代农业产业组织、农业企业、保险公司、担保机构互助合作机制，创新担保和保险机制；推动组建专门的农业担保机构，并鼓励合作社组织成员开展互助保险和担保业务，鼓励其他各类担保公司为全面推进乡村振兴提供担保业务，形成政府、社会、合作成员与农户多主体分担的农业担保机制，有效解决全面推进乡村振兴贷款“担保难”问题。不断改善和优化金融生态环境，建立金融支持全面推进乡村振兴成长与发展的长效机制是全面推进乡村振兴健康成长的必要条件。要继续深入地开展农村信用工程建设，创建“信用户”“信用村”“信用乡（镇）”，培育农民建立信用的良好意识，营造诚信环境。

四、金融支持全面推进乡村振兴战略的对策建议

全面推进乡村振兴，反映了农村经济社会发展的客观要求，对解决中国农村问题、实现党的二十大报告中关于全面推进乡村振兴的战略目标、扩大国内消费、实现中国式现代化具有重大现实意义。这需要政府、金融、农户、合作社以及相关的社会组织共同努力、相互协作才能取得好的效果。

（一）培育深层次、多样化发展的现代农业产业组织体系

（1）规范现代农业产业组织体系的运作。现代农业产业组织体系要尽快按照相关规章制度，规范自身经营行为和信用行为，进一步明确经营目标，明晰产权，提高自身管理能力和财务运作能力，并在此基础上，主动了解银行的信贷政策、金融服务品种等。

（2）以股份合作的方式增加现代农业产业组织体系的资本积累。资本公积的匮乏是制约农民专业合作社发展的基础因素。为增加现代农业产业组织体系的资本金，可尝试并推广股份合作的方式吸收资金，壮大家庭农场、专业农户和农民专业合作社等的实力，增强社员对现代农业产业组织体系的责任心和归属感，也为现代农业产业组织体系赢得更多的金融、贸易、技术等服务提供基础条件。

（3）努力实现规模化、产业化经营，提高竞争能力。通过专业合作，促进土地流转，实现规模经营；通过农产品加工，拓展市场，实现现代农业产业组织体系利益共同体。

（4）有效选择市场和提高竞争力，强化管理层的经营能力。一方面着眼于对管理层的培训教育，着力提高其经营管理能力；另一方面可在有条件的合作社实行董事会和经理层分工治理的模式，聘请职业经理人专门经营合作社，提高内部管理能力和效率。

（二）完善多层次农村金融体系，全面推进乡村振兴的金融基础

农村金融是为全面推进乡村振兴提供金融支持的制度主体。为满足农户和全面推进乡村振兴多层次的资金需求，必须构建适应性强的多层次农村金融服务体系。

（1）现有银行业机构要进一步创新业务，加大金融支持力度。中国农业发展银行要进一步发挥政策性金融的补充作用，在农业科研和技术推广、大型基础设施及生产性资金投入方面扩大业务范围。国有商业银行特别是

中国农业银行，要进一步强化自身的支农社会责任，股改后的农行要抓住机遇，加大对县域经济发展的支持力度，通过选择具有一定规模、拥有一定资产、机制健全、管理规范、效益较好的合作社，真正把合作社作为一个市场主体来支持，积极探索并创新对农民专业合作组织的授信、信贷、汇兑与结算方式。利用农村信用社支农主力军的地位，引进农民专业合作组织投资参股，使其成为信用社的社员，建立农村信用社与全面推进乡村振兴收益共享、风险共担的机制。以农村信用社为主体对农村专业合作组织评定信用等级，核定信用额度，通过积极创建信用工程，打通一条支持全面推进乡村振兴的"绿色通道"。邮政储蓄银行要利用网点优势，引导资金返还农村，增强农村金融市场竞争力。

（2）大力推进村镇银行、农村资金互助社与专业合作社之间的合作关系，鼓励全面推进乡村振兴。可以利用明显的组织资源优势来兴办村镇银行和农村资金互助社。通过这种产权纽带，扩大业务范围，为乡村振兴取得授信或信贷支持提供了便利条件，同时村镇银行和农村资金互助社可以联合对共同社员提供信用保证或建立担保机制，从而运用授信机制、信贷杠杆、差别利率、贷款期限等手段对专业合作社及其社员进行信贷支持。村镇银行通过建立与全面推进乡村振兴的资本联系，可以增强自身的合作基础和社区性特征，强化其对农民的资金投放和市场定位方面的效应。资金互助社可以推动农业生产合作和农业产业发展，并以农户的持续增收支持资金互助社的商业可持续发展。建立小而灵活、依靠内在约束机制的农村合作金融是解决全面推进乡村振兴资金融通中的信息不对称和监督成本高问题的有效途径。

（3）对民间借贷进行规范和管理。在目前农村融资渠道单一的情况下，基于社会关系的农村民间借贷具有相当程度的有效性和合理性，在一定程度上缓解了农村资金困难的局面。加强对民间借贷的引导、监督并将其纳入体制范围内，适当给予发展空间，对于深化全面推进乡村振兴的金融支持是十分有益的。

（三）着力创造良好的政策环境

总体来讲，政府要充分发挥对全面推进乡村振兴的引导职能和综合服务职能，为全面推进乡村振兴获得金融支持提供保障。

（1）保障制度供给。通过加快农村金融整体改革及法律法规的完善来创造全面推进乡村振兴和金融机构自由发展的环境，政府要为全面推进乡村振兴服务，为建立村镇银行和农村资金互助社提供政策和法律支持。

（2）加大财政支持力度。建议上级政府实行财政倾斜，安排足够资金对全面推进乡村振兴的基础设施建设、人员培训、品牌打造及科技改造等方面进行重点支持；县级以上财政部门可设立全面推进乡村振兴战略专项基金或者担保基金，并将支出列入中央及地方预算，加大政策性财政支持力度，并且引导其扩大职能范围。

（3）实行政策优惠。进一步扩大税收优惠范围，工商部门、司法部门要对全面推进乡村振兴事项的审批登记提供便利条件，并对全面推进乡村振兴的金融服务给予配合，最终建立起包括咨询、培训、技术、金融贸易等在内的全方位的服务体系。

（4）强化宣传和推广工作。鼓励其他合作组织融入全面推进乡村振兴战略布局，并对成功范例进行宣传与推广，引导金融机构采取多种形式做好全面推进乡村振兴相关项目的创新和推介工作，使金融创新更好地服务全面推进乡村振兴。

（四）完善配套金融服务，优化外部金融环境

（1）完善风险补偿机制。目前，我国的存款实质上一直由国家承担隐性担保责任。随着金融市场的开放，可逐步建立存款保险制度。针对农村金融风险高的特点，存款保险制度可以从农村开始进行试点工作。同时建立农村信贷风险补偿机制，除由政府出资设立风险补偿基金或提供利息补贴外，还要充分发挥农业保险防范农业经营风险和涉农信贷风险的作用。政策性农业保险公司应开发一些适应成本高、风险大及农民个人无力全部承担的保险产品；商业性保险公司应积极发挥补充作用，开发适应市场竞争、农民个人能够支付、有一定盈利空间的保险产品，开拓保险新业务，扩大农业保险的范围，增强农民投保的积极性。

（2）创造良好的金融环境。落实中央金融支持全面推进乡村振兴，建立健全农民贷款担保组织机构，实现银行信贷的有效对接。同时，加大农村信用环境整治力度，积极支持农村金融机构依法收贷、打击逃废债行为，为提高农村金融信贷支农力度创造良好的外部条件。在营造有利于改善农村信贷投入的金融生态环境的同时，引导金融机构提高向农业领域配置信贷资金的自觉性。

第五章　全面推进乡村振兴与农村人力资源开发制度

党的二十大报告中强调："教育、科技、人才是全面建设社会主义现代化国家的基础性、战略性支撑。必须坚持科技是第一生产力、人才是第一资源、创新是第一动力"。[①] 作为社会发展的第一资源，人才资源对于打造乡村发展新动能具有不可替代的作用。全面推进乡村振兴面临的最大困难之一是农村人力资源的高质量开发与管理。创建农村人力资源开发的制度环境，提高农业人力资源的整体素质并采取其他配套改革措施，是当代社会科技进步的要求，是加快乡村振兴发展进程的根本举措。在乡村发展方面，国家提出了乡村振兴战略，并先后出台了《关于全面推进乡村振兴加快农业农村现代化的意见》《国家新型城镇化规划（2021—2035 年）》等文件，为全面落实包括人才、人力资源、城乡融合发展等方面在内的乡村振兴战略提供了良好的政策支撑。从城乡之间劳动力资源的分布和流动看，呈现出由过去的乡村到城市的相对单一流向，转变为由乡村到城市再由城市到农村的环流的趋势：返乡、入乡、留乡劳动力规模出现增长，本地农民工的增速近年来也开始超过外出农民工。农业农村部的数据显示，2022 年 4 月，全国各类返乡、入乡创业人员超过 1100 万人。1979 年诺贝尔经济学奖得主、美国著名农业经济学家和劳动经济学家舒尔茨认为，农业可以成为经济增长的源泉。舒尔茨还认为，人力资源是农业增长的源泉。对于农业来说，人力资源要是跟不上物质资本的投入和技术的进步，落后的人力资本会成为农业发展的阻碍。过低的农业人力资源积累，导致中国农业发展缺乏后劲。农业人力资源的缺乏主要从两个方面影响农业的发展：一

① 习近平．高举中国特色社会主义伟大旗帜 为全面建设社会主义现代化国家而团结奋斗：在中国共产党第二十次全国代表大会上的报告［N］．人民日报，2022-10-26（1）．

是低质量人力资源导致较低的生产率，农业产出低下；二是由于劳动力投入收益率低，导致劳动力资源流失严重。正如舒尔茨指出："土地本身不是成为贫困的一个关键因素，而人是一个关键因素。"① 构建科学合理的农村人力资源开发与管理制度，积累足够的人力资源是中国农业现代化的一个重要前提。

第一节　农村人力资源开发的理论基础

一、农村人力资源开发概述

（一）人力资源含义

人力资源的概念是由美国著名管理学家彼得·德鲁克于1954年在其著作《管理的实践》一书中提出的。我国对人力资源的系统研究起步较晚。"人力"在《辞海》中解释为"人的能力"，即人的体力、智力和技能等。资源，即资财之源，在知识经济时代，现代意义上的资源应该分为自然资源、资本资源、人力资源和信息资源四部分。马克思主义认为：人力资源是所有资源中最宝贵的资源。人是生产力诸要素中最为积极、最活跃的因素②，组织的各项生产活动和管理工作都是靠人去完成的，人（主要指社会劳动者）是推动历史和生产力发展的唯一能动力量。从管理的角度讲，人力资源是指社会活动、政治活动、经济活动中正在从事体力劳动和脑力劳动的人的一切能力，包括体力、智力、知识、技能、经验等天生和后天生成的能力。人力资源作为经济资源中的一个特殊种类，具有能动性、时效性、智力性、可再生性和社会性等特征。

人力资源与人力资本是有区别的。人力资本理论的创始人是美国芝加哥大学教授西奥多·威廉·舒尔茨，他在1960年发表的《人力资本投资》一书中指出，人力资本是通过对人力资源投资而体现在劳动者身上的体力、智力和技能，它是另一种形态的资本，与物质资本共同构成了国民财富，而这种资本的有形形态就是人力资源。人力资源与人力资本有以下四点区别：其一，概念的范围不同。人力资源包括自然性人力资源和资本性人力

① 西奥多·W·舒尔茨．经济增长与农业［M］．北京：北京经济学院出版社，2015.
② 杨小路．智力资本与企业的发展［J］．市场经济研究，2000（1）：54-55.

资源。自然性人力资源是指未经任何开发的遗传素质与个体；资本性人力资源是指经过教育、培训、健康与迁移等投资而形成的人力资源。人力资本是指所投入的物质资本在人身上所凝结的人力资源，是可以投入经济活动并带来新价值的资本性人力资源。人力资本存在于人力资源之中。其二，关注的焦点不同。人力资源关注的是价值问题，而人力资本关注的是收益问题。其三，性质不同。人力资源反映的是存量问题，而人力资本反映的是流量和存量问题。其四，研究角度不同。人力资源将人力作为财富的源泉，是从人的潜能与财富的关系来研究人的问题。而人力资本则将人力作为投资对象，作为财富的一部分，是从投入与收益的关系来研究人的问题。

（二）农村人力资源开发的内涵

农村人力资源是指农业范围内人口所具有的体力和脑力的总和，是农业范围内经过一定时间的教育后能够将体能和智能发挥出来并进行生产和服务的适龄人口总体所具有的劳动能力的总和，又称“农业劳动力资源”。农村人力资源是推动农业社会经济发展的基础资源，它包含数量和质量两个方面，农村人力资源数量是指农业范围内构成劳动力的那部分人口的数量。农村人力资源质量是指农村人力资源所具有的体质、智力、知识、技能水平，一般体现在农村劳动人口的体质水平和文化水平上。农村劳动力是农村人力资源的主要组成部分。

农村人力资源开发是指切实提高人力资源的质量与科学调控，充分利用人力资源以实现其最优化的过程。一方面，在对农业人口进行整体分析的基础上，确定不同农业人口类群的质量差别，充分利用和发掘农业人群的生产力；另一方面，在基础教育、职业教育、技术培训等方面加大人力资本投入，有效开发农业人力资源，提高农业人口的整体素质。其重点在于提高农村人力资源的质量。农村人力资源开发，是推动我国农业现代化进程，实现农业生产方式由粗放型向集约型转化，农业增长方式由数量型向质量型、效益型转化，提高农民科技文化素质的基础和保证。

（三）农村人力资源开发对实现农业现代化的重大意义

人口是社会物质生活的必要条件，是全部社会生产行为的基础和主体。2021 年 5 月 11 日第 7 次全国人口普查结果显示，全国总人口为 1443497378 人。2021 年年初，我国脱贫攻坚战取得了全面胜利，9899 万农村贫困人口全部脱贫，按照世界银行贫困标准，中国 7.7 亿农村人口摆脱贫困，占同期世界减贫人口的70%以上，提前10年完成了联合国《2030年可持续发展议程》减贫目标。2021年，我国农村人口高达5亿，占全国总人口的40%。教育部相关统计数据表明，截至2022年6月全国文盲率下降至2.67%①，国家通用语言文字推广普及在我国农村地区的开展助力全面推进乡村振兴。立足新时代新征程，从战略的高度认识农村人力资源开发对实现农业现代化具有重大意义。

一是有利于调整和优化农业经济结构。调整和优化农业经济结构，要着眼于世界农业科技加速发展的趋势和我国人多地少的国情，适应国内外市场，依靠科技进步，发挥区域优势，增强市场竞争能力，提高农业经济素质和效益。按照高产优质高效原则，全面发展农林牧副渔各业；重点围绕农副产品加工和发展优势产品，调整、提高农业工业；结合小城镇建设，大力发展第三产业。农业结构调整的过程实质上是一个由单一的高产型农业向多元化的高产、优质、低耗、高效型农业转变的过程，也是一个由低素质的体力型农业向高素质的智力型农业转变的过程，更是一个由传统的资源型农业向现代的高科技知识型农业转变的过程。在这些转变过程中，对农业生产经营的主体农民提出了更高的要求。人力资本结构的优化不仅表现为静态的人力资本结构与产业结构保持协调一致和相对平衡，而且表现为人力资本结构的变化与经济发展所需要的产业结构相适应。低素质的劳动者与经济结构调整的高要求不相适应，必然阻碍农业结构调整的进程。

二是有利于促进乡村振兴。现代化农业是一个集农、经、商、工、科、教于一体的大农业，是一个以高效能和高技术为主要特征的农业综合体系。现代农业发展的这种趋势和特征，无疑会对农村人力资源提出更高的要求，而农村人力资源的不断开发和培养能够提高农村劳动力质量，储备乡村各产业人才，促进产业兴旺，增加农民收入。农民整体素质提升能为现阶段乡村精神文明建设营造良好的文化氛围，加强乡风文明建设。农村人力资源开发能够提高村干部的文化素养，优化乡村干部结构和提升农民的民主素质，是实现乡村高效治理的重要保障。开发农村人力资源能够持续提升村民的生态意识，增强他们的社会责任感，有利于自然与发展和谐共生的

---

① 教育部．全国文盲率下降至2.67%　农村地区推普助力乡村振兴［EB/OL］．（2022-06-28）［2022-8-10］．https：// baijiahao. baidu. com/s？ id = 1736856300341790148&wfr = spider&for = pc.

现代化社会的建成，是生态宜居的关键一环。

三是有利于农业剩余劳动力合理转移。农业人口多、农业资源相对不足是我国农业现代化建设面临的主要矛盾。在农业现代化建设进程中，随着农业资源的利用率、劳动生产率的不断提高，农业剩余劳动力问题成为我国推进农业现代化建设进程中必须着力解决的关键问题。目前 1.5 亿的农业剩余劳动力主要得靠向农业二三产业的转移来解决，因此，必须通过多种方式和途径来开发农村人力资源，提高他们的科技文化素质和社会适应能力，使其具有与经济发展要求相适应的劳动技能，稳定其就业拓展空间。

四是有利于推进农业产业化，实现农业现代化。走产业化道路，是适应社会主义市场经济要求，实现农业现代化的必由之路。在农业产业化链条中，不论是初级产品生产者、加工产品制造者、销售环节经营者，还是技术、物资、信息的服务者都必须具有较高的素质。农业产业化的基本要求是农业的专业化、社会化、市场化，从而对农业劳动力的素质和人才结构提出了全新的高标准要求，既需要直接农业生产劳动者，又需要大量的经营人才、管理人才、科技人才等。实现农业现代化是一个系统工程，需要有大量的现代化的农业管理者、经营者和生产者。只有构建一支庞大的高素质经营型农村人才队伍，才能应用和推广先进的农业科学技术，全面实现农业现代化。中国农业必须走跨越式发展的道路，必须抓住农村人力资源开发这个关键，实现跨越式发展，加速现代化的进程。从长远来讲，开发农村人力资源具有重要的战略意义。

二、国内外关于农村人力资源开发研究综述

（一）国外关于农村人力资源开发研究综述

1. 古典政治经济学家对农业人力资源的研究

古典政治经济学家威廉·配第、奎奈、亚当·斯密、大卫·李嘉图、萨伊和马歇尔等对农业人力资源管理与开发都有过系统的论述。

威廉·配第认为，农业是国家税收的主要来源，种种税收均源自于土地和劳动者，财富的最终源泉是土地与劳动。配第指出“土地是财富之母，劳动是财富之父”①，首次阐述了土地与劳动在财富积累中的作用与关系，

① 王峰明.《资本论》（第 1 卷）研读［M］. 北京：研究出版社，2021：31.

肯定了农业的基础地位，反映了国家财富来源与人力资源贡献之间的关系。

法国重农学派代表奎奈认为农业是唯一具有生产价值的部门，真正能够增加财富的部门是农业，并通过著名的《经济表》分析了作为纯产品的农产品在社会各生产部门中的流动和交换。他指出："只有土地的产品才是原始的、纯粹得到的、经常在更新的财富。①" 奎奈认为工业中的财富是经过土地所有者从农业中转移过来的，农业是唯一的提供财富的源泉。奎奈的观点尽管在理论和实践中都有明显的局限性，但他对农业历史地位的充分肯定意义深远。

亚当·斯密在《国富论》中深入研究了农业和农业劳动力转移问题，认为："在未开化的社会中，某项工作由一人完成，而在进步社会中则由几人按程序分工操作。" "农业的性质与制造业不同，难以做到如此细致的分工，不能将一种业务同另一种业务完全分别" "这或许就是农业生产力的改进始终不能与制造业保持同步的原因之一。"② 斯密第一次对农业经济特征进行了深刻的阐述，为我们研究农业现代化问题提供了借鉴。在食物与人口的关系方面，斯密指出："随着土地改良和耕作的改进，农业中半数人口的劳动就可以生产供给全社会的谷物。"③ 斯密把农业定位于"供应全社会的谷物"，虽然有其局限性，但斯密借助对食物与人口关系的研究所阐明的农业劳动力转移思想，为研究农业人力资源的管理和开发提供了一个基本的理论和思路。

大卫·李嘉图进一步发展了劳动创造价值论，提出劳动是创造价值及价值增值的源泉，分析了简单劳动和复杂劳动的差别。

法国经济学家萨伊认为对受过教育和培训的人所支付的工资，不仅包括劳动的一般工资，而且还包括培训时所垫付的资本的利息，因为教育也是资本。

古典政治经济学家的集大成者、英国著名的经济学家马歇尔在其经济理论中提出人的能力因素，他在综合西方经济学理论时，注意到经济增长与劳动力素质的关系。他认为知识和组织是最有力的生产力，是资本的重要组成部分，知识和组织的重要性日益增大，应该把它们作为一个独立的

① 杨玉文. 民族地区资源开发与经济增长［M］. 北京：人民出版社，2013：29.

② 亚当·斯密. 国富论［M］. 胡长明，译. 重庆：重庆出版社，2015：5.

③ 邹柏松. 亚当·斯密经济思想研究［M］. 广州：广东高等教育出版社，1991：193.

生产要素看待，认为“一切资本中最有价值的莫过于投在人身上的资本”①。

古典经济学家早期的人力资源思想，为20世纪人力资源理论的产生和发展奠定了理论基础。但是，需要指出的是，直到20世纪中叶，经典的、正统的西方经济学并没有内在地把人力资源看作一种资本。在劳动力、土地、资本这三项基本要素中，他们把劳动力这个生产要素看作非资本的要素，看作不包含知识和技能的自然形态的简单的劳动人口数量的总和。

2. 人力资源理论对农村人力资源开发的研究

人力资源理论兴起于20世纪60年代，是同西奥多・W・舒尔茨、加里・斯坦利・贝克尔、爱德华・F・丹尼森等人创建的人力资本理论同步发展起来的。现代人力资源理论的创始人是美国经济学家舒尔茨和贝克尔。人力资源理论从产生开始，其重要性就得到了世界许多国家政府和学者们的关注。在20世纪50年代后期舒尔茨等人的开拓性研究之后，经济理论界对人力资源和人力资本理论进行了深入的研究，改变了以前忽视人力资本的思想，将人力资本置于生产诸要素的首要位置。

西奥多・舒尔茨的人力资本理论，可以看作人力资源开发的核心理论依据。舒尔茨创立的人力资本理论的主要内容是：第一，人力资源是一切资源中最主要的资源，人力资本理论是经济学的核心问题。第二，在经济增长中，人力资本的作用大于物质资本的作用。舒尔茨认为，空间、能源和耕地并不能决定人类的前途。人类的前途由人类的才智的进化来决定。没有对人的大量投资，就不能享受现代化农业的硕果，也不能拥有现代化工业的富裕，我们经济中最突出的特征就是人力资本的形成问题。第三，人类资本的核心是提高人口素质，教育投资是人力投资的主要部分。舒尔茨认为，人力资本包括人口数量和质量，而提高人口质量更为重要。教育是提高人力资本最基本最主要的手段，因此可以把人力投资视为教育投资问题。第四，教育投资应以市场供求关系为依据，以人力价格（工资）的浮动为衡量符号。

人力投资理论实质上是人力资本理论的补充和延伸，它突出了教育对形成人力资本最重要最直接的作用。其基本观点是：人力投资即教育投资；人力投资即人口质量投资；人力投资是指人的全部培养费用，即从业前的

① 马歇尔．经济学原理：下卷［M］．陈良璧，译．北京：商务印书馆，1994.

婴儿生育、成长和教育的费用以及从业后劳动力的训练和提高的费用。

美国经济学家爱德华·丹尼森提出严谨的人力资源要素作用的计量分析方法。在教育对人力资源开发产生的作用机理方面，1986年，罗默在题为《收益递增与长期增长》一文中提出了由外在效应、产出生产中的收益递增和新知识生产中的收益递减三个要素共同构成的竞争性均衡模式，开拓了知识外溢和边干边学的内生增长思路的研究。随后，卢卡斯、斯多克和阿温·扬相继扩展和完善了这一研究思路。这一研究包括四个模式：罗默的“知识外溢长期增长模式”、卢卡斯的“人力资源外在性增长模式”、斯多克的“新产品引进知识外溢内生增长模式”和阿温·扬的“有限的边干边学增长模式”。通过研究，他们都认为知识和人力资源是“经济增长的发动机”。特别是在卢卡斯的模式中，他研究了物质资本与人力资源的相互作用，以及人力资源的制度框架。这一研究思路为经济持续增长提供了一个合理的解释。

这些理论明确指出：人力资源的开发主要靠教育，教育是劳动力再生产的必要条件，教育对劳动力再生产的作用主要表现在使劳动力素质得到提高和发展，使普通的体力劳动者成为具有专业知识的脑力劳动者，使不熟练的简单劳动者成为熟练的复杂劳动者，从而改变劳动形态，提高劳动生产率，增加国民收入，加快国民经济发展。国外的研究表明：国民教育水平是劳动生产率高低的决定因素之一，教育是国民经济发展的源泉，教育是永恒的新的经济增长方式。这就是农村人力资源开发与农业现代化发展的本质关系。

（二）国内关于农村人力资源开发研究综述

我国关于农村人力资源开发的研究从20世纪80年代起步，在研究初期，学界主要对基础理论进行挖掘，学习西方有关人力资源开发的理论及研究模式，包含对人才的培训、筛选、管理等内容的探索。20世纪90年代，我国开始进行农村人力资源开发的实际应用研究，进入理论应用于实际道路的阶段。

1. 关于农村人力资源开发理论

我国人力资源理论研究与实践基本上都集中在非农领域，随着国家对“三农”问题的不断重视，国内一些学者开始将研究方向转向农村人力资源理论和实践上，形成了不少论著①。李华、郭丽娜、张卫国认为，新型城镇化在着力推动我国生态文明建设的进程中，必须始终坚持以人为本，而广大农村的人力资源开发是实现农民融入生态经济建设，从而实现新型城镇化健康发展的关键所在②。彭静提出，针对目前中国农村人力资源开发所存在的问题提出一系列对策建议，包括建立健全农村人力资源开发的培训体系，加强职业后续教育，以及强化农村基础教育体系制度建设，提高农业人口素质等，以切实提升中国农村区域经济协调发展的进程，有效保障中国社会经济的健康发展与平稳运行③。潘明明、龚新蜀、李光明认为，在农村地区，农民的个人和家庭特征（家庭收入、子女人数、人力资源开发的认识和行为）、农村发展状况（政府支持、基础教育、技能培训、文化环境、外出务工机会）、农村社会保障体系（劳动权利、法律法规、治安秩序）等因素对农村人力资源开发的效果有重要影响。为此，应通过引导农民树立人力资源开发意识，着重加强农村人力资源开发软硬环境建设，不断完善制度保障机制，以提高农村人力资源开发成效④。胡钦行提出，农村人力资源结构配置不合理，农村剩余劳动力过多⑤，因此要加强农村人力资源开发管理，整合利用社会资源。

2. 关于农业和农村人力资源开发的战略意义

张培刚认为，农业国工业化是发展经济学的主题，工业化是指传统农业社会向现代工业社会转化的过程。在工业化过程中，必须正确认识农业的地位和作用。一方面，要正确认识到，随着工业化进程的逐步深入，农业占国民产值和就业的份额将逐步下降，即农业在整个国民经济中的地位将不可避免地呈下降的趋势；另一方面，更要正确地认识到，尽管在工业化进程中农业的相对地位在不断下降，但是，农业在整个国民经济中的基

① 伍辉延．广西贫困地区农村人力资源开发地方政府行为研究［D］．南宁：广西师范学院，2011.

② 李华，郭丽娜，张卫国．新型城镇化背景下的农村人力资源开发评价指标体系研究［J］．生态经济，2016，32（1）：131-134.

③ 彭静．国外农村人力资源开发经验对中国农村区域经济协调发展的启示［J］．世界农业，2015（10）：190-194.

④ 潘明明，龚新蜀，李光明．西部民族地区农村人力资源开发：成效、影响及对策：以新疆南疆三地州为例［J］．上海财经大学学报，2016，18（2）：44-54.

⑤ 胡钦行．浅析乡村振兴背景下的农村人力资源开发［J］．中国市场，2019（3）：42.

础性作用却不能削弱①。马会琼认为乡村人力资源开发与管理的研究可以使农业结构发生调整，从单一个体向多个综合个体进行合理转变，顺应多元化的生产要求，践行质量高、效能低的现代化农业生产模式。此过程既可以提高农产品的生产质量，又可以使农村经济又好又快地发展，从而使农民增收②。朱燕鸣认为乡村产业的发展，依靠的是农村人力资源开发与管理手段的革新，并且现代农业生产要以规模化的经营体系为主体。农村人力资源开发可以满足职业农民对多层次生产的需求，并且把农业作为职业从事生产经营，利用市场需求获取相应的利益回报，推行新型职业农民的经营方式，从而为农村经济发展做出相应的贡献③。胡晓丹提出农村人力资源开发与管理可以改变小规模经营生产所带来的问题，小规模生产的成本较高，所获取的经济利益不够稳定，但小规模生产仍是现阶段我国最主要的生产单元。充分发挥农村人力资源开发与管理可以减少小规模农户的问题：劳动分散化、劳动时间碎片化④。Sanjay Goel 和吕峰认为乡村产业的发展离不开农村人力资源开发与管理的合理利用，土地、劳动、资本是乡村产业的三要素，需要开发与管理农村人力资源，合理利用人才，并且充分发挥人才的主观能动性。随着扶持政策的出台，以及对农村人才进行了基础理论知识、农业生产技能等的培训，农村人才的实际能力提高了，农村人力资源结构优化了，使乡村产业得到进一步的完善，向农业专业化、农民职业化又迈进了一步⑤。曹锐、钱海婷提出加快农业现代化的进程，实现乡村产业的发展，要充分利用农村人力资源开发与管理，做好农村教育工作。加强人力资源能力的建设对于变革人才培养模式、提高农村教育质量起着十分重要的作用。我国乡村教育的投入应受到国家重视，充分认识到人力资源在农村各领域稳定建设中的重要性，使农村劳动力适应农业现代化的生产需要，规范农业生产的相关法律法规，充分发挥人才在乡村产业中的

---

① 张培刚．农业与工业化：上卷：农业国工业化问题初探［M］．武汉：华中工学院出版社，1984.

② 马会琼．浅析人力资源开发在欠发达民族地区发展的意义：以鲁甸县人力资源开发为例［J］．湖北函授大学学报，2013，26（7）：105-106.

③ 朱燕鸣．新农村建设中农村人力资源开发的意义、现状及对策［J］．哈尔滨职业技术学院学报，2015（4）：160-161.

④ 胡晓丹．人力资源管理信息化建设的时代意义［J］．北方经贸，2018（11）：141-142.

⑤ GOEL S，吕峰．人力资源管理专业化的意义［J］．家族企业，2019（6）：70-72.

积极作用①。

3. 关于乡村振兴背景下农村人力资源开发与管理的研究

宋靖指出，要解决农村人力资源开发，可以从以下几方面入手：首先，以系统性、规划性作为开发特性。其次，加强社会环境作用，建立长时间有效的制度。再次，政府发挥自身正向作用，号召社会各领域积极参与。最后，需要注意的是遇到问题时，需要运用人力资源开发的相关理论知识，通过科学合理的开发途径去解决人才问题②。侯宏皎指出，要完善土地承包制度及流转制度，探索适合我国农村发展的相应政策与机制；要大力培育新型职业农民，针对职业农民制定配套的政策，如强有力的职业农民吸引制度、相应的扶持制度，使城市资本、社会资本有效进入农村经济发展中，通过鼓励外出务工人员回乡创业、兴办乡村企业等方式，加强城乡间人才的流动，对于农村现有的人才，要进行大力度的培训，采取多种形式，利用培训资源和项目，建设高素质的实用人才队伍③。张爽认为，在乡村振兴背景下，达到产业兴旺的目标，就要补充特色产品的引领，明确主导产业，发挥农产品的代表性作用。从实际出发，调整相应的政策规章，通过市场调节，调整生产，满足市场对农产品需要。加速一二三产业有机融合，通过科学的规划，响应带头作用，形成特色鲜明、优质高效的现代农业生产体系，从而反作用于农村人力资源开发与管理以及相应体系的完善与建设④。汤艳玲认为，在乡村振兴背景下，农村新兴产业起步较晚，现在仍处于发展阶段，特色农产品刚刚起步，缺乏强有力的辐射带动作用。一二三产业并不能够有机地融合，缺乏整体性。新兴产业也未能成为主导产业，难以推动农业农村经济的发展。农业农村现代化需要科技创新及机制创新，推动乡村产业建设就必须创新农业生产机制，要积极探索了解与社会发展需求相适应的规律，不能照抄照办政策与办法。在我国农村各领域的改革过程中发现，职业农民组织专业程度较低，整体竞争力较低，难以适应现

---

① 曹锐，钱海婷．新型城镇化发展视角下农村人力资源现状与发展对策研究［J］．农业经济，2020（3）：65-67.

② 宋靖．乡村振兴战略背景下农村人力资源开发途径研究［J］．今日财富（中国知识产权），2020（1）：104，106.

③ 侯宏皎．基于乡村振兴战略背景的农村人力资源开发研究［J］．商业经济，2020（9）：111-113.

④ 张爽．农村人力资源开发与管理创新［J］．人力资源，2020（20）：44-45.

代化发展要求①。

近年来，我国农村人力资源开发问题引起了经济学界的极大关注，学者普遍认为农村人力资源开发问题是涉及经济与社会发展的关键问题，也是农业和农业经济问题研究的题中应有之意。但由于“乡村振兴”这一概念的提出时间相对较短，学者对于在乡村振兴背景下的农村人力资源开发与管理的研究不够充足，缺少较为系统完备的科学理论支持研究，对农村人力资源开发与管理在乡村振兴背景下的特性研究相对匮乏，缺乏对农村人力资源与乡村振兴有机结合等问题的研究。因此，今后在进行乡村振兴背景下农村人力资源开发和管理研究时，需要从理论支持、主体背景特殊性、二者如何有机结合等层面进行深入探讨。

第二节　我国农村人力资源开发状况分析

全面推进乡村振兴是中国式农业现代化的重要内容和物质基础。中国式农业现代化是利用现代农业改造传统农业、转变农业增长方式、提高农业综合生产能力的过程。但是，我国农村人力资源存量与质量不对等，农村人力资源质量低，与农业现代化要求的“有文化、懂技术、会经营”新型农民存在很大差距。

一、农村人力资源现状

（一）农村人力资源基数庞大，存在大量剩余劳动力

我国是农业大国，农村人口基数大，2021 年达 49835 万人，农村人力资源数量丰富。国家统计局相关数据表明，2021 年全国农民工总量为 29251 万人，比上年增加 691 万人，增长 2.4%。其中，外出农民工 17172 万人，比上年增加 213 万人，增长 1.3%；本地农民工 12079 万人，比上年增加 478 万人，增长 4.1%。2021 年年末在城镇居住的进城农民工 13309 万人，比上年增加 208 万人，增长 1.6%。从农民工基本特征看，女性和有配偶的

① 汤艳玲．乡村振兴战略背景下农村人力资源开发与创新管理研究［J］．农村经济与科技，2021，32（6）：237-238.

农民工占比均有所上升①。但由此也可以看出，农村剩余劳动力有 2 亿多人，随着科学技术的发展和农业机械的广泛应用，农村剩余劳动力呈现不断增加的趋势。

（二）农村人力资源供给结构失衡

从农业现代化建设对劳动力知识和技能的要求看，农业人力资本供给结构明显失衡。随着工业化的推进，我国农业发展越来越受到来自资源和市场的双重约束，未来农业的发展趋势必然是生物化、信息化的高科技农业。农业发展对拥有技术或经营才能的高级人才需求旺盛，而我国目前的农业人才培养机制不健全。在我国，农业“两基”教育目标，即基本普及九年义务教育、基本扫除青壮年文盲还没有实现。虽然近几年从事农业的文盲、半文盲比例与前些年相比已有所下降，但农业劳动力文化程度的整体水平仍然不高。根据 2016 年第三次全国农业普查数据显示，2016 年，全国农业生产经营人员 31422 万，其中文盲占 6.4%，具有小学文凭的占 37.0%，具有初中文凭的占 48.4%，具有高中或中专文凭的占 7.1%，具有大专及以上文凭的占 1.2%，在中西部欠发达地区，他们仍是我国一个“知识贫困”的群体。而且由于农业教育体系不完善，农村大中专学生都到城镇上学，最后能真正回到农村从事农业的人数很少，农业人才供给严重不足；与此相反，大量无一技之长的农业劳动力却不断产生，供给过剩。农业人力资本供给结构失衡，既制约着农业生产对新要素的需求，也给农业现代化进程带来了较大的就业压力。

（三）农业劳动者经营管理素质较差

由于长期受计划经济与小农经济的影响，再加上文化程度低等方面的原因，农民的经营管理能力较差，市场意识比较淡薄，信息接受与反馈能力弱，适应和参与市场竞争能力差。大多数农民没有接受过有关农业经营管理的教育与培训，不了解农业经营管理的基本知识，因而难以适应现代化农业发展和参与国际竞争的需要。

（四）农村地区的人才流失较为严重

农村的生活环境较城市相差很多，基本生活设施如交通、医疗、教育

---

① 国家统计局 . 2021 年农民工检测调研报告［EB/OL］.（2022-04-29）［2022-06-30］. http：//www. stats. gov. cn/sj/zxfb/202302/t20230208_ 1901452. html.

等条件相对落后，对人才的吸引力不足。就待遇而言，虽然各省市出台了多项优惠政策以吸引服务基层的人才，但整体待遇不高，影响了人才的工作积极性。随着社会老龄化问题的加剧，农村劳动力大量涌入城市，引发"空巢老人"和"留守儿童"等诸多社会问题。农村人才流失导致农村地区技术创新和推广能力低下，制约了农村经济的发展。

二、乡村振兴背景下农村人力资源开发的现状与问题

（一）相关政策引导支持下，我国乡村教育由脱贫攻坚阶段进入全面振兴阶段

在乡村人力资源开发过程中，乡村教育是提高人力资源水平的根本途径，2018年以来我国相继出台《关于实施乡村振兴战略的意见》《中共中央国务院关于打赢脱贫攻坚战三年行动的指导意见》《乡村振兴战略规划（2018—2022年）》等政策，以进一步开发乡村人力资源，我国乡村教育进入脱贫攻坚阶段。当前我国乡村教育脱贫攻坚已逐渐深入，成果显著，如辍学学生数量下降、贫困地区教师增多、教育设施改善等，见表5-1。

表5-1　我国乡村教育脱贫攻坚阶段成就一览表

成就	具体情况
辍学学生数量下降	截至2020年年底，全国义务教育阶段辍学学生由台账建立之初的60多万人降至682人，其中建档立卡家庭辍学学生实现动态清零
贫困地区教师增多	助力贫困地区教师能力提升，改革实施"国培计划"，聚焦乡村教师特别是"三区三州"等深度贫困地区乡村教师，中央财政近年来投入110亿元，培训近900万人次；边远贫困地区、边疆民族地区和革命老区人才支持计划教师专项计划选派11万余名教师，援藏援疆万名教师支教计划选派1万名教师，"银龄讲学计划"招募近1万名退休教师；"特岗计划"累计招聘教师95万名，覆盖中西部省份1000多个县、3万多所农村学校
乡村教师工资提高	围绕保障教师工资这一目标，各地落实义务教育教师工资收入不低于当地公务员平均收入水平，实现中西部22个省份725个连片特困地区县乡村教师生活补助政策全覆盖，惠及8万多所乡村学校近127万名乡村教师。2019年全国有1012个非连片特困地区县实施乡村教师生活补助政策
教育设施改善	自2013年以来累计改善贫困地区义务教育薄弱学校10.8万所
贫困县教育巩固率提升	全国760个贫困县通过了县域义务教育基本均衡发展国家实地督导检查。2020年贫困县九年义务教育巩固率达到94.8%，较2015年提高了近5个百分点，与全国平均水平的差距大幅缩小

续表

成就	具体情况
语言扶贫	国家通用语言文字普及攻坚工程深入实施以来，累计开展350余万人次的农村教师、青壮年农牧民国家通用语言文字培训。“学前学会普通话”行动在凉山州率先启动实施、覆盖29万名学前儿童的基础上，目前已扩大到中西部9个省份。与社会力量联合开发的“语言扶贫”App累计服务用户88.4万人

资料来源：依据十八大以来我国乡村教育脱贫攻坚阶段成就相关报告整理。

2021年5月，教育部、国家发展改革委、财政部、国家乡村振兴局四部门联合印发《关于实现巩固拓展教育脱贫攻坚成果同乡村振兴有效衔接的意见》；2022年初，教育部发布的2021年40项工作要点中也明确提出推动巩固拓展教育脱贫攻坚成果同乡村振兴有效衔接，我国乡村教育开始进入巩固脱贫攻坚成果、全面振兴的发展新阶段。2018年以来我国乡村教育相关政策见表5-2。

表5-2　我国乡村教育相关政策

时间	政策	制定部门	主要内容
2018年1月	《中共中央　国务院关于实施乡村振兴战略的意见》	中共中央、国务院	发展农村义务教育、全面改善薄弱学校基本办学条件、发展农村学前教育、推进农村普及高中阶段教育、加强职业教育、建好建强乡村教师队伍
2018年6月	《中共中央　国务院关于打赢脱贫攻坚战三年行动的指导意见》	中共中央、国务院	义务教育控辍保学和薄弱学校改造、农村义务教育学生营养改善计划、教育信息化2.0行动计划、改善贫困地区乡村教师待遇、健全覆盖各级各类教育的资助政策体系、推广普及国家通用语言文字
2018年9月	《乡村振兴战略规划（2018—2022年）》	中共中央、国务院	统筹规划布局农村基础教育学校、发展农村学前教育、特殊教育提升计划、民族地区乡村中小学双语教育、高中阶段教育普及攻坚计划、面向农村的职业教育、优质学校辐射农村薄弱学校、“互联网+教育”、乡村教师支持计划
2020年12月	《中共中央　国务院关于实现巩固拓展脱贫攻坚成果同乡村振兴有效衔接的意见》	中共中央、国务院	改善义务教育办学条件，实施家庭经济困难学生资助政策；农村义务教育学生营养改善计划；公费师范生培养供给政策；城乡教师流动支援政策；高校毕业生“三支一扶”计划；脱贫地区职业院校基础能力建设

续表

时间	政策	制定部门	主要内容
2021 年 1 月	《中共中央　国务院关于全面推进乡村振兴加快农业农村现代化的意见》	中共中央、国务院	农村普惠性学前教育资源供给、改善乡镇寄宿制学校办学条件、扩建一批高中和中等职业学校、完善农村特殊教育保障机制、发展职业技术教育与技能培训、开展耕读教育、开展面向乡村的网络教育
2021 年 2 月	《关于加快推进乡村人才振兴的意见》	中共中央办公厅、国务院办公厅	加强乡村教师队伍建设、实施“一村一名大学生”培育计划、完善高等教育人才培养体系、加快发展面向农村的职业教育、完善乡村人才培养制度
2021 年 5 月	《关于实现巩固拓展教育脱贫攻坚成果同乡村振兴有效衔接的意见》	教育部、国家发展改革委、财政部、国家乡村振兴局	一是建立健全巩固拓展义务教育有保障成果长效机制。巩固拓展义务教育控辍保学成果、义务教育办学条件成果、教育信息化成果、乡村教师队伍建设成果。二是建立健全农村家庭经济困难学生教育帮扶机制。精准资助农村家庭经济困难学生，继续实施农村义务教育学生营养改善计划，完善农村儿童教育关爱工作，加强农村家庭经济困难毕业生就业帮扶工作。三是做好巩固拓展教育脱贫攻坚成果同乡村振兴有效衔接重点工作。加大脱贫地区职业教育支持力度，提高普通高中和普惠性学前教育质量，继续实施重点高校招收农村和脱贫地区学生专项计划，实施国家通用语言文字普及提升工程和推普助力乡村振兴计划，打造升级版的“一村一名大学生计划”，推进乡村振兴育人工作。四是继续完善巩固拓展脱贫攻坚成果与乡村振兴有效衔接的对口帮扶工作机制。继续推进高校定点帮扶工作，优化实施职业教育东西协作行动计划，持续推进高校对口支援工作，继续实施系列教师支教计划

资料来源：依据 2018 年以来我国乡村教育相关政策整理。

（二）政府在农村人力资源开发的设计与运作上存在明显的偏差或缺位

人力资源水平的提高是国家财富和个人收入持续增加的根本动力。对农民而言，只有在教育、健康、迁徙能力等方面进行投资，提高人力资源水平，才能抓住有利的经济机会，增加收入。然而，由于我国农民收入偏低、农业人力资源投资成本偏高及信贷市场约束等原因的存在，农村人力资源投资方面出现了“市场失灵”。只有政府强有力地介入和干预，形成人力资源投资的矫正机制，才能使这部分低收入的农民摆脱贫困。但是目前我国政府在农业人力资源开发方面存在着诸多的问题，主要表现在：

1. 政府公共财政投入资源分配失衡

从教育资源分配看，据统计，占我国总人口不到40%的城市占有77%的中央教育经费拨款，而占总人口60%以上的农村却只得到了23%的中央财政拨款，城市高中、本科、研究生学历人口比例分别是农村的3.5倍、281.55倍和323倍。多年来，我国农业学生的生均教育经费大约只是城市学生的1/4，生均固定资产总值和生均专用设备仅为城市的1/3和1/6。从农业职业教育和技术培训方面看，我国农业劳动力中，接受过短期培训的只占20%，接受过初级职业技术教育或培训的只占3.4%，接受过中等职业技术教育的只占0.13%；而没有接受过技术培训的则高达76.4%。从社会保障方面看，我国农村社会保障项目十分缺乏，2003—2005年，我国城市人均社会保障支出占人均GDP的比重平均为31%，而农村只有2.8%，城市人均享受的社会保障费用支出大约是农村的110倍之多。在公共卫生和健康资源方面，我国近70%的农业人口享有的公共卫生资源不足全国公共卫生资源总量的30%，医疗保险覆盖率也只有9.58%，而城市则达到42.09%。

2. 教育投资布局有待进一步完善

长期以来，受计划经济体制和物质资本投资效益外显性的影响，以物质资本投资为主要特征的经济增长模式备受强烈追求经济增长目标的许多地方政府的青睐，致使农业物质资本与人力资本投资两者之间存在着极为不均衡的发展状态。据统计，2000年我国农业正规教育、培训等方面的投资资金占GDP的2.6%，而对农业基本建设、固定资产等方面的投资资金却占GDP的37%，比例高达1∶14.2。而在美国，上述数字分别为5.4%和17%，在德国，分别为4.8%和21.6%，都远远低于我国的数值和比例。

到2021年，我国教育投资布局有很大改善，但力度有待进一步提升。据观研报告网发布的《中国乡村教育行业发展现状分析与未来前景调研报告（2022—2029年）》显示，乡村教育指在乡村开展的各种正式或非正式的教育活动，旨在从教育乡村村民着手，改进乡村村民的生活，推进乡村建设。我国是农业大国，农村人口较多，尽管近年农村人口数量持续下降

（图 5-1），但相较经济发达的城市地区，偏远的农村地区对教育的重视程度较低，使得乡村教育实现全覆盖难度较大。

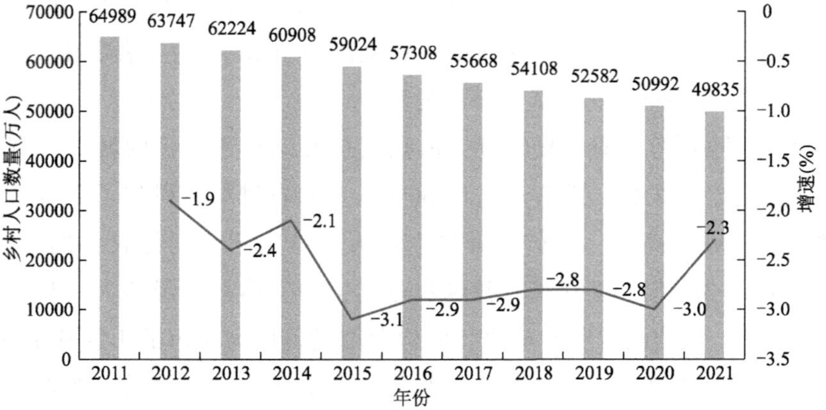

图 5-1　2011—2021 年我国乡村人口数量及增速

数据来源：根据中国农村年鉴、观研天下数据中心整理。

同时，长期以来，城市教育的经费投入远超过乡村教育的经费投入，乡村教育发展动力不足，一部分农村受教育人口逐渐流向城市。据统计，2013—2019 年我国乡村学校招生数量由 894. 4 万人下降至 687. 1 万人（图 5-2），在校生数量由 4113 万人下降至 3290. 8 万人（图 5-3），毕业生数量由 900. 2 万人下降至 636. 8 万人（图 5-4），乡村学校数量由 159193 所下降至 10421 所（图 5-5）。而随着生源不断流失，部分乡村学校、班级不得已而合并，导致我国乡村学校、班级数量呈现持续下降趋势。

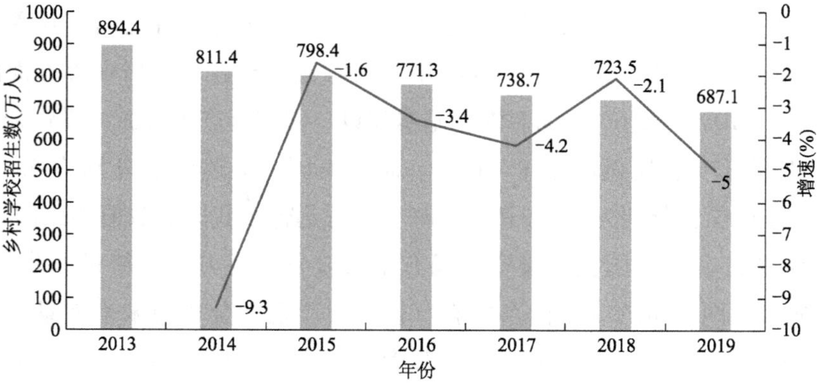

图 5-2　2013—2019 年我国乡村学校招生数量及增速

数据来源：根据中国农村年鉴、观研天下数据中心整理。

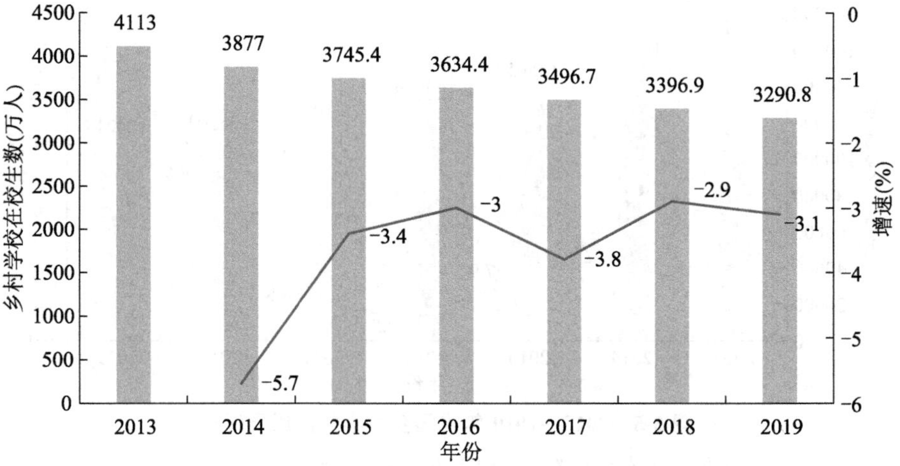

图 5-3　2013—2019 年我国乡村学校在校生数量及增速

数据来源：根据中国农村年鉴、观研天下数据中心整理。

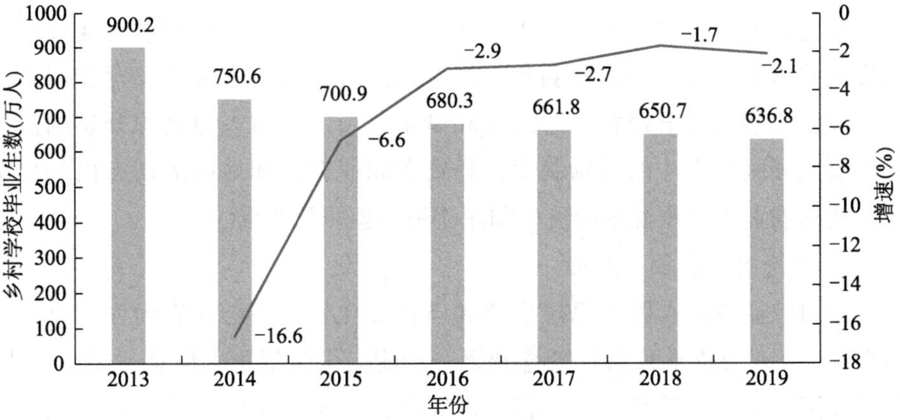

图 5-4　2013—2019 年我国乡村学校毕业生数量及增速

数据来源：根据中国农村年鉴、观研天下数据中心整理。

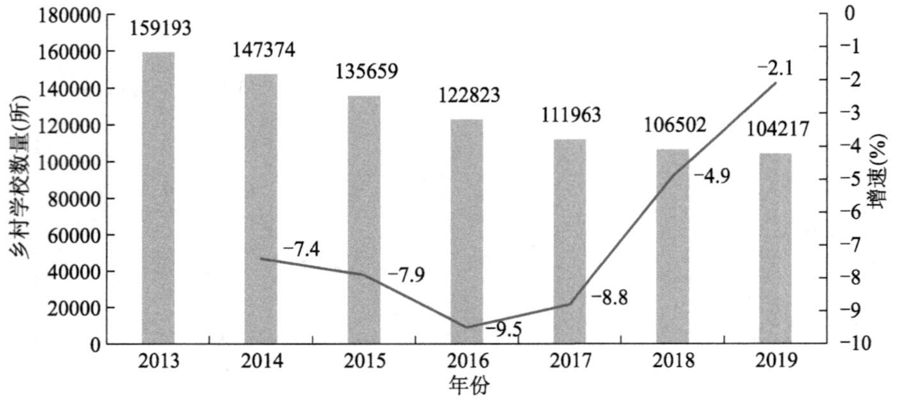

图 5-5　2013—2019 年我国乡村学校数量及增速

数据来源：根据中国农村年鉴、观研天下数据中心整理。

3. 政府缺乏宏观规划和调控

主要是许多地方政府不能根据农业经济社会发展的阶段要求和经济结构调整的需要，对未来农业人力资源的供需状况、专业结构、行业分布及其发展趋势做出战略性的预测和规划，致使农村人力资源开发存在一定的盲目性；不能及时出台相应的政策和措施、制定农村人力资源开发的流失补偿制度和吸引人才的激励制度，导致在职业选择和地区流动自由的情况下，优秀农业人才资源单向流失和净流失现象非常严重。

4. 政府组织引领不到位

如对农业农村农民的思想道德和新型文化建设不够，农民守旧意识依然存在，“人力资本致富”观念缺乏；不能提供包括用工信息、职业介绍、权益保障、临时生活救济和教育培训等在内的全方位的人力资源信息服务体系，以减少农业劳动力流动的盲目性，降低农民外出就业的成本；不能通过提供融资、调整分配方式、调节税收政策等措施，激励和调动农业乡镇企业、个人或家庭的人力资本投资积极性等等。

（三）农业教育与培训制度偏离农村人力资源开发的正确方向

教育与培训制度作为我国农业人才队伍建设的基本制度，为我国农业人才队伍结构的改善和素质的提升发挥了许多重要的作用。但是，随着农业产业结构调整的加快和农业市场化程度的不断提高，我国现行的沿袭传统体制的农业教育与培训制度已暴露出许多弊端，表现出了严重的不适应性。

（1）农业教育目标定位单一化。我国农业教育的落后，并不仅仅因为农业贫困、农民观念落后，也不仅仅因为农业教育投入不足，最为根本的原因在于农业教育的目标错位。长期以来，潜在的教育导向使我国现行的农业教育从根本上讲是唯升学的应试教育，过分热衷于书本知识，强调应试升学，鄙视职业技能培训、轻视农业的特点显著。

（2）农业教育的内容、结构和层次与现实农业经济和生产活动相脱节。表现为农业教育对象单一、方法陈旧；教育的课程设置、教学内容和教学方法与农业实际需要相背离；教育的层次结构和知识结构不合理，主要定位在普及义务教育和扫盲教育上；教育的结构和功能单一，偏重于普通教育或正规教育，职业技术教育和成人教育相对薄弱，职前教育和职后教育很不完善。

（3）农业教育资源缺乏且缺乏整合。表现在软件资源上，农业师资队伍力量薄弱，教师职称结构、年龄结构、学科结构、学历结构不合理，教师缺乏继续教育培训的机会；教师无序、逆向流失；教师待遇偏低，社会保障严重不足。表现在硬件资源上，农业教学设施严重落后，农村学校，尤其是村办小学，教室、宿舍简陋不堪，内部设施只有最为基本的课桌、板凳和黑板等，缺乏以现代信息技术为核心的教学仪器设备，学生无法享受到城市学生所享受的幻灯机、投影仪和计算机等先进的多媒体教学设备。另外，农业教育资源在农业、科技和教育部门之间缺乏统筹协调，不少地方是就农业抓农业、就科技抓科技、就教育抓教育，难以将各方面拧成一股合力，发挥教育资源的整体优势。

（4）农业成人教育与培训把关不严，质量不高。表现为农业成人教育与培训存在多头教育、多头培训，缺乏统一规划和组织安排；经费难以做到专款专用，难以落实到人；培训师资和场地得不到有效保障；培训把关不严、随意性较大，只重形式，不讲质量。

（四）农村人力资源开发缺乏有效的外源性融资支持

农村人力资源开发规模的扩大和开发效率的提高离不开农业金融机构的大力支持。但长期以来，由于实行偏向城市和工业部门的金融政策取向，农业金融被抑制得相当严重。一方面农业金融组织不断萎缩，农业资金大量流向城市；另一方面农业信贷困境日益凸显，表现为农业中小企业和农户信贷需求的满足程度严重不足与农业金融机构流动资金大量过剩并存。

这些使农村人力资源的开发主体缺乏必要的外源性融资支持，不能通过市场制度去扩大人力资源的开发规模，提高人力资源的开发效率。

（五）城乡二元户籍制度及其衍生制度的束缚

我国的户籍制度自诞生以来，为我国社会关系的调整和社会秩序的稳定发挥了许多不可替代的重要作用。但与此同时，它也成了我国城乡二元体制下隔离制度的载体和核心，造就了我国具有城乡分离特点的二元户籍制度。现行的这种以户籍制度为中心，以及附加在户籍制度上的具有明显城乡差异的衍生制度体系不仅不利于农业、农村的发展，更不利于农业人员的发展。它严重束缚了农业劳动力的自由流动和优化配置，抑制了劳动力潜能的发挥，成为当前阻碍我国农业劳动力转移，影响农村人力资源开发的制度性壁垒。

第三节　全面推进乡村振兴背景下农村人力资源开发的制度创新

农村人力资源是农村社会生产最基本、最重要的资源，关系全面推进乡村振兴的发展进程，因此，农民素质的提高和农业人力资源的开发是实现全面推进乡村振兴的关键。我国有 14 多亿人口，六亿多在农村，农村人力资源开发是一个庞大而复杂的系统工程，需要相关的配套制度作为基础。制度建设是农村人力资源开发的一项长期的基础性措施，也是有效地开发农村人力资源、培养高素质新型农民的重要保障，对我国农业现代化目标的实现具有重要的战略意义。

一、农村人力资源开发的国际经验

农村人力资源开发在世界主要发达国家得到普遍重视。农村人力资源的开发涉及基础教育，职业技能培训、推广和创新性教育等，形成了完整的教育培养体系。国外发达国家注重理论与实践相结合，注重生产与生活相结合，重视相应的立法、管理机构，经费保证和政策措施的构建，同时得到政府和社会的大力支持。发达国家农民教育普及度广，文化素质较高，如美国大部分农场主是农学院毕业生；日本农民中大学毕业生占 5.9%，高中毕业生占 74.8%。根据各国农业资源条件、地理状况、人口状况以及经济发展水平，国外农民教育培训的代表国家主要是日本、德国和美国等①。

（一）日本的农民教育培训模式

日本农民教育是东亚模式的典型代表。东亚国家大多人口众多，人均耕地面积低于世界平均水平，难以形成较大规模的农业生产经营。在农业现代化过程中，日本逐步建立起以政府为主导，以国家立法为保障，以不同层次和类型的培训主体为载体的多层次、多方位、多目标的农民教育培训模式。其特点为：一是农民教育培训普及面广。日本专门设立了农业高中，培养农业劳动力，普及农业知识和技术教育。日本农业高中教育的培养对象包括自营农以及从事有关农业产业的技术人员，并十分重视两者的兼顾。日本自20世纪60年代以来就提倡全民终身学习、终身教育。因此，不管从事哪个行业的人，都面临如何不断学习和不断提高的问题，农民也不例外。在日本，为农民提供继续教育和深造机会的机构主要有农业者大学校、农业大学校，还有针对农民的民间团体设置的进修设施以及实施国内外留学制度。二是农民教育培训制度化。日本确立国内外留学制度，把青年派往国内外先进农家或团体去进修。日本的农业国内留学制度是从1963年开始的，留学人员由社团法人全国农业青少年教育振兴会派遣，到1992年年底，共派遣1.78万人在国内留学。农业国内留学制度的主要做法是派遣未满30岁的务农青年或即将务农的青年在国内接受教育。国外留学则把日本的务农青年作为实习生或进修生派往欧美等先进农业国家的农家或团体去学习、实习。该项制度自1952年开始实施，截至目前外出学习的人员超过1.2万人。三是重视农业技术普及教育。日本对农民进行农业技术知识普及教育，由日本中央和地方政府有关行政部门、农业改良普及中心、农协和农业青年俱乐部等农业组织和团体承担教育任务。根据日本《农业改良助长法》的规定，日本实施协同农业普及事业，即中央和都道府县联手对从事农业者在农业以及农家生活方面给予技术指导。普及职员分专业技术员和改良普及员两类。日本农协也积极开展农业教育活动。每个基层农协都配备了营农指导员，并在一个或由几个基层农协联合设一个农业管理中心，在生产技术、经营管理和生活方面对从事农业者进行指导。各县农协几乎都有进修设施，且大部分设施均提供食宿，并配备有现代化的视

① 陈华宁．国外农村人力资源开发模式及启示［J］．国际经济合作，2009（3）：57-61.

听机器，如电视、录音机、录象机、计算机、幻灯机等。因此，农协在组织农业技术指导、普及农业科学知识方面发挥着重要作用。农业青年俱乐部是日本农业青年的群众性组织，也属于学习农业技术知识的团体。该俱乐部的大多数活动以市町村为单位，俱乐部会员年龄一般在25岁以下，25岁以上的约占1/3。①

（二）德国的农民教育模式

德国农民教育是西欧模式的典型代表。西欧模式是指以家庭农场为主要农业经营单位进行农业生产，以政府、学校、科研单位、农业培训网四者有机结合，通过普通教育、职业教育、成人教育等多种形式对农民进行教育培训的模式。其特点为：一是有可靠的农民教育培训经费来源。德国对农民教育培训的投入，一方面由国家将农民教育培训列入财政预算，安排专款。另一方面，通过立法，由企业和个人以纳税形式交纳培训费。二是农民教育培训的目的很明确。德国农民教育培训是为了培养新型的农业从业人员，并通过农业从业人员传播农业实用新技术、新品种。在德国，学生中学毕业要成为农场主，必须参加两年以上“双元制”的职业教育培训，并获得毕业文凭，这样才能得到政府提供的政策优惠和资助。三是办学形式灵活多样。德国农民教育培训包括普通教育、职业培训、成人教育等多种形式。德国在农民教育培训过程中十分注重充分发挥各专业院校、农业技术培训中心的作用，以及充分利用各种家庭农场、合作社的场地，提高学员的实际操作能力。四是内容丰富，重视实践。德国组织开展农民职业技术教育培训内容涉及新品种、新技术推广；葡萄种植、酿酒和奶牛饲养管理；农村环境保护、土地资源开发利用；农产品加工、贮运、销售；经营管理与成本核算等。培训过程中，他们十分重视学员实践能力的培养②。

（三）美国的农民教育模式

美国农民教育是北美模式的典型代表。北美模式是指适应以机械化耕作和规模经营为主要特点的农业生产，通过构建完善的、以农学院为主导的农业科教体系，实现农业教育、农业科研和农技推广三者的有机结合，

---

① 陈华宁．国外农村人力资源开发模式及启示［J］．国际经济合作，2009（3）：57-61.

② 曾哲，德国职业农民培育的经验及启示［J］．沈阳师范大学学报（社会科学版），2020（2）：58-63.

从而提高农民整体素质的农民培训模式。其特点为：一是注重技术培训。美国为实现全面教育农民的目的，在实验研究及正规教育基础上，建立了完备的成人教育和农业推广服务体系。通过短期培训班、巡回讲习班、函授教育及农业“流动图书馆”有组织地培训和引导农民。在中学开设农业职业教育课，约有1/3的高中学生选修。在农村开办农民培训班，利用冬闲对青年农民进行系统培训；还举办农民进修深造班，向成年农民传授新的技术知识。二是积极开展中等农业教育。在重视高等农业教育的同时，美国的中等农业教育也得到迅速的发展。实施中等农业教育的学校，既有独立设置的农业中学，也有一般的普通中学。美国的普通中学非常重视对学生进行素质、技能教育，以为其将来走上社会做职业准备。对农民进行农业科技教育的另一种形式是农民集会或农业展览会。各级政府每年都要举办一次农业集会或农业博览会，安排各种农业讲座及农民所关心问题的讨论会。农学院的教授和研究人员常常在会上宣传农业知识，介绍新产品，开展良种评比竞赛，提高国民保护农业资源环境的意识，使全社会了解农业和重视农业。三是实施“三位一体”的模式。美国农业科教体系的建立和完善共用了50~70年的时间，形成了农业教育、农业科研和农技推广“三位一体”三者有机结合的模式，通过教育与推广很快为农民所掌握。这种体制便于将应用研究和推广工作建立在坚实的理论研究基础之上，有利于统一管理并避免重复研究，使研究人员在选题时更有针对性，更有助于解决生产中的实际问题，开阔他们的视野，引导学生去研究和解决一些急待解决的重大问题。

二、农村人力资源开发国际经验比较与启示

（一）农村人力资源开发国际经验比较

通过对美国、日本和德国农民教育的独立观察，可以领略到各国农民教育的历史演进和教育特征。但是，如果从农民教育的组织形式和组织体系、动力和利益机制等方面对它们做横向的国际比较，可以更加清晰地看到美、日、德三国在农民教育上的多样性差异及各自内在规律，而正是依靠各自种种行之有效的农民教育，才促进了这三国农业在20世纪的现代化发展。因此，这种农民教育的多样性差异和内在的教育规律，可以为我国具体有效地开展农民教育、制定农民教育政策提供有益的启示。

（二）国外农村人力资源开发共同特征分析

尽管东亚模式、西欧模式和北美模式的发展历程、表现形式和实施区域有所差异，但从本质上看，三种模式呈现出一些基本的共同特征：①

（1）农民培训管理法制化。立法贯穿于三种模式发展的全过程，内容涉及农民培训的各个要素和各个领域。例如，日本自第二次世界大战以来，先后颁布了《社会教育法》《青年学级振兴法》等大力支持农民培训。韩国政府先后于1980年11月、1990年4月制定了《农渔民后继者育成基金法》和《农渔民发展特别措施法》，为培养农业后继者和专业农户从法律上提供保障，在制度和政策上把农民培训事业具体化。英国于1982年颁布了《农业培训局法》，1987年又对其进行了修改和补充，从而进一步加强了农民职业教育与技术培训。《史密斯-休斯法案》的颁布与实施则使美国的农民学历教育实现了中等化发展。1969年《职业教育法》的颁布则使德国形成了“双元制”的农民农业学历教育体制。可见，农民培训管理的法制化是这些国家农民培训事业得以迅速发展的根本保障。

（2）农民培训主体多元化。自19世纪末20世纪初以来，尽管各国培训主体在发展过程中存在一定的差异，但都形成了多元化的主体结构，主要包括：一是各级农业科技教育培训中心；二是高中等农业院校；三是企业与民间的各类培训服务机构；四是各行业协会、教会及农业经济合作组织；五是各级农业技术推广服务体系；六是农业远程教育网。培训者主要由专职培训者与兼职培训者相结合，专职培训者主要侧重培训工作的设计、组织和管理等方面。

（3）农民培训体制科学化。经过长期的探索与实践，这些国家已逐步形成了以政府为主导，以农业院校为基地，以社会培训机构为补充，将农业教育、科研、推广相结合的农民培训体制，并且具有以下特征：一是国家统筹规划农民培训工作，如日本、韩国、英国等国家都制定了农民培训规划或计划。二是由国家农业主管部门全面负责和统一协调农民培训工作，国家其他相关主管部门予以配合，如法国农业部不仅主管农民职业教育、高等农业教育、农民学徒培训、成人教育等，而且负责中等与高等农业学校校长的任命、教育经费的核拨、课程的设置和人员的管理等。美国在联

① 陈华宁．国外农村人力资源开发模式及启示［J］．世界经济合作，2009（3）：57-61.

邦政府农业部设置了农业合作推广局，负责农业技术培训和推广工作。三是中高等农业院校是农民培训的主要阵地，并形成了农业教育、科研、推广相结合的培训体系。四是广泛吸收社会中介培训机构参与，甚至包括教会和农协组织等。

（4）农民培训方式多样化。随着农业与经济社会的不断发展，各国农民培训课程的设置及授课方式日益灵活，呈现出多样化趋势。其主要表现为各国农民培训机构除开设与农业科学知识相关的专业课程外，更多的是根据本地区的农业特点，以及农业发展和农业经济结构的需要开设课程。这些课程范围广、门类多，具有较强的实用性、科学性和灵活性。例如，韩国的“四 H”教育，以及德国的农业实践和理论教学紧密结合的“双元制”等。与此同时，各国农民培训形式也日趋多样化，既有多类型、多层次的中等农业教育和高等农业教育，也有各种类型的短期、长期培训和面向全社会的农业推广教育。有的国家还根据教育程度和培训目的的不同采取不同的教育形式，如英国、法国和德国的农民培训就分为基础农业培训、改业培训、专业培训和晋升技术职称培训等①。

（5）农民培训投入规范化。规范的财政投资体系和稳定的资金投入渠道是直接影响农民培训工作的重要因素之一。有关资料显示，英国农民培训经费的70%由政府财政提供，美国每年用于农民教育的经费达600亿美元，德国农民教育投资占国家教育投资的15.3%。从农业培训投资渠道来说，各发达国家在注重发挥政府拨款主渠道作用的同时，也十分注意多方面筹集经费。如20世纪50—60年代，英国在农业普及教育过程中曾采用集资的方式解决教育经费问题。法国政府一方面对农业进行补助扶持，以促进农业教育发展，同时还拨出专款支持农业科学研究与技术推广活动，如全国农艺研究所获得的年度预算为3104亿法郎，其中一部分将用于人员培训和技术推广等活动；另一方面，直接对农业教育进行大量投资。日本在战后对农业实行直接投资和长期低息贷款，特别是在农业教育上投入了大量的人力与物力。韩国规定农渔民后继者可以申请获得后继者培养基金贷款2000~5000万韩元，年息为5%②。

① 陈华宁．国外农村人力资源开发模式及启示［J］．世界经济合作，2009（3）：57-61.

② 材少芸．发达国家新型职业农民培育的经验及启示［J］．农业技术与装备，2020（8）：16-18.

（三）国外农村人力资源开发的启示

结合我国农民教育培训的实践探索，借鉴发达国家的农民教育培训经验，我国农民教育培训可获得以下四点启示：①

第一，通过立法为农民教育培训提供法律保障。目前，我国农民培训的立法工作，在总体上尚未启动。由于我国的农民教育培训工作仍处于加快启动和共同推进的阶段，建立全国性的农民培训专项法律，条件尚不甚成熟。但在局部地区可先行试点，通过地方立法或部门条例的形式，加快农民培训立法的进程，为今后在全国范围内进行农民培训的立法和法律支持体系建设提供借鉴和依据。

第二，加强教育培训体系建设，多渠道、多层次、多形式开展农民教育培训。随着农业经济社会发展，农民的教育培训需求日益多样化，建立完整的农民教育培训体系，使技术培训、职业教育、技术推广、继续教育和义务教育有机衔接，可以更好地满足农民教育培训需求。按照世贸组织相关规则，我国对农民培训的补贴属于"绿箱"政策，不受限制。世贸组织主要成员国大多将农民培训作为政府为农业提供服务的主要领域之一，采取多种方式对农民培训提供资金支持，并鼓励企业和其他民间组织加强农民培训。近年来，我国政府坚持将解决"三农"问题列为"重中之重"，明确提出各项支农措施的力度"只能加大，不能减弱"。因此，加强对农民培训的资金和政策支持是今后的大趋势。从国际经验看，许多国家通过"间接"拨款、发放补贴和优惠贷款等方式，从经济上诱导相关企业、农民和其他利益相关者积极参与培训；许多国家将实行就业准入制度与鼓励农民培训有机结合起来的有效做法，以及在主要依靠经济诱导基础上协调整合利益相关者行为的独特经验，都值得我国参考，帮助我们更好地提高培训资金的使用效果。目前，我国的农民培训工作虽已引起政府和有关部门的重视，但是农民培训工作的展开应建立在调动各利益相关者积极参与的基础之上。如果企图通过行政命令的方式加强农民培训，只能产生欲速则不达的效果。

第三，引入竞争机制，提高培训质量。既要鼓励各种政府或准政府的培训机构积极参与培训市场的竞争，又要努力改善各类民办培训机构的成

---

① 陈华宁．国外农村人力资源开发模式及启示［J］．世界经济合作，2009（3）：57-61.

长环境，通过促进不同类型的培训机构公平竞争，形成各培训机构主要依靠提高培训质量争取培训资金和政策支持的良好氛围。目前，有关部门出台的涉及农民培训的政策文件，大多强调要对现有的教育培训机构和培训资源实施整合。在当前农民培训需求不断扩大且加快分化的背景下，整合集成现有的教育培训机构和培训资源，充分发挥它们的作用，对于加强农民培训工作具有重要的积极意义。但是，对现有教育培训机构和培训资源的整合，应建立在鼓励不同类型培训机构公平竞争的基础之上，主要目的是培训农民而不是救活培训机构，否则，就难以保证培训机构的培训质量。通过严格教师录用标准、重视实践技能和完善教师进修制度等措施，保证培训师资的质量。目前，有关部门和许多地方政府对于农民培训工作虽然给予了高度重视，但对如何通过提高培训师资的素质增强其对培训质量的支撑能力，尚需进一步研究讨论。

第四，建立多层次、多元化的农民培训体系，提高农民培训的针对性和实用性。农民培训应具有理论联系实际、以市场为导向的特点，要针对不同地区、不同产业和不同类型的农民，采取适应其需求的培训形式，以提高农民培训的效果，使农民培训活动更好地服务于农业发展和增加农民收入的需要。如根据农业产业链不断延伸的需求，促进农民培训链的有效延伸、农民培训内容的调整及其领域的拓展，加强农业产前和产后培训；并将强化农民技术培训同增强农民的职业和综合能力，甚至创业和合作能力结合起来。许多国家和地区结合农业推广活动，以提高农民素质为核心，加强农民培训的独特方式也值得我国学习。

三、乡村振兴背景下农村人力资源开发制度创新

从乡村振兴的角度来说，农村人力资源开发是一项巨大而系统的工程。作为乡村振兴的主体，农民需要激发出自身的活力，提升自身的综合素质，进而推动农村发展。2021 年 2 月 23 日，中共中央办公厅、国务院办公厅印发了《关于加快推进乡村人才振兴的意见》，明确提出“十四五”期间乡村人才振兴的任务目标：到 2025 年，乡村人才振兴制度框架和政策体系基本形成，乡村振兴各领域人才规模不断壮大、素质稳步提升、结构持续优化，各类人才支持服务乡村格局基本形成，乡村人才初步满足乡村振兴战略基本需要。《关于加快推进乡村人才振兴的意见》从加快培养农业生产经营人

才、加快培养农村二三产业发展人才、加快培养乡村公共服务人才、加快培养乡村治理人才、加快培养农业农村科技人才、充分发挥各类主体在乡村人才培养中的作用，建立健全乡村人才振兴体制机制、强化乡村人才振兴保障措施等方面，明确了乡村人才振兴的基本方向和重点。2022 年中央一号文件再次强调加强乡村振兴人才队伍建设。

（一）创建完善的人力资源市场制度体系

完善的人力资源市场制度是实现农村人力资源的动态优化配置、保证农村人力资本的渠道畅通的重要条件，包括以下三个方面的内容：（1）人力资源开发制度。根据市场追求投资回报最大化的运行规律，加大对农村人力资源开发，使其转化为人力资本，争取社会效益和经济效益的最大化。（2）人力资源流动制度。对传统体制下建立起来的就业制度、户籍制度等一系列行政制度进行创新，建立起便于农村现有人力资源自由流动的行政制度；以市场为中介，促进农村剩余劳动力的有效转移，鼓励大学生到第一线去，实现人力资本商品化、市场化、社会化。（3）人力资源使用制度。必须按照人力资源的价值量和转化的资本量，建立人力资源的使用制度，从而实现劳动力的最优配置。同时，以失业风险和职业竞争压力激发农业劳动者提高自身素质的积极性。当然，人力资源市场制度体系的建立本身就是一个综合制度变迁工程，要有相应的失业保险制度、社会保障制度、住房制度、档案制度等与之配套。另外要继续拓宽实施“绿色证书”制度的专业范围，从单项技术扩展到多项综合技术，从种植业扩展到养殖业、服务业等，培养农业急需的综合型人才，给予“绿色证书”持有者在承包土地、发放贷款等方面的政策支持和优惠。

（二）改革相关制度，培育城乡统一的劳动力市场

农村剩余劳动力转移是一个市场配置劳动力资源的过程。目前，我国尚未建立起城乡统一的劳动力市场，无法适应农村剩余劳动力转移的要求。因此，必须改革相关的制度，培育城乡统一的劳动力市场。

首先，要逐渐破除城乡二元户籍制度。改革开放以来，户籍障碍虽在很大程度上减弱，但部分仍制约着城乡统一劳动力市场的建立，应尽快放松原有的户籍管制，逐步建立城乡统一的户籍制度，实现城乡人口的自由流动。其次，改革劳动就业制度。党的十六届三中全会明确提出了建立城乡劳动者平等的就业制度，但有些政策并没有落实到位，需要进一步落实，

尽快取消不合理的规定，简化农民外出就业手续，取消各种变相收费。再次，完善社会保障制度，将进城农民工纳入社会保障的范围。现阶段，发展农民工保障事业还面临很多现实困难，在有限的条件下，有关部门必须实事求是地进行安排，其中最迫切、最重要的是工伤保险和医疗保险，这两者直接关系农民劳动力的恢复和再生，政府有关部门可集中精力先办好这两个社会保障项目，再有计划地实施其他项目，最终完善农民工的社会保障体系，这样不仅有助于保障农民工权益，而且有利于维护社会稳定。最后，完善教育和住房制度，应完善农民工子女入学教育方式，使农民工的子女享有平等的教育权利与机会；采取各种措施降低经济适用房的售价，采取灵活的付款方式，使农民工有能力自己购房，解决他们的住房问题。

（三）完善农村土地制度，保障农民的合法权益

土地承包经营制度是农业政策的基石，也是农业改革发展稳定的基础。家庭联产承包责任制的实行对推动农业和农业经济的发展起到了重要作用，但是农民只拥有承包期间的土地使用权，不利于土地的合理流转和农业的适度规模经营，阻碍了农村剩余劳动力向城镇非农产业转移，因此，必须进一步改革和完善现有的农村土地承包制度。首先，推动承包经营权的改革，允许土地合理流转。按照党的十六大提出的“坚持党在农村的基本政策，长期稳定并不断完善以家庭承包经营为基础，统分结合的双层经营机制。有条件的地方可按照依法、自愿、有偿的原则进行土地承包经营权流转，逐步发展规模经营”的方针引导土地流转。其次，要加强土地市场秩序治理整顿和检查监督力度，既要着眼于控制征地规模，又要着眼于保护农民合法权益，征地必须以土地的市场价值为依据，实行公平补偿；同时，积极探索农业土地直接进入城市土地一级市场的试点工作，在严格执行有关审批程序和土地规划方案的基础上，允许城镇规划区内属于农村集体的农用地，通过转让、出租、抵押入股等形式进入城镇土地一级市场，参与城镇土地开发，并将参与土地开发的收益与解决失地农民的就业和社会保障等相关服务结合起来。

（四）完善农村人力资源培养制度，发挥各类主体在乡村人才培养中的作用

由于乡村振兴所需人才类型多样、层次众多，因此完善农村人力资源培养制度，需要坚持多元主体、分工配合，推动政府、培训机构、企业等

发挥各自优势，共同参与乡村人才培养，扩充乡村人才库、增加人力资本存量，汇聚各类人才投身乡村建设。一是要完善高等教育人才培养体系。全面加强涉农高校耕读教育，将耕读教育相关课程作为涉农专业学生必修课。深入实施卓越农林人才教育培养计划 2.0，加快培养拔尖创新型、复合应用型、实用技能型农林人才。用生物技术、信息技术等现代科学技术改造提升现有涉农专业，建设一批新兴涉农专业。引导综合性高校拓宽农业传统学科专业边界，增设涉农学科专业。加强乡村振兴发展研究院建设，加大涉农专业招生支持力度。加强农林高校网络培训教育资源共享，打造实用精品培训课程体系。二是要加快发展面向农村的职业教育。加强农村职业院校基础能力建设，优先支持高水平农业高职院校开展本科层次职业教育，采取校企合作、政府划拨、整合资源等方式建设一批实习实训基地。支持职业院校加强涉农专业建设、开发技术研发平台、开设特色工艺班，培养基层急需的专业技术人才。采取学制教育和专业培训相结合的模式对农村“两后生”进行技能培训。鼓励退役军人、下岗职工、农民工、高素质农民、留守妇女等报考高职院校，可适当降低文化素质测试录取分数线。三是要依托各级党校（行政学院）培养基层党组织干部队伍。发挥好党校（行政学院）、干部学院主渠道、主阵地作用，分类分级开展“三农”干部培训。以县级党校（行政学校）为主体，加强对村干部、驻村第一书记、基层团组织书记等乡村干部队伍的培训。采取线上线下相结合等模式，将党校（行政学院）、干部学院的教育资源延伸覆盖至村和社区。四是要充分发挥农业广播电视学校等培训机构的作用。支持职业院校、农业广播电视学校、农村成人文化技术培训学校（机构）、农技推广机构、农业科研院所等发展，加强对高素质农民、能工巧匠等本土人才的培养。五是要支持企业参与乡村人才培养。引导农业企业依托原料基地、产业园区等建设实训基地，推动和培训农民应用新技术。鼓励农业企业依托信息、科技、品牌、资金等优势，带动农民创办家庭农场、农民合作社，打造乡村人才孵化基地。支持农业企业联合科研院所、高等学校建设产学研用协同创新基地，培育科技创新人才。

（五）建立健全乡村人才振兴体制机制和保障措施

首先，要建立健全乡村人才振兴体制机制。包括：健全农村工作干部培养锻炼制度、完善乡村人才培养制度、建立各类人才定期服务乡村制度、健全鼓励人才向艰苦地区和基层一线流动激励制度、建立县域专业人才统筹使用制度、完善乡村高技能人才职业技能等级制度、建立健全乡村人才分级分类评价体系等。

其次，要认真落实乡村人才振兴的各项保障措施。一是加强组织领导。各级党委要将乡村人才振兴作为实施乡村振兴战略的重要任务，建立党委统一领导、组织部门指导、党委农村工作部门统筹协调、相关部门分工负责的乡村人才振兴工作联席会议制度。二是强化政策保障。加强乡村人才振兴投入保障，支持涉农企业加大乡村人力资本开发投入。三是搭建乡村引才聚才平台。加强现代农业产业园、农业科技园区、农村创业创新园区等平台建设，完善科技成果转化、人才奖补等政策，引进高层次人才和急需紧缺专业人才。四是制定乡村人才专项规划。探索建立乡村人才信息库和需求目录。五是营造良好环境。完善扶持乡村产业发展的政策体系，完善农村基础设施和公共服务设施，吸引城乡人才留在农村。一方面进一步提升人才服务水平。建立地方党政领导联系服务专家人才工作机制，加强政府与人才的沟通交流，定期走访慰问人才，帮助解决实际问题。推行“互联网+”人才服务体系，在落户、安居、医疗、教育、交通等方面为人才提供全方位服务。定期组织各类人才座谈活动，增加人才之间的沟通交流，提升人才获得感、幸福感，切实让人才“留得住”。另一方面进一步强化政策支持。加大人才在薪资、岗位和晋升方面的政策支持力度，让人才技术水平得到充分发挥，综合能力得到迅速增强，研发成果及早转化，使人才能静下心来安心工作。

（六）构建农村人力资源开发的资金保障体系

政府要调整公共财政投资政策，完善农村人力资源开发投入的经费保障机制，规范财政投入，提高农村人力资源开发财政投入在GDP中的比重；要合理划分各级政府对农村公共产品投入的经费比例，改变现行的县、乡作为农村人力资源开发主要投资主体的投资体制，加强中央和省级政府的责任，同时加强对农村职业技术教育经费的安排和使用情况的监督检查，优化支出结构，提高使用效率。各级政府可以建立用于农村人力资源开发的专项资金，用于农村人力资源的开发和配置，并注重和资本市场的有机结合，通过实行差别利率和税收优惠等政策吸引资本市场向农村人力资源开发方面倾斜，多渠道、多层次筹措资金，同时改变农村现行利率政策，增强农村金融机构的灵活性，提升其放贷意愿，在总体上提高服务质量。

第六章　全面推进乡村振兴目标评价指标体系的建构

第一节　全面推进乡村振兴目标评价指标体系的建构思路

党的二十大报告指出："全面推进乡村振兴。……坚持农业农村优先发展，坚持城乡融合发展，畅通城乡要素流动。加快建设农业强国，扎实推动乡村产业、人才、文化、生态、组织振兴。全方位夯实粮食安全根基，全面落实粮食安全党政同责，牢牢守住十八亿亩耕地红线，……确保中国人的饭碗牢牢端在自己手中。"乡村振兴是同农民基本权利密切联系在一起的乡村发展愿景，是基于新中国乡村建设历史与现实，以我国乡村未来发展的制高点为凝心聚力的理想目标，表达了千百年来我国亿万农民对美好生活的夙愿和向往。这一目标是否能实现，或实现的程度怎样，都需要通过构建乡村振兴的评价指标体系来衡量。从脱贫攻坚到与乡村振兴的衔接及实现乡村振兴，我国在战略布局、政策体系、机制设计、实践行动等方面进行了新发展阶段的实践探索，"三农"工作重心逐渐向"全面推进乡村振兴、加快农业农村现代化"转移。在当前这个接续发展的过渡时期，实现有效转型需要全方位掌握乡村振兴的落实情况和实施进展。因此，构建科学有效的评估体系，对于乡村振兴战略稳步推进至关重要。在《乡村振兴战略规划（2018—2022 年）》指标基础上，根据设计理念和设计原则，本书从"农业强、农民富、农村美、城乡融合"四个维度，依据 2035 年、2050 年两个阶段构建乡村振兴目标评价指标体系，以衡量当前我国乡村振兴的实现程度和实践进程。

根据中央部署，2035 年为农业农村现代化基本实现期，2050 年为全面实现期。本书借鉴国内外现有研究成果，在研究依据确定的基础上，首先按照乡村振兴的各项指标权重，设定2050年全面实现期农业农村现代化的各个指标的目标值，即具体衡量标准；其次根据2050年的目标值确定2035年的预期指标目标，从而构建了乡村振兴的目标评价指标体系。

一、全面推进乡村振兴目标评价指标体系的设计理念

乡村振兴包括乡村政治、经济、文化、社会、生态的全面振兴，涉及面极其广泛，按照党中央和国务院乡村振兴战略“产业兴旺、生态宜居、乡风文明、治理有效、生活富裕”的目标要求，为实现农业强、农村美、农民富的发展目标而设定乡村振兴目标评价指标体系。其主要设计理念包括以下几个方面：

一是导向性与综合性相结合。导向性是指通过对乡村振兴战略实施工作的动态监测、综合评价，将乡村治理逐步引导到乡村振兴战略实施的轨道上来。而综合性主要是指，考虑到评价体系是一个综合体系，各项指标之间有着千丝万缕的联系，因此必须多层次、多方面、多角度地反映乡村振兴战略实施的实际情况。导向性代表着激励和发展，综合性代表着责任和承担。

二是典型性与可比性相结合。典型性是指评价体系应具有代表性。作为评价体系，应尽可能准确地反映上级党委政府对发展目标的要求，反映人民群众对乡村治理的真正意愿。而可比性是指评价体系应具有的比较性。因为评价体系是建立在现有的统计制度之上的，所以，所选的指标必须是可度量的，既要便于操作，易于采集，又要有可比性，可用来作比较，并确保其准确性。

三是创新性与历史性相结合。创新性是指评价体系要与众不同。因为对乡村振兴战略实施进行监测评价是一项全新的工作，目前国内还没有一套成熟、统一的办法，没有经验可借鉴，因此需要不断尝试，大胆创新。历史性是指评价体系要尊重历史、注重传承。任何社会评价都必须历史地、发展地、全面地看问题，乡村振兴战略评价体系也必须与传统的评价体系联系起来看，吸收其先进、可用的养分，去除其过时、落后的成分，以保持其先进性。

四是硬指标与软指标相结合。硬指标是指评价体系中比较刚性的指标，

包括物质激励、经济发展、人均收入、基础设施、社会保障等，这些指标往往是可以直接量化的。而软指标是指评价体系中比较柔性的指标，比如文化、道德、社会建设、生态保护、乡村文化遗产保护、乡村人才保护等，这些指标是定性的，无法直接量化，需要进行一定的计算和转换。在以往的一些评价体系中，人们往往比较重视硬性指标，因为它们便于量化统计，而不重视定性的软指标。这点需要进行纠正。

五是坚持宏观分析和微观分析相结合。对乡村振兴的评价，既涉及宏观层面的问题，也涉及微观层面的问题；既要从国家战略层面进行宏观评价，也要从乡村制度层面进行中观评价，还要从农民生活层面进行微观评价；既要站在国家角度从宏观层面进行顶层设计，也要站在乡村社会、农民角度从微观层面进行底层设计；既要有宏观评价指标，又要有微观评价指标。那么构建乡村振兴目标评价指标体系时就要注重宏观分析和微观分析的结合。

以上述五个乡村振兴目标评价体系的设计理念为指导，就可以构建科学实用的乡村振兴目标评价体系。

二、全面推进乡村振兴目标评价指标体系的设计原则

我国发展中最大的不平衡是城乡发展不平衡，最大的不充分是农业农村发展不充分。在此背景下，实施乡村振兴战略的出发点和立足点都是为了满足农民群众对美好生活的向往。乡村振兴的总方针是农业农村优先发展，总要求是产业兴旺、生态宜居、乡风文明、治理有效、生活富裕，总目标是农业农村现代化，制度保障是建立健全城乡融合发展体制机制和政策体系。乡村振兴目标评价体系遵循“综合性、典型性、可比性、科学性、可操作性”的原则，选取充分反映农业农村发展的客观指标，构建农民作为乡村振兴主体的评价体系，以达到量化乡村振兴战略背景下农业农村现代化的目标。

到 2035 年，要实现现代化的科学技术和经营制度提升农村产业，现代化的发展模式和治理手段优化农村环境，现代化的文明理念和优良传统提振农村文化，现代化的组织体系和体制框架强化农村治理，现代化的资源配置和机制保障改善农民生活。坚持“生产为基、生活为本、生态为先”，农业农村实现“生产美、产业强”“生态美、环境优”“生活美、农民富”

的“三生三美”，建设“富裕、美丽、体面、文明”的新乡村。在指标设计方面应遵循以下原则：

第一，综合性原则。乡村振兴目标评价指标体系是一个有机整体，评价体系中的各个指标之间都要有一定的逻辑关系，既相互独立又彼此联系。同时指标体系的构建要具有层次性，从宏观、中观、微观逐渐深入，研究对象也应从整体到个体层层细化，形成不可分割的有机体系。

第二，典型性原则。选取时尽可能保证指标能准确地反映乡村振兴的目标和要求。即便是在减少指标数量的情况下选取的指标也可以用于数据计算。另外，乡村振兴是一个长期工程，所以在设立指标时要注意指标的延续性和动态性，便于数据的长期获得和指标结果的长期可比。

第三，可比性原则。构建乡村振兴目标评价指标体系的目的是更好地反映乡村振兴战略发展进程，选取的指标必须是可度量的，具有可比性。这样既便于操作，易于采集，又可与其他省或全国进行比较，不断明确目标，缩小差距。

第四，科学性原则。指标体系必须真实客观地反映被评价对象，能系统反映地方乡村振兴的进展，全面展示乡村振兴各个方面的发展水平，且可体现评价的目的及意义。同时，所选指标在同类因素中至少应具有相对的独立性，相关性不能太强，不能相互重复，而是相互补充，相辅相成。尽量采用直接指标，避免间接指标。

第五，可操作性原则。为了使乡村振兴指标体系在实际分析中有效，所选择的指标必须方便计算，易于操作，并有相应的数据支持。比如，虽然某个指标很重要，但是很难获取相应的数据支持，无法判断其实现程度，所以不能纳入评价体系。因此，纳入该体系的各项指标必须概念明确、内容清晰，并能够在实际操作中进行测量或计算，以便很好地进行定量分析。

第二节　全面推进乡村振兴目标评价指标体系的框架

农业农村现代化是国家乡村振兴战略的最终目标，根据产业兴旺、生态宜居、乡风文明、生活富裕、治理有效总要求，全国农业农村现代化发展水平已接近 2020 年既定目标，因此本书在原有指标体系基础上进行调整，找到下一阶段所有适用的指标，对这些指标能够反映出的现状进行分析和预选。本书遵循中国乡村发展实际和综合性、典型性、可比性、科学性和可操作性原则，根据对农业农村现代化内涵的理解及其构成要素的系统分析，紧扣乡村振兴战略总方针，提升“六化三力”，推动“三生三美”，全面实现“农业强、农村美、农民富”，构建了一套针对乡村振兴目标的评价指标体系，将乡村振兴目标评价指标体系分为目标层、要素层和指标层三个层级。目标层就是全面实现乡村振兴，要素层由“农业强、农村美、农民富、城乡融合”四个子系统组成，指标层由27个具体指标构成。

一、全面推进乡村振兴目标评价指标的选取维度

全面推进乡村振兴是“十四五”时期坚持聚焦解决“三农”问题，优先发展农业农村的战略。乡村振兴战略反映了乡村经济发展的内在需求，是建设美丽中国、传承创新中华民族优秀文化的重要举措，也是不断提升治理能力、完善健全治理体系的固本之策。

乡村振兴目标评价指标体系如表6-1所示。

表6-1　乡村振兴目标评价指标体系①

目标层	要素层	序号	指标层	权重	2035年基本现代化目标值	2050年全面现代化目标值
全面实现乡村全面振兴	农业强	1	食物供应保障率	8	0.95	1.2
		2	农产品加工产值与农业总产值比	3	3.5	4.5
		3	农业科技进步贡献率	6	65%	75%
		4	农作物耕种收综合机械化率	4	75%	90%
		5	农业劳动生产率（万元/人）	8	6	10
		6	农业土地产出率（万元/公顷）	4	8	10
		7	劳均接待休闲农业和乡村旅游人次（人）	2	400	600

① 中国工程院“实施乡村振兴战略重大问题研究”项目组，李晓红，邓秀新，唐华俊．实施乡村振兴战略重大问题研究［M］．北京：科学出版社．2022：51-57.

续表

目标层	要素层	序号	指标层	权重	2035 年基本现代化目标值	2050 年全面现代化目标值
全面实现乡村全面振兴	农村美	8	万元农业 GDP 耗水（立方米）	3	300	200
		9	万元农业 GDP 耗能（吨标准煤）	6	0.1	0.08
		10	农作物废弃物利用率	6	90%	100%
		11	生活污水治理率	3	50%	60%
		12	卫生厕所普及率	3	80%	90%
		13	乡镇文化站覆盖率（个/万人）	3	1	1.5
		14	农村义务教育学校专任教师本科以上学历比例	3	75%	85%
		15	建制镇绿化覆盖率	2	38%	43%
		16	建有综合服务站的村占比	3	85%	95%
	农民富	17	农村居民恩格尔系数	4	30%	20%
		18	农村居民人均可支配收入（元）	6	42801	102576
		19	农村居民教育文化娱乐支出占比	3	15%	20%
		20	农村居民每百户年末家用汽车拥有量（辆）	2	50	70
		21	农村互联网普及率	2	80%	90%
	城乡融合	22	城乡居民基本养老保险人均基金收入（元）	2	6000	10000
		23	城乡每万人拥有全科医生数（人）	2	6	10
		24	非农就业人口占就业总人口的比重	4	50%	70%
		25	城乡居民收入比	2	2	1.5
		26	城镇化率	4	70%	85%
		27	城乡居民人均基本医疗保险收入（元）	2	2000	4000

（一）农业强

农业强，是基础。中国要强，农业必须强。到 2035 年，建成 10 亿亩高标准农田将会使得农业综合生产能力继续增强，农业稳产高产，实现粮食作物供求从紧平衡向平衡有余过度，真正实现“中国人要把饭碗端在自己手里，而且要装自己的粮食”。农业供给侧结构性改革取得成效，现代农业结构优化调整，农副产品质量优良，科技和政策成为农业产业重要支撑，并推动农业科技水平提升以实现乡村产业全面振兴。到 2035 年，我国农业基本实现现代化，现代农业机械全面普及，现代管理技术、信息与通信技术，特别是计算机技术得到普遍应用；现代生物技术（包括遗传育种技术等）、现代自动化技术（包括卫星控制平地、灌溉、喷药、施肥及测产技术等）也广泛应用于农业。投入产出比大幅提高，农业投入总量持续增加，其中农业科技投入占农业社会资产投入比例持续提高。到2035年，农业劳动产出约为2018年的7倍，农业生产总值排名也居于世界前列。因此，农业强的目标评价体系主要从食物供应保障率、农产品加工产值与农业总产值比、农业科技进步贡献率、农作物耕种收综合机械化率、农业劳动生产率、农业土地产出率、劳均接待休闲农业和乡村旅游人次等方面来衡量。

（二）农村美

农村美，是重点。中国要美，农村必须美。到2035年，我国乡村环境和人居条件与2020年相比将发生质的改变，在生态环境方面，农业发展不再依赖于对农业资源的过度攫取，农业资源利用向高产出低投入转变。农作物育种如太空育种等新型育种手段广泛开展，使其对化肥和农药的依赖性减弱。化肥利用率达到60%。农作物秸秆回收利用率接近100%。新型可降解农膜大范围推广，地膜污染环境问题得到解决。在农村人居环境方面，黑臭水体治理、厕所革命、“空心房”整治等民生工程有序实施；村庄规划建设和“绿化美化亮化”等工程建设稳步推进，宜居宜游的现代化新农村面貌一新；农村教育、文化、卫生、体育事业得到全面发展，农村移风易俗、社会主义核心价值观等精神文明建设全面践行，乡村治理体系和治理能力现代化基本实现，农村“内外兼修”，硬实力和软实力齐头并进。因此，农村美的目标评价体系主要从万元农业GDP耗水、万元农业GDP耗能、农作物废弃物利用率、生活污水治理率、卫生厕所普及率、乡镇文化站覆盖率、农村义务教育学校专任教师本科以上学历比例、建制镇绿化覆盖率、建有综合服务站的村占比等方面来衡量。

（三）农民富

农民富，是关键。检验农村工作成效的一个重要尺度，就是看农民的钱袋子有没有鼓起来。到2035年，在收入方面，农民有持续稳定的收入来源，经济宽裕，衣食无忧，生活便利；农村恩格尔系数不断降低，城乡居民收入差距不断缩小，农民的居住水平和生活层次大幅提高，农民有强烈的幸福感和获得感，能够平等参与我国现代化进程，共同分享现代化的成果。在消费方面，农村的网络基本普及，网络通信进入新时代；汽车已作为农民日常出行的主要交通工具之一走进农村千家万户；有机无公害绿色食品全面进入农民家庭，城乡食物消费结构基本实现无缝对接，农民肉、蛋、奶的消费水平大幅提升，膳食结构更加合理；农村危房得到全面改造，人均住房条件大大提升。在医疗卫生方面，农村居民的医疗卫生服务将向城镇居民看齐，“看病难、看病贵”的问题得到根本性改善。在教育方面，贫困落后地区的义务教育不普及的情况彻底解决，基本达到普及高中教育的目标；职业中专教育培养了一大批高技术工人，高层次人次培养世界领先。因此，农民富的目标评价体系主要从农村居民恩格尔系数、农村居民人均可支配收入、农村居民教育文化娱乐支出占比、农村居民每百户年末家用汽车拥有量、农村互联网普及率等方面来衡量。

（四）城乡融合

城乡融合是乡村振兴的必由之路。城乡融合发展是指以城乡生产要素双向自由流动和公共资源合理配置为重点，以工补农、以城带乡，统筹推进城乡基本公共服务普惠共享、城乡基础设施一体发展、城乡产业协同发展、农民收入持续增长，形成工农互促、城乡互补、协调发展、共同繁荣的新型工农城乡关系，加快农业农村现代化和乡村振兴。到 2035 年，我国乡村振兴将取得决定性进展，城乡基本公共服务均等化将基本实现，城乡融合发展体制机制将更加完善，城镇化进入成熟期，城乡发展差距和居民生活水平差距显著缩小，城乡“数字鸿沟”大幅缩小，农民数字化属于显著提升，乡村治理体系更加完善，农业农村现代化基本实现。因此，城乡融合的目标评价体系主要从城乡居民基本养老保险人均基金收入、城乡每万人拥有全科医生数、非农就业人口占就业总人口的比重、城乡居民收入比、城镇化率、城乡居民人均基本医疗保险收入等方面来衡量。

二、全面推进乡村振兴目标评价指标的具体构成

乡村振兴的一大重要任务就是实现农业农村现代化。因此，本书借鉴近年来国内外学者关于现代化、小康、新农村及其他社会经济的发展研究成果，构建了关于乡村振兴目标评价指标体系，从而构成新时代乡村振兴的评价标准。

本书构建的由“农业强、农村美、农民富、城乡融合”四个子系统和

27 项具体指标组成的乡村振兴目标评价指标体系，基本上能够衡量新时代广大农民群众享有的生活质量和水平，也能够衡量农业、农村、农民“三农”发展水平。

（一）农业强

1. 食物供应保障率

本指标以人均粮食、人均猪肉、人均蔬菜的供给水平乘以权重得到。其中，人均粮食权重为 0.5、人均猪肉权重为 0.3、人均蔬菜权重为 0.2。

目标值设定：党的十八大以来，我国粮食产能稳定提升，产量连续 7 年稳定在 1.3 万亿斤以上，10 年再上一个千亿斤新台阶，2021 年产量创历史新高，达到 13657 亿斤，人均粮食占有量达到 483 公斤，高于国际公认的 400 公斤粮食安全线，做到了谷物基本自给、口粮绝对安全。粮食品种更加丰富多样，品质持续优化升级，农产品质量安全例行监测合格率稳定在 97%以上，越来越多绿色优质农产品被摆上了百姓餐桌。综合考虑，将该指标 2035 年基本实现现代化的目标值定为 0.95，2050 年全面现代化的目标值设为 1.2。

2. 农产品加工产值与农业总产值比

本指标指农产品加工业产值与农业总产值的比值（比），是反映农业加工水平的国际通用指标，是计算指标。计算公式：

农产品加工业产值与农业总产值比值=农产品加工业产值/农业总产值

目标值设定：目前我国农产品加工产值与农业总产值比为 2.5，农产品加工转化率达到了 70.6%，但与农产品加工业高水平国家相比，仍存在明显差距。综合考虑，将该指标 2035 年基本现代化的目标值设为 3.5，2050 年全面现代化的目标值设为 4.5。

3. 农业科技进步贡献率

本指标指农业总产值增长率中扣除新增投入量产生的总产值增长率之后的余额，是反映农业科技水平的重要指标。

目标值设定：2022 年我国农业科技进步贡献率达到 62.4%，已超过《乡村振兴战略规划（2018—2022 年）》中对该指标设定的目标值 61.5%。综合考虑，将该指标 2035 年基本现代化的目标值设为 65%，2050 年全面现代化的目标值设为 75%。

4. 农作物耕种收综合机械化率

本指标指各种农作物机耕、机播（栽、插）、机收的综合作业水平，是反映农业机械化发展水平的重要指标。农作物耕种收综合机械化率按农作物机耕、机播（栽、插）、机收率分别乘以40%、30%、30%的权重再求和计算得到。计算公式：

农作物耕种收综合机械化率=机耕率×40%+机播（栽、插）率×30%+机收率×30%

其中，机耕率指机耕面积占各种农作物播种面积中应耕作面积的百分比，农作物播种面积中应耕作面积等于农作物播种面积减去免耕播种面积；机播（栽、插）率指机播（栽、插）面积占各种农作物播种总面积的百分比；机收率指机收面积占各种农作物收获总面积的百分比。

目标值设定：2021年全国农作物耕种收综合机械化率超过71%，其中小麦、玉米、水稻三大粮食作物耕种收综合机械化率分别达到97%、90%和84%；日本农业生产机械化率已达90%以上，美国农业已100%实现机械化。综合考虑，将该指标2023年基本实现农业现代化的目标值设为75%，2050年全面实现农业现代化的目标值设为90%。

5. 农业劳动生产率

本指标指平均每个农业劳动力创造的农林牧渔业增加值，是计算指标。计算公式：

农业劳动生产率=农林牧渔业增加值/第一产业就业人员数

目标值设定：2021年我国农业劳动力就业人数为1.7亿，占就业总人数的23%，平均每个农业劳动力的农业增加值为5万元。从国际比较来看，按照2015年可比价格美元计算，我国每个劳动力平均创造的农业增加值为5609美元，仅相当于美国的5.6%、加拿大的5%和欧盟的22%。《全国农业现代化规划（2016—2020年）》提出我国农业劳动生产率在2020年超过4.7万元/人，《乡村振兴战略规划（2018—2022年）》将其2022年目标值设定为5.5万元/人。综合考虑，将该指标2035年基本现代化的目标值设为6万元/人，2050年全面现代化的目标值设为10万元/人。

6. 农业土地产出率

本指标指单位面积耕地的农林牧渔业增加值，是反映土地生产率的重要指标，是计算指标。计算公式：

单位面积农林牧渔业增加值=农林牧渔业增加值/耕地面积

目标值设定：我国 2022 年每公顷耕地的农林牧渔业增加值约为 7.24 万元。综合考虑，将该指标 2035 年基本现代化的目标值设为 8 万元/公顷，2050 年全面现代化的目标值设为 10 万元/公顷。

7. 劳均接待休闲农业和乡村旅游人次

本指标指平均每个农业劳动力接待的休闲农业和乡村旅游人次，反映当地休闲农业和乡村旅游发展情况，是计算指标。计算公式：

劳均接待休闲农业和乡村旅游人次=休闲农业和乡村旅游接待人次/第一产业就业人员数

目标值设定：自 2016 年以来，全国休闲农业和乡村旅游发展态势良好，共接待游客近 21 亿人次，营业收入超过 5700 亿元，从业人员达 845 万人。2019 年全国休闲农业和乡村旅游接待游客 32 亿人次，营业收入 8500 亿元。综合考虑，将该指标 2035 年基本现代化的目标值设为 400 人次，2050 年全面现代化的目标值设为 600 人次。

（二）农村美

1. 万元农业 GDP 耗水

本指标指农业用水量与农林牧渔业增加值的比值，是反映农村美的重要指标，是计算指标。计算公式：

万元农业 GDP 耗水=农业用水量/农林牧渔业增加值

目标值设定：2022 年，全国农业用水总量 3675 亿立方米，农林牧渔业增加值为 92582.4 亿元，万元农业 GDP 耗水约为 396.94 立方米，随着我国大部分省区节水灌溉工程的开展，我国农业耗水量将进一步减少。将该指标 2035 年基本现代化的目标值设为 300 立方米，2050 年全面现代化的目标值设为 200 立方米。

2. 万元农业 GDP 耗能

本指标指能源消耗总量与农林牧渔业增加值的比值。计算公式：

万元农业 GDP 耗能=能源消耗总量/农林牧渔业增加值

其中，能源消耗总量是指农业生产全过程的能量消耗量。能源消耗总量=农业、林业、牧业、渔业能源实物消费量×能源折标准煤参考系数。

目标值设定：随着国家对资源和环境的日益重视，建设节约型的农业生产环境已经成为农机管理部门和农民的共同需求。2020 年，万元农林牧渔增加值耗能为0.10吨标准煤。综合考虑，将该指标2035年基本现代化的目标值设为0.1吨标准煤，2050年全面现代化的目标值设为0.08吨标准煤。

3. 农作物废弃物利用率

本指标指种植业废弃物综合利用率和畜禽养殖废弃物综合利用率的加权合计，是计算指标。其中，种植业废弃物综合利用率包括秸秆和农膜回收利用率；畜禽养殖废弃物综合利用率主要是畜禽养殖粪污综合利用率。计算公式：

农作物废弃物综合利用率=农作物秸秆综合利用率×30%+农膜回收率×20%+畜禽养殖粪污综合利用率×50%

目标值设定："十三五"以来全国秸秆综合利用率达86%，畜禽养殖粪污综合利用率达75%，2021年我国农作物秸秆综合利用率达88.1%，全国农膜回收率稳定在80%以上，其中一些使用量较高省份还将力争实现废弃农膜全面回收利用。综合考虑，将该指标2035年基本现代化的目标值设为90%，2050年全面现代化的目标值设为100%。

4. 生活污水治理率

本指标指经过处理的生活污水、工业废水量占污水排放总量的比重。计算公式：

生活污水治理率=生活污水处理量（万吨）/生活污水排放总量（万吨）×100%

目标值设定：农村生活污水治理与改善农民群众生活环境密切相关，是农村人居环境整治提升的重要内容，是建设美丽乡村的重要举措。据生态环境部报道，截至2021年，农村生活污水治理率仅为28%左右，到2025年，全国农村生活污水治理率达到40%。综合考虑，将该指标2035年基本现代化的目标值设为50%，2050年全面现代化的目标值设为60%。

5. 卫生厕所普及率

本指标指使用卫生厕所的农户数占农户总户数的比例。计算公式：

卫生厕所普及率=使用卫生厕所的农户数/全国农户总户数×100%

目标值设定：2018年以来，我国相继实施《农村人居环境整治三年行动方案》《农村人居环境整治提升五年行动方案（2021—2025年）》，明确将农村"厕所革命"作为农村人居环境改善的重点，农村"厕所革命"取得积极成效。数据显示，截至 2021 年年底，全国农村卫生厕所普及率超过 70%；累计改造农村户厕 4000 多万户。综合考虑，将该指标 2035 年基本现代化的目标值设为 80%，2050 年全面现代化的目标值设为 90%。

6. 乡镇文化站覆盖率

本指标指每万人享有的乡镇文化站数目，反映乡镇文化的普及程度，是计算指标。计算公式：

乡镇文化站覆盖率=乡镇文化站个数/乡村人口数

目标值设定：2021 年中国有乡镇综合文化站 32524 个，乡村人口为 50978 万人，乡镇文化站覆盖率约为 0.64 个/万人。综合考虑，将该指标 2035 年基本现代化的目标值设为 1 个/万人，2050 年全面现代化的目标值设为 1.5 个/万人。

7. 农村义务教育学校专任教师本科以上学历比例

本指标指农村义务教育学校拥有本科以上学历的专任教师占教师总人数的比例，是反映农村义务教育水平的重要指标。

目标值设定：国务院印发的《“十四五”推进农业农村现代化规划》中提出，到 2025 年，农村义务教育学校专任教师本科以上学历比例从 2020 年的 60.4%提升到 62%，2021 年农村义务教育学校专任教师本科以上学历比例已达到 70.3%。综合考虑，将该指标 2035 年基本现代化的目标值设为 75%，2050 年全面现代化的目标值设为 85%。

8. 建制镇绿化覆盖率

本指标指建制镇居住区内全部绿化覆盖面积与区域总面积之比，是反映农村生态环境保护状况的重要指标。

目标值设定：党的十九大报告指出，国家将实施乡村绿化美化工程，助力国家乡村振兴战略，力争到 2020 年全国乡村绿化覆盖率达到 30%，2035 年达到 38%，21 世纪中叶达到 43%。2022 年国家林业和草原局、农业农村部、自然资源部、国家乡村振兴局四部门联合印发了《“十四五”乡村绿化美化行动方案》，提出，到 2025 年全国平均村庄绿化覆盖率达到 32%。综合考虑，将该指标 2035 年基本现代化的目标值设为 38%，2050 年全面现代化的目标值设为 43%。

9. 建有综合服务站的村占比

本指标指建有综合服务站的行政村占当地行政村总数的比例，反映农村综合服务水平。

目标值设定：2021年，农村社区综合服务设施覆盖率（建有综合服务站的村占比）达到78.6%。综合考虑，该指标2035年基本现代化的目标值设为85%，2050年全面现代化的目标值设为95%。

（三）农民富

1. 农村居民恩格尔系数

本指标指农村居民人均食品烟酒消费支出占农村居民人均消费支出的比例，是反映农民生活水平的重要指标，是计算指标。计算公式：

农村居民恩格尔系数=农村居民人均食品烟酒消费支出/农村居民人均消费支出×100%

目标值设定：联合国根据恩格尔系数的大小，对世界各国的生活水平有一个划分标准，即一个国家平均家庭恩格尔系数大于60%的为贫穷，50%~60%的为温饱，40%~50%的为小康，30%~40%的属于相对富裕，20%~30%的为富足，20%以下的为极其富裕。2021年我国农村居民恩格尔系数为32.7%，《乡村振兴战略规划（2018—2022年）》设定的2020年和2022年指标分别是30.2%和29.2%。综合考虑，将该指标2035年基本现代化的目标值设为30%，2050年全面现代化的目标值设为20%。

2. 农村居民人均可支配收入

本指标是用来衡量农村居民的收入水平，进而反映农村居民生活水平、福祉状况的主要指标。计算公式为：

农村居民人均可支配收入=（农村居民总收入-家庭经营费用支出-生产性固定资产折旧-税费支出-财产性支出-转移性支出）/家庭常住人口

目标值设定：2022年农村居民人均可支配收入20133元，较2012年翻了一番多，农民生产生活水平上了一个大台阶。《中国农村发展报告（2022）》发布了对2035年和2050年农民农村共同富裕情况的预测，2035年农村居民人均可支配收入将达到42801元，2050年又将进一步增至102576元。综合考虑，将该指标2035年基本现代化的目标值设为42801元，2050年全面现代化的目标值设为102576元。

3. 农村居民教育文化娱乐支出占比

本指标指农村居民教育文化娱乐支出占农村居民消费支出总额的比例，是反映农村文化发展水平的重要指标，是计算指标。计算公式：

农村居民教育文化娱乐支出占比=农村居民人均教育文化娱乐支出/农村居民人均消费支出×100%

目标值设定：2021年农村居民教育文化娱乐消费支出占比达到10.8%，呈现稳定发展态势。《乡村振兴战略规划（2018—2022年）》设定的2022年目标值是12.6%。综合考虑，将该指标2035年基本现代化的目标值设为15%，2050年全面现代化的目标值设为20%。

4. 农村居民每百户年末家用汽车拥有量

本指标反映农村家庭耐用消费品汽车拥有量。

目标值设定：2021年，城乡居民平均每百户家用汽车拥有量为50.1辆和30.2辆，分别比2012年提高132.7%和358.3%，美国平均每百户家庭拥有汽车的数量是190辆。综合考虑，将该指标2035年基本现代化的目标值设为50辆，2050年全面现代化的目标值设为70辆。

5. 农村互联网普及率

本指标反映农村的信息化水平，是计算指标。计算公式：

农村互联网普及率=农村宽带接入用户/乡村户数×100%

目标值设定：截至2022年6月，我国农村网民规模达2.93亿，农村地区互联网普及率为58.8%，较"十三五"初期翻了一番，城乡互联网普及率之间的差距也缩小了15个百分点。随着移动互联网、物联网、大数据、智能决策等现代信息技术在农业生产中的加速应用，农业生产正在实现精细化、数字化、智能化管理，线上农业逐步成型。综合考虑，将该指标2035年基本现代化的目标值设为80%，2050年全面现代化的目标值设为90%。

（四）城乡融合

1. 城乡居民基本养老保险人均基金收入

本指标反映城乡居民养老保险保障水平，是计算指标。计算公式：

城乡居民基本养老保险人均基金收入=城乡居民基本养老保险基金收入/城乡居民基本养老保险参保人数

目标值设定：《"十四五"公共服务规划》明确提出，到2025年，公共服务制度体系更加完善，政府保障基本、社会多元参与、全民共建共享的公共服务供给格局基本形成，民生福祉达到新水平。其中，在老有所养方面提出，基本养老保险参保率达95%。依据人力资源和社会保障部相关数据，2021 年，全国城乡居民基本养老保险基金收入 5339 亿元，参保人数 54797 万人，人均基金收入为 974 元。综合考虑，将该指标 2035 年基本现代化的目标值设为 6000 元，2050 年全面现代化的目标值设为 10000 元。

2. 城乡每万人拥有全科医生数

本指标主要反映医疗卫生事业对城乡居民健康服务的保证程度，是评价居民健康程度的重要指标。

目标值设定：2018 年国务院办公厅印发的《关于改革完善全科医生培养与使用激励机制的意见》指出，到 2020 年，城乡每万居民拥有 2~3 名合格的全科医生；到 2030 年，城乡每万居民拥有 5 名合格的全科医生。综合考虑，将该指标 2035 年基本现代化的目标值设为 6 名，2050 年全面现代化的目标值设为 10 名。

3. 非农就业人口占就业总人口的比重

本指标指第二、第三产业就业人口之和与全社会就业人口的比率，不仅能反映农村剩余劳动力就业转移的程度，而且能够进一步反映农村非农化和现代化的发展水平。计算公式：

非农就业人口占就业总人口的比重=第二、第三产业就业人口数/就业总人口数×100%

目标值设定：2022 年商业统计部门统计，中国非农业就业人口约为 5.3 亿人，总人口 14.11 亿人，占比 37.56%，该比重越高代表城乡融合度越高，现代化程度也越高。综合考虑，将该指标 2035 年基本现代化的目标值设为 50%，2050 年全面现代化的目标值设为 70%。

4. 城乡居民收入比

本指标指城镇居民可支配收入和农村居民可支配收入的比值，是衡量城乡收入差距的重要指标。

目标值设定：我国脱贫攻坚战取得全面胜利，全面建成了小康社会，城乡居民收入比由 2016 年的 2.72 缩小到 2021 年的 2.5。《乡村振兴战略规划（2018—2022 年）》中提到 2022 年目标值为 2.67，按照缩小规律，将该指标 2035 年基本现代化的目标值设为 2，2050 年全面现代化的目标值设为 1.5。

5. 城镇化率

本指标采用人口统计学指标，即城镇人口占总人口（包括农业与非农业）的比例，该指标是城镇化领域的国际通用指标，有利于客观反映我国城镇化发展进程。计算公式：

城镇化率=城镇人口/总人口×100%

目标值设定：国家统计局发布的数据显示，2021 年年末，中国常住人口城镇化率为 64.72%，比 2020 年年末提高 0.83 个百分点。综合考虑，将该指标 2035 年基本现代化的目标值设为 70%，2050 年全面现代化的目标值设为 85%。

6. 城乡居民人均基本医疗保险收入

本指标反映城乡居民医疗保障水平，是计算指标。计算公式：

城乡居民人均基本医疗保险收入=城乡居民基本医疗保险收入/城乡居民基本医疗保险人数

目标值设定：根据全国医疗保障事业发展统计公报，截至 2021 年年底，城乡居民基本医疗保险（以下简称居民医保）基金收入 9724.48 亿元，居民医保人数 100866 万人，人均基本医疗保险收入为 964 元。受人口老龄化、价格上涨、收入水平提高、医保目录扩大及待遇水平提升等多种因素的影响，持续提高缴费标准是维系基金收支平衡、制度可持续运行的必然举措。综合考虑，将该指标 2035 年基本现代化的目标值设为 2000 元，2050 年全面现代化的目标值设为 4000 元。

第七章　全面推进乡村振兴的实施路径

第一节　全面推进乡村振兴的总体规划

一、总体思路

乡村振兴“是‘五位一体’总体布局、‘四个全面’战略布局在‘三农’工作的体现。我们要统筹推进农村经济建设、政治建设、文化建设、社会建设、生态文明建设和党的建设，促进农业全面升级、农村全面进步、农民全面发展”①。全面推进乡村振兴，要全面贯彻党的二十大精神，以习近平新时代中国特色社会主义思想为指导，以农业强、农村美、农民富为最终目标，以“产业兴旺、生态宜居、乡风文明、治理有效、生活富裕”为总体要求，以坚持农业农村优先发展为核心理念，以建立健全城乡融合发展的体制机制和政策体系为关键基础，以农民对美好生活的向往为内生动力，以“产业振兴、人才振兴、文化振兴、生态振兴、组织振兴”五大振兴为具体路径，统筹部署、协同推进、抓住重点、补齐短板，加快推进农业农村现代化，走中国特色社会主义乡村振兴道路，建设供给保障强、科技装备强、经营体系强、产业韧性强、竞争能力强的农业强国。

二、基本原则

全面推进乡村振兴需遵循以下五大原则：

一是坚持农业农村优先发展，在干部配备上优先考虑，在要素配置上优先满足，在资金投入上优先保障，在公共服务上优先安排。

---

① 习近平．把乡村振兴战略作为新时代“三农”工作总抓手［J］．求是，2019（11）：7.

二是坚持农民主体地位，充分尊重农民意愿，保障农民民主权利和其他合法权益，调动农民的积极性、主动性、创造性，维护农民根本利益。

三是坚持人与自然和谐共生，统筹山水林田湖草沙系统治理，推动绿色发展，推进生态文明建设。

四是坚持改革创新，充分发挥市场在资源配置中的决定性作用，更好地发挥政府作用，推进农业供给侧结构性改革和高质量发展，不断解放和发展乡村社会生产力，激发农村发展活力。

五是坚持因地制宜、规划先行、循序渐进，顺应村庄发展规律，根据乡村的历史文化、发展现状、区位条件、资源禀赋、产业基础分类推进。

三、重点工程①

（一）推动乡村产业高质量发展行动工程

一是高效生态现代农业发展工程。要坚持走高效生态新型农业现代化道路，深入推进农业供给侧结构性改革，实施质量兴农战略，加快推进农业由政策导向转向提质导向。以农产品优质化、品牌化，产业融合化、多功能化，布局集聚化、特色化为突破口，构建高效优质现代农业产业体系；要深入推进粮食生产功能区和现代农业园区的“农业两区建设”，切实保护和提升基本农田的生产能力，确保粮食安全和优质农产品有效供给；以生态循环农业示范省试点和健全农产品质量安全可追溯体系为契机，构建绿色循环、可持续的现代农业生产体系；要加快构建以家庭农场、专业合作社、农业企业为新型主体，家庭经营与产业化合作经营、农业社会化服务相结合的现代农业经营体系。大力推进生产、供销、信用三位一体的联合服务体系建设，实现小农户与现代农业发展的有机衔接。

二是农村新兴产业和美丽经济培育工程。要依托美丽乡村建设，大力推进农村一二三产业融合发展，优化农村大众创业、万众创新的创业就业环境。要抓住新一轮上山下乡的热潮，按照美丽乡村要成为城里人休闲旅游、养生养老、健康娱乐、运动健身的生态乐园的发展趋势，积极发展农家乐、民宿经济、乡村旅游业、康养产业、文创产业和体验农业、智慧农业、电商农业等多功能的农业新业态，实施文化产业赋能乡村振兴计划，

---

① 顾益康．实施乡村振兴战略的创新路径与改革举措［J］．浙江经济，2018（6）：3.

实施乡村休闲旅游精品工程，推动乡村民宿提质升级，让绿色美丽经济成为农民创业增收致富的新增长点。深入实施“数商兴农”和“互联网+”农产品出村进城工程，鼓励发展农产品电商直采、定制生产等模式，建设农副产品直播电商基地。提升净菜、中央厨房等产业标准化和规范化水平。培育并发展预制菜产业。积极支持农户发展具有乡愁和民俗特色的传统乡土产业和手工艺品制作产业，努力使它们成为带旺乡村旅游业的旅游产品。发展壮大农村集体经济，增加农民财产性收入。

（二）生态宜居的美丽乡村建设行动工程

要按照习近平提出的“美丽中国要靠美丽乡村打基础”的要求，深入推进美丽乡村建设，全面提升农村人居环境和基础设施建设水平，努力实现从局部美到全域美、一时美到持久美、外在美到内在美、环境美到人文美、形象美到制度美的转型升级，工作重心要从建设美丽乡村向经营美丽乡村和共享美丽乡村转变。

要致力于建设一批高标准、高颜值、高普惠、可推广的美丽乡村建设示范县，要全面提升县域村庄垃圾分类无害化处理，污水治理“三改一拆”等人居环境治理水平，打造一批美丽村庄、美丽庭院、美丽田园、美丽庄园、美丽乡道、美丽水道美美与共的美丽乡村风景线。要把村落景区化作为经营美丽乡村、发展美丽经济的新抓手，努力使景区化村庄成为乡村旅游的目的地。

践行“绿水青山就是金山银山”的理念，为乡村绿色发展、可持续发展提供现实路径。要着力推进生态文明体制改革和机制创新，大力推进农村生态文明建设和农村人居环境、生态环境整治，积极推进农村生产方式、生活方式和消费方式的绿色化、生态化，加快整治农业面源污染和生产生活污染，大力推进绿化造林和退耕还林，保护好生态公益林和水源涵养地，努力把美丽乡村建成为美丽中国的生态涵养基础，让美丽乡村成为农民幸福生活的绿色家园和市民休闲、养生、养老的生态乐园。

（三）乡风文明的人文乡村建设行动工程

要从农村是中华优秀传统文化的发源地和乡愁记忆最丰富区域的实际出发，把传承和弘扬优秀的农耕文化、民俗文化作为乡村文化复兴的重要内容，在美丽乡村建设中要按照“看得见山，望得见水，记得住乡愁”要求，保护、开发和利用好历史文化村落和非物质文化遗产；要大力推进农村社会主义先进文化建设，以农村文化礼堂建设为抓手，构建农村文化建设的主阵地。要以村落历史文化陈列馆、乡村非遗文化传艺馆和思想道德教育馆等“三馆”功能和农村文化大舞台为重点，挖掘农村文化礼堂对乡村文化复兴的多重功能，把农村文化礼堂建设和农村文化事业的发展提升到一个新的水平；要以农村生产、生活、生态的“三生融合”为重点，优化乡村空间布局，持续推进特色田园乡村建设。

（四）治理有效的善治乡村建设行动工程

按照乡风文明的要求，大力推进农村平安社区、和谐社区建设，开展丰富多样的活动，努力消除农村的陈规陋习严厉打击黄赌毒；以民主法治村建设为载体，加强法治建设和社会治理，打击农村黑恶势力和违法乱纪现象，促进农村社会发展公平正义；大力推广新时期的“枫桥经验”和花园村乡村治理现代化等经验。要以自治、法治和德治“三治合一”的乡村治理现代化的要求，探索新型乡村治理模式和治理办法；积极发挥妇联、共青团、社会自愿者和新乡贤的作用，形成共建共享农村文明新秩序、文明新风尚和文明新生活的良好氛围。加快“数字乡村”平台建设与应用，促进乡村治理能力现代化。以促进乡村治理现代化为目标，基于5G、人工智能等新一代信息技术基础设施建设，融合“天网工程”、“互联网+农村政务”服务系统、舆情收集系统和农村大数据综合处理系统，建设“数字乡村”信息化网络平台，提升农村社会治安水平，强化农村组织服务能力，实现农村危机预警功能。

（五）生活富裕的共富乡村建设行动工程

按照城乡融合发展的新趋势，要进一步推动农民分工分业和创业就业，既要促进符合条件的农业转移人口在城市创业就业和落户定居，又要鼓励农民回乡创业，城市人才到农村创业，形成城乡自由创业就业的政策环境。要通过推进土地制度和产权制度改革，增加农民财产性收入。发展壮大农村集体经济，形成共创共富的新机制。

按照城乡一体化发展的要求，进一步提升城乡交通、通信、水利等基础设施一体化水平，按照城乡基本公共服务一体化、均等化的要求，进一步提升农村教育、医疗、养老、社会福利等社会事业的发展水平，努力让农民也能够享受“幼有好学、劳有好得、老有好养、弱有好助、病有好医”的社会福利保障，让农民也能享受到与城市居民一样的公共服务和社会保障，从根本上解决农民的后顾之忧。

第二节　全面推进乡村振兴的主要困境

一、农业发展质量和竞争力有待提高

（一）农业标准化生产推进缓慢，影响农业高质量发展

（1）农业标准化生产推进缓慢，降低了农业生产效率和竞争力。农业标准化生产按照统一、简化、协调、优选的原则，通过制定和实施相关标准，把农业产前、产中、产后各个环节纳入规范的生产和管理轨道。农业标准化生产，让农业生产效率得到提升的同时，也让农产品质量得到保障。但农业农村部数据显示，2020 年我国土地经营规模在 3. 33 公顷以下的小农户有 2. 2 亿左右，经营的耕地面积约占全国耕地总面积的 80%。据有关专家预测，2030 年，经营规模在 3. 33 公顷以下的农户有 1. 7 亿户，耕地面积占 70%。2050 年，经营规模在 3. 33 公顷以下的农户有 1 亿户左右，经营耕地面积占 50% 。由此可见，农业生产主体仍然是小农户，“人均一亩三分地、户均不过十亩田”的小农生产方式，是我国农业发展需要长期面对的现实，也是制约快速推进农业标准化生产的首要问题。

（2）农业生产标准化推进缓慢，降低了市场需求满足度，影响农民和其他生产者的收入。农业标准化生产以市场为导向，遵循市场优胜劣汰的法则，由此会倒逼农业生产者更加注重精准化市场需求的生产。也就是说，在标准化的生产过程中，农业从业者会根据市场需求来生产，防止盲目生产、不规范生产。但是我国农产品生产中“柠檬现象”（信息不对称）严重，商品质量信息缺失或信息传达不准确，生产者及经营企业不能在提高标准化生产过程中获得明显收益，影响了农民或企业按标准化组织生产的积极性，降低了农产品市场运转效率和生产者收入水平。

（3）农业生产标准化推进缓慢，不利于保障农产品质量安全提升。建立一整套规范化的生产流程和衡量标准并按照其要求生产，能生产出质量有保障的、消费者喜爱的农产品。如果缺少农产品农药残留及其他重金属等有害物质残留标准要求，缺少符合标准要求的农业基础设施支撑生产，且缺乏生产、收购、储藏、运输等各方面标准化管理，则不但不能较好地

把握产品品质，农产品质量保障更无从谈起。

（二）农业绿色发展进程受阻，影响农业的可持续发展

（1）土地资源以及农药、化肥的过度使用，使得农业生产生态安全受到威胁。一方面，近年来，为了追求土地的产出效益，很多地区存在土地资源过度使用的问题，开垦那些不适合农业生产的土地造成了生态系统的不平衡，生态系统一旦被破坏，会导致各种各样的生态问题，让农业生产变得更为艰难；另一方面，我国是化肥及农药使用量相对较高的国家，在进行农业耕种时，多采用一年两熟的模式，而一些西方国家有着严格的土地休耕计划，同时进行轮作休耕的面积较小。在我国种植业人均土地面积较小，为了追求产量和实现较高的种植收益，农民在农作物的种植过程中大量使用农药及化学肥料。据统计，2018 年，我国农用化肥的使用量为 5653.42 万吨（折合为 1130.684 亿斤），同比下降 4%①，我国化肥实现零增长目标。但化肥施用强度为每公顷 337.615 千克，是国际公认的化肥施用安全上限（每公顷 225 千克）的 1.5 倍。农药和化肥的过度施用造成大面积土地被污染，直接对水源造成严重的污染，进而导致水体富营养化现象的出现，土壤结构遭到破坏。目前，我国各地都出现了土壤质量恶化、土壤有机质含量下降、土壤层变薄的问题，最严重的当属粮食主产区。例如，我国黑龙江三江平原现阶段的土壤层厚度相比 20 世纪末减少了约 9 厘米。

（2）农膜造成“白色污染”。在农业种植的过程中，农膜是一种比较常见的农用材料，可以有效地保温、保湿以及预防杂草，提升农作物的产出率。为此，农膜被广大种植户广泛使用。随着农业大棚和农膜覆盖技术在农业生产中的应用愈加广泛，近 5 年来农膜使用量每年都超过 240 万吨，使得在农作物种植后农膜残留问题越来越严重，进而出现了由“白色革命”向“白色污染”的转变，对农田质量、土壤肥力造成不利影响。

农膜污染是现代农业绿色发展的重大阻碍，另外，因农膜厚度不完全符合相应的标准，后期难以统一回收再利用，增加了后期处理的成本，导致很多种植户不愿进行农膜回收，或者出售给市场，最终使大量农膜残留在土壤中，对土壤造成一定的危害，对土壤的内部结构造成严重的破坏。因此，农膜碎片会直接影响农业绿色发展与推广。

---

① 2018 年我国农用化肥施用折纯量 5653.42 万吨［EB/OL］.（2019-09-03）. http：//www.chinabaogao.com/data/huagoag/2019/093445C22019.html.

（3）农业绿色发展相关政策法律尚待完善。农业绿色发展这一概念是在 2016 年中央一号文件中首次正式提出的，提出时间较短，很多政策还停留在顶层设计阶段，相关的法律法规体系不够健全，相对薄弱，对农民的约束力有限。同时农业绿色发展体制机制尚不健全，不能起到有效的监督、监管作用，比如反映水资源稀缺程度的价格机制尚未形成；循环农业发展激励机制不完善，种养业发展不协调；农业生态补偿机制尚不健全；农业污染责任主体不明确，污染主体的污染“成本”过低。

（4）资金投入不足，制约了绿色农业的发展步伐。当前我国绿色农业仍在起步阶段，很多绿色农业生产基地也还处于建设发展的初期，其内在效益显现不足，绿色农业的内生性资金供应还不能满足其发展需要，仍然需要外部性资金扶持，但现有绿色农业的外部性资金供应模式还未摆脱农业外部资金供应严重不足的困境。我国农业外部性资金供应体系主要包含财政投入和信贷资金。财政投入是当前农业生产发展所需资金的最重要来源，由中央财政资金和地方各级财政配套资金构成，包括支援农业生产、农业事业费用、农业补贴以及农村救济费用等财政支出项目。一直以来，加大农业财政投入的呼声较大，国家财政对农业基础设施建设投入的总规模也基本保持逐年递增的态势。国家统计局数据显示，2021 年国家财政用于农林水事务的支出达 22146 亿元，比 2012 年增加 10172 亿元，2013—2021 年年均增长 7.1%。但财政支农总量仍然有限，占财政支持的比重没有明显上升，尤其中西部经济相对落后地区的地方财政投入较少，加上财政政策在推进绿色农业发展上还存在倾向性不明显问题，如 2021 年中央投入农业绿色发展相关资金近 440 亿元，但资金使用分散，使得许多绿色农业建设未能全面地展开。此外，由于绿色农业认证体系及绿色农业生产者信用管理机制的相对缺失，绿色农业从金融机构获得的信贷资金极其匮乏，农业经营者的信贷困境与绿色农业发展的资金需求之间存在着较大的矛盾。

（三）农业生产组织专业化程度不高，引导农业生产发展节本增效能力较弱

（1）经营主体组织化水平不高，生产成本上升快。第三次全国农业普查数据显示，2016 年全国有农业经营户 20743 万户，其中规模经营户为 398 万户，规模经营户所占比例仅为 1.9%。随着工业化和城镇化的不断推进，土地、劳动力的成本不断提高，粮食比较效益逐渐下降，竞争力不足。按

照全成本核算，2004年至2020年我国三大主粮平均土地成本由54.07元/亩上涨至238.82元/亩，累计上涨3.42倍，每亩人工成本累计增长1.92倍，机械作业成本累计增长3.88倍，排灌费累计增长59%，各项投入费用的上涨挤压了农户种粮收益。2016年至2019年，三大主粮平均净利润均为负值。

（2）农业社会化服务相对滞后，不能满足农业发展实际需求。2017年，全国农业公益性服务机构达到15.2万个，经营性服务组织超过100万个，涵盖了农业生产的诸多环节，但与农业农村发展的现实需要相比，农业生产性服务业仍面临着服务规模化、专业化和组织化程度不高，服务方式不能充分满足农民群众需要，对普通农户带动力不强等问题，这在一定程度上影响了我国农业现代化发展的进程。

（四）农业智能化落后，生产及管理手段差距大

（1）我国农业机械化水平较低。近年来，我国加大力度支持和推广全程、全面机械化，据有关部门统计，2021年全国农作物耕种收综合机械化率超过71%，其中小麦、玉米、水稻三大粮食作物耕种收综合机械化率分别达到97%、90%和84%；畜牧养殖和水产养殖机械化率分别达到36%和32%，我国农业生产已进入以机械化为主导的新发展阶段。然而，我国目前农机装备的智能化水平与发达国家相比仍有很大差距，日本农业生产机械化率已超90%，美国农业已100%实现机械化。受机具作业环境复杂、农机产品需求多样化，尤其是部分农机装备的农机农艺结合不够紧密等因素影响，我国智慧农业的大规模发展受到制约。

（2）农村基础设施薄弱。宽带网络虽然已经覆盖到农村，但4G网络信号不稳定、5G基站少、通信费用高等问题限制了农业生产基地信息化产品的应用；农村信息采集终端应用少、物联网基础设施薄弱，以及农田气象、耕地质量、土壤墒情、水文等监测点偏少；缺乏专业的信息化设备运维队伍，使得农业生产经营主体获取信息难且成本高。

（3）智慧农业技术有效供给不足。智慧农业技术有很多，但由于缺乏基础研究和技术创新、缺乏核心的农业传感器和智能决策的算法模型以及高端农业智能装备，现在的智慧农业技术不能满足实施智慧农业的需求。在传感器方面，尽管我国农业环境信息传感器和仪器仪表的国内市场占有量超过进口产品，但在稳定性、可靠性、精度等方面与进口产品差距巨大，

核心感知元器件主要依赖进口，高端产品几乎全部依赖进口，难以满足我国广大小农户的需求。

（4）高素质农业生产管理人才匮乏，高素质的职业教育系统还未建立，智能化管理基础薄弱。当前我国农村高素质人力资本流失严重，留守农民的年龄、文化、性别结构不协调，年龄偏高、文化水平普遍较低且以女性为主，他们对互联网信息技术了解应用较少，现代化农业生产意识比较淡薄。并且当前我国职业农民教育体系还未建立，新型农民培养机构少，培养过程多走马观花，使我国现代职业农民难以培育，高素质农业生产管理人员匮乏，导致智慧农业的农村初创者和支持者较少，智慧农业建设发展的内生动力严重不足，且在我国农村本土化发展缓慢。

（五）农业竞争力不足，造成基本保障功能脆化

改革开放以来，我国农业综合生产能力显著提升，但农业竞争力总体上仍显不足，甚至还出现了下降。

一方面，粮食生产过度，储备量超额一定程度上是对人力、土地、资本等要素和资源投入的巨大浪费，也会造成生态环境破坏，同时阻碍了资源利用率、农业土地产出率和劳动生产率的提高。此外，农业种植中以粮食作物为主，缺少多种经营发展，强调籽实产出，不够重视全株营养。同时农业的产业链、供应链和价值链还不够完整，影响粮食的深度加工。另一方面，我国农产品的国际竞争力不高。主要是农产品自参与国际市场竞争以来，频繁出现贸易逆差，根据亿欧智库《2021 中国农业生产数字化研究报告》，2020 年，中国农产品出口额仅 760 亿美元，而进口额则达到 1708 亿美元，贸易逆差达到 948 亿美元，与 2015 年相比几近翻倍，对外依存度高，亟待推进质量兴农、品牌强农，大力推进农业标准化以提升农产品的竞争力。

二、城乡发展不平衡，农村吸引力持续弱化

现阶段，我国城乡差距最明显的表现是基础设施建设差距大，城乡发展不平衡最突出的问题依然是公共服务不平衡，城乡居民收入水平差距仍然较大，导致农村吸引力显著下降。

（1）在基础设施和公共服务方面，农村基础设施和公共服务总体上虽然有明显改善，基本所有村都实现了道路通、电力通、电话通，但与城市

相比，水、电、路、房等基础设施建设依然落后，广大农村地区的通信网络、清洁能源、农村水利、废水垃圾处理设备、物流、交通设施等物质基础建设仍未到位，尤其是贫困地区的农村公路存在道路等级不高、与外界的互联互通性弱的问题。教育、文化、社保、医疗、环保、法律等基本公共服务在领域、范围、质量上与城市相比也有较大差距。另外，农村基础设施的管理、维护、运营机制有待完善，农村缺乏完备的维护管理体系，以致设施资源利用率降低，造成不必要的浪费。

（2）城乡居民收入水平差距依然较大。近几年我国农村居民收入水平稳步提升，收入增长速度也高于城市。尽管我国城乡收入差值逐年降低，但不可否认城乡居民收入水平差距依然较大的现象尚未改变（表 7-1），且城乡居民人均可支配收入差距逐年扩大，从 2013 年的 17037 元增加至 2021 年的 28481 元，同时以作为衡量生活质量和水平重要指标的恩格尔系数来看，2021 年城镇的恩格尔系数比乡村低 4. 1%，表明城镇居民的生活水平优于乡村。由此可见，缩小城乡居民收入差距和提高乡村居民生活水平任重而道远。

表 7-1　城乡居民人均可支配收入对比

年份	农村居民（元）	城镇居民（元）	绝对差距（元）	相对差距（城/乡）
2013	9430	26467	17037	2. 81
2014	10489	28844	18355	2. 75
2015	11422	31195	19773	2. 73
2016	12363	33616	21253	2. 72
2017	13432	36396	22964	2. 71
2018	14617	39251	24634	2. 69
2019	16021	42359	26338	2. 64
2020	17131	43834	26703	2. 56
2021	18931	47412	28481	2. 50

（3）城乡在教育资源、卫生健康、社会保障等民生领域的公共服务水平不平衡。其具体表现如下：一是乡村的优质教育资源比较匮乏，如教育经费的投入、师资力量的输入、教学设备设施的配置等方面相比于城市都显得比较薄弱，这在一定程度上制约了乡村教育的良性发展和学生学识水

平的提高，难以满足农村学生对素质教育的需求。另外，农村教育结构和功能有待完善，当前我国大部分农村地区教育主要是义务教育，教育结构比较单一，学前教育、成人教育、职业技术教育的普及率低。二是城乡之间的基本公共医疗卫生资源和服务分配不平衡。近5年来，政府财政转移支付中有95%的资金用于城市医院，而用于基层医疗机构的支助仅占5%，可见城乡卫生资源相差较悬殊。此外，据统计，2019年农村每千人口医疗卫生机构床位数是4.8张，城市是8.8张，农村是城市的约二分之一。城市每千人拥有卫生技术人员数、每千人拥有执业（助理）医师数、每千人注册护士拥有量分别是农村的2.2倍、2.1倍和2.6倍。对比而言，乡村的医疗卫生条件相对薄弱，难以满足农民的健康需求，不仅易出现因病致贫返贫的现象，而且会对乡村医疗体系建设造成影响。三是乡村社会保障水平亟待提高。一方面是农村社会保障水平低于城市，目前农民实际发放的养老金水平为每月平均188元，只相当于城镇职工养老金平均发放水平每个月3577元的5.26%，而且与城市相比，农村在养老服务设施、人才、财政投入等方面都明显滞后于城市地区①，难以满足农民日益对生活保障范围和保障程度更深层次的需求。另一方面，农村社会保障体系在信息共享方面不够完善，尤其是异地报销、异地缴费等工作的效率较低，且分管机构养老、医疗、低保、失业救济等部门之间缺乏有效协调，影响乡村社会保障水平。

三、农村活力弱化，造成传统乡风良俗根基受侵，有效治理能力弱化

随着城镇化的快速推进和农村经济社会的深度转型，我国农村发展活力在持续弱化：

首先，在乡风和乡村文化方面，随着城镇化的快速推进和城市文化的不断渗透，农村人口流动性显著增强，传统村落大量消失且很多村落出现空心化、老龄化现象，农村从“熟人社会”向“半熟人社会”演化，乡村文化的根基越来越羸弱、种类越来越少、底蕴越来越浅薄，传统重义轻利的乡村道德观念淡化，农民群众的道德自觉性降低，不注重仁者爱人、诚实守信、勤俭持家等传统美德的传承，“仁义礼智信”所发挥的道德约束力逐渐弱化。

---

① 覆盖广但水平低，农民养老金仅为城镇职工的5%［EB/OL］.（2022-12-05）［2022-12-10］. https://baijiahao.baidu.com/s?id=1751385785990712012&wfr=spider&for=pc.

其次，在乡村治理体制机制方面，在自治基础上，加入乡村法治与德治是完善乡村治理体系的重要途径，是乡村治理不可或缺的有效手段。当前，村民法治意识淡薄、乡村法治宣传力度薄弱、乡村道德文化价值影响力不足成为构建“三治合一”的乡村治理体系的棘手难题。农村基层党组织的责任意识有所欠缺、服务基层民众的意识不到位，以及基层党内腐败、监督不力等问题依然存在于一些农村地区，不能满足群众需求，易于导致农民群众利益受损，农村基层党组织的组织力和号召力降低，乡村治理扭曲变形。同时，缺乏相应的适应新型农村社会结构特征、符合农民特点的有效治理方式、办法和载体，基层政府和组织的服务、组织、动员能力欠缺，农村集体经济薄弱，管理权威和服务能力弱化，村民自治机制难以有效发挥作用，组织农民的难度不断加大。

第三节　全面推进乡村振兴的对策建议

一、推动产业高质量发展，走质量兴农之路

（一）加快推进农村一二三产业融合发展

农村一二三产业融合发展作为促进农村产业兴旺的重要手段，日渐成为乡村振兴战略实施工作的重中之重，2018 年 6 月，农业农村部发布了《农业农村部关于实施农村一二三产业融合发展推进行动的通知》，明确指出把农村一二三产业融合发展（以下简称“农村产业融合发展”）作为农业农村经济转型升级的重要抓手和有效途径。农村产业融合发展的总体要求是：以习近平“三农”思想为指引，坚持“基在农业、惠在农村、利在农民”原则，以农民分享产业链增值收益为核心，以延长产业链、提升价值链、完善利益链为关键，以改革创新为动力，加强农业与加工流通、休闲旅游、文化体育、科技教育、健康养生和电子商务等产业深度融合，增强“产加销消”的互联互通性，形成多业态打造、多主体参与、多机制联结、多要素发力、多模式推进的农村产业融合发展体系，努力助推乡村产业兴旺，切实增强农业农村经济发展新动能。具体来说，一方面要推动乡村产业链的纵向延伸，在产业内部建立起上下游之间的有机联系，形成种植业、养殖业、水产业等各子产业之间的相互融合，将农业生产资料供应

与农业生产连接起来，形成资源高效利用、功能复合叠加的产业体系。另一方面，要实现乡村产业链的横向拓展，打好产业协同发展的组合拳，培养“农业+”多业态的跨界思维，紧跟时代众筹共享的潮流，把握智慧农业、数字农业提供的全新机遇，让现代科技走进乡村，让农产品走出乡村，加大先进技术要素对农业的渗透融合力度，采取“三二一”产业倒逼模式，合力推动“互联网+”现代农业发展，打造农业与文化、旅游、教育、康养等产业交叉融合发展态势。

（二）改善粮食生产条件，推动新一轮高标准农田建设

首先要把农田水利建设作为改善粮食生产条件的重点，狠抓农田水利建设，重点是加快大型灌区节水改造、突出抓好田间配套、搞好小微型水源工程、推广农业节水设施和技术，抓紧实施病险水库除险加固，扩大有效灌溉面积，提高水利对粮食生产的保障能力；大力推进小型农田水利建设，扩大中央和省级财政小型农田水利设施建设补助专项资金规模，新增一批小型农田水利建设重点县，通过一事一议、财政补助等办法鼓励农民自愿投工投劳开展自身直接受益的小型水利设施建设。

其次要大力建设旱涝保收高标准农田。高标准农田建设是实现“藏粮于地、藏粮于技”和确保粮食安全的重要举措，实现乡村全面振兴和高质量发展，必须持续推进高标准农田建设，到 2035 年全国要建成 10 亿亩高标准农田，平均亩产达到 450 千克。低产田变中产田、中产田变高产田，可分别提高单产 100~200 千克。如果把现有占耕地面积 70%的中低产田逐步改造为中高产田，可增产粮食近 2000 亿千克。要把大规模建设旱涝保收高标准农田作为提高粮食综合生产能力、挖掘粮食生产潜力的重点，按照统筹规划、分工协作、集中投入、连片推进的要求加快建成一批高产稳产基本农田，推进高标准农田建设工程，优先把粮食生产功能区和重要农产品生产保护区和耕地全部建成高标准农田，建立稳固的商品粮生产基地。要大力推进耕地肥力建设，鼓励引导农民秸秆还田、种植绿肥、增施有机肥，促进耕地质量不断提高。综合运用遥感、物联网、大数据、云计算、人工智能等新技术新手段，加快构建“全国农田建设综合监测监管平台”，将高标准农田管护利用等数据全部录入，实现农田建设与保护全程数字化动态监测和监管，提升管理效率，推动粮食生产条件不断改善，从根本上摆脱靠天吃饭局面。

（三）实施质量兴农，保证农产品质量，提高农业竞争力

一是要健全绿色农产品标准体系。实施国家质量兴农战略规划，制定、修订农业投入品、农产品加工业、农村新业态等方面的国家和行业标准，建立统一的绿色农产品市场准入标准。积极参与国际标准制定和修订，推进国际农产品认证结果互认。引导和鼓励农业企业获得国际通行的农产品认证，拓展国际市场。二是要大力推进标准化生产。引导各类农业经营主体建设标准化生产基地，在国家农产品质量安全县整县推进全程标准化生产，加强化肥、农药、兽药及饲料质量安全管理，推进废旧地膜和包装废弃物等回收处理，推行水产健康养殖。加快建立农产品质量分级及产地准出、市场准入制度，实现从田间到餐桌的全产业链监管。三是要培育提升农业品牌。实施农业品牌提升行动，建立农业品牌目录制度，加强农产品地理标志管理和农业品牌保护。鼓励地方培育品质优良、特色鲜明的区域公用品牌，引导企业与农户等共创企业品牌，培育一批“土字号”“乡字号”产品品牌。

“十四五”时期是我国开启全面建设社会主义现代化国家新征程的关键时期。消费者对农产品的要求已从吃得饱、吃得安全放心向吃得好、吃得营养健康转变，对我国农产品质量安全提出了更高的要求。在产出端，需要着力构建以安全、绿色、优质、营养为标准的梯次式农业高质量发展标准体系，加快制定监管急需的安全标准，健全优化国际领先的绿色标准，全面制定带动产业升级的优质标准，推动研发引领健康消费的营养标准。实施农产品对标达标提质行动，加强相关农业标准化示范区创建，建立健全农业标准化示范推广体系。加强绿色、有机、地理标志农产品认证管理，深入实施地理标志农产品保护工程，增加绿色优质农产品供给。在管理端，需要压实地方政府属地管理责任、监管部门监管责任和生产经营者主体责任。着力构建覆盖农业投入品管理、生产过程控制、产品质量管控等各环节的农产品质量安全监管体系，扩大风险监测覆盖面，到 2025 年监测数量达到 2 批次/千人。加强农资质量监管，落实安全间隔期、休药期制度。全面推行食用农产品合格证制度，加强农产品质量安全信用体系建设，健全农产品追溯制度，创新推动智慧监管。继续开展国家农产品质量安全县创建，加强农产品质量安全基层监管体系和执法监管能力建设，健全农产品质量安全风险评估、监测预警和应急处置机制，推动农产品质量安全监管

能力和水平迈上新台阶。

此外，为了更好地优化农业资源配置，提高我国农业的国际竞争力，应大力深化与共建“一带一路”国家和地区的农产品贸易交流，与世界各国主动开展涉农合作，如河南省探索出的从“国人粮仓”到“国人厨房”再到“世人餐桌”的提质增效之路。在拓宽农产品销售市场、扩大农业出口规模、提高农产品出口附加值的同时，还要积极学习国外先进的农业生产技术，将“引进来”和“走出去”相结合，建立健全我国农业贸易政策体系，推动建立更为公平合理的农业国际贸易秩序，构建农业开放发展新格局。

二、持续推进农业绿色发展，促进农业转型升级

2021 年 8 月 25 日，农业农村部、国家发展改革委、科技部、自然资源部、生态环境部和国家林草局 6 部门联合印发《“十四五”全国农业绿色发展规划》（以下简称《规划》），这是我国首部农业绿色发展专项规划，表明中央对推进我国农业发展全面绿色转型的决心。《规划》对“十四五”时期农业绿色发展工作做出系统部署和具体安排，为促进生态改善、全面推进乡村振兴提供了有力保障。同时进一步明确了 4 方面 11 项定量指标，在保资源方面，提出到 2025 年全国耕地质量等级达到 4. 58，农田灌溉水有效利用系数达到 0. 57；在优环境方面，提出主要农作物化肥、农药利用率均达到 43%，秸秆、粪污、农膜利用率分别达到 86%以上、80%和 85%；在促生态方面，提出新增退化农田治理面积 1400 万亩，新增东北黑土地保护利用面积 1 亿亩；在增供给方面，提出绿色、有机、地理标志农产品认证数量达到 6 万个，农产品质量安全例行监测总体合格率达到 98%。

（一）实施耕地保护和质量提升行动

做好土壤环境保护工作，加大土地保护力度，理应改变传统的土地所有制形式，树立广大农民的主人翁意识，教导他们珍惜土地资源，自主改善土壤环境，使土地变得肥沃，促进农作物茁壮生长，以此获取更高的经济效益。与此同时，政府要制定完善的土地管理制度，严格监控农民在农业生产中开发土地资源的活动，避免出现浪费、破坏和过度使用生态资源的情况，并严格控制农业生产活动中的各种废弃物，以免对环境造成污染和产生不良影响。在第十三届全国人民代表大会常务委员会第二十八次会

议上，生态环境部部长黄润秋做了关于 2020 年度环境状况和环境保护目标完成情况、研究处理土壤污染防治法执法检查报告及审议意见情况、依法打好污染防治攻坚站工作情况的报告，报告强调，要加强土壤污染重点监管单位环境监管，强化土壤污染源头防控。持续开展农村环境整治工作，推进农村生活污水和黑臭水体治理①。建立完善的土地保护机制，贯彻推进相关的立法工作，必要时还可设立专项地方土地保护基金，用来更好地维持与保护好土地涵养等功能，从而为粮食的量产增产提供土地支持。一是选择重点县建设一批绿色高质高效生产示范片，围绕粮棉油糖等重点作物，集成组装耕种管收全过程绿色高质高效新技术。二是实施耕地轮作休耕试点、东北黑土地保护工程、耕地质量保护与提升行动和第三轮草原保护利用奖补，启动实施绿色养殖池塘改造，实施渔业增殖放流行动，支持建设国家级海洋牧场。三是实施秸秆综合利用、废旧地膜回收利用，开展畜禽粪污资源化利用整县推进，启动绿色种养循环农业试点，促进粪肥有效使用，开展长江流域农业面源污染治理。四是建立完善的生态补偿和恢复机制，明确生态补偿标准，以此切实保障公众利益，同时让环境破坏者付出其应有的代价，从而形成对其污染环境等行为的约束性。

（二）控制“白色污染”及提升回收率

在进行农业种植的过程中，合理使用农膜，保证使用厚度均大于 0.01 毫米的标准地膜，相关部门需要结合当地的实际情况，在保障农作物健康生长的基础上，合理地使用农膜，有效降低农膜的使用量。

同时在农膜具体的使用过程中，需要有专业的种植技术人员指导，适时推广农业绿色发展理念，引导农民不仅要有明确的种植计划，也要有合理的处理方式。在种植后期要有高度的废弃农膜回收意识，对报废的农膜进行专项回收，有效控制“白色污染”。相关部门应根据农作物的种植模式，提供合适的回收机械，以进一步提高回收洁净率，快速解决废膜无处堆放的问题，有效将废膜合理分离，提高农膜回收利用率，减少农膜浪费，稳步实现农业绿色发展。

---

① 国务院关于 2020 年度环境状况和环境保护目标完成情况、研究处理土壤污染防治法执法检查报告及审议意见情况、依法打好污染防治攻坚战工作情况的报告［EB/OL］.（2021-4-29）［2023-3-10］. http://www.npc.gov.cn/npc/c2/c30834/202104/t20210429_31128.html.

（三）强化科技动能和制度动能

一方面健全绿色技术创新体系，强化农业绿色发展科技动能。加快农业绿色发展科技自主创新，构建农业绿色发展技术体系，推进要素投入精准减量、生产技术集约高效、产业模式生态循环、设施装备配套齐全，推动农业科技绿色转型。另一方面健全相关体制机制，增强农业绿色发展制度动能。深化落实以绿色生态为导向的农业补贴制度改革，推进农业绿色发展体制机制创新，建立农业绿色发展的目标责任、考核制度、奖惩机制，强化制度约束，完善市场机制，引导社会参与，加快推动农业发展由数量导向转向提质导向，切实改变农业过度依赖资源消耗的发展模式。

（四）优化财政支农政策

首先，坚持把农业作为财政支出的优先保障领域，制定相应的优惠政策与奖励办法，优化投入机构，重点支持东中西部地区农业协调发展，通过对农村和农业基础设施、绿色农业科技教育、生态环境设施，以及水利、道路、电网建设的大力投资，改善农业生产运营条件，提高农业综合生产能力；其次，优化财政支农支出的结构，逐步减少农林水利、气象等事业费支出，降低支农资金的行政性浪费，调整和充实绿色农业专项补贴，重点增加绿色农业投入品、绿色农业技术应用与推广、资源和生态保护、农民绿色知识培训等方面的补贴；最后，进一步健全和完善投入保障机制和多元化筹资机制，有序引导金融资本和其他社会资金投入到农业绿色发展建设中，不断拓展绿色农业发展的资金渠道。

三、健全农业社会化服务工作机制，促进农业现代化发展

2021 年 7 月，农业农村部发布《关于加快发展农业社会化服务的指导意见》，指出农业社会化服务的发展目标：力争经过 5～10 年努力，农业社会化服务专业化、信息化、市场化水平显著提升，对现代农业的支撑功能和联农带农作用明显增强，基本形成组织结构合理、专业水平较高、服务能力较强、服务行为规范、全产业链覆盖的农业社会化服务体系，使农业服务业发展成为要素集聚、主体多元、机制高效、体系完整，具有一定规模和竞争力的现代农业大产业，更好地引领小农户和农业现代化发展。健全农业社会化服务体系的主要任务为：

（1）推动共同发展。以提供农业社会化服务为主的各类专业公司、农

民合作社、供销合作社、农村集体经济组织、服务专业户等主体，各具优势、各有所长，要推动它们各尽其能、共同发展。要把专业服务公司和服务型农民合作社作为社会化服务的骨干力量，推进其专业化、规模化发展，不断增强其服务能力，拓展其服务半径。要把农村集体经济组织作为组织小农户接受社会化服务的重要力量，充分发挥其居间服务的优势。要把服务专业户作为重要补充力量，发挥其贴近小农户、服务小农户的优势，弥补其他服务主体的不足。要发挥供销、农垦、邮政的系统优势，着力完善服务机制，不断增强其为农服务能力。同时，要鼓励各类服务主体以资金、技术、服务等要素为纽带，加强合作，促进融合发展。推动服务主体与银行、保险、邮政等机构深度合作，实现优势互补、互利共赢。

（2）拓展服务领域。坚持需求导向，聚焦粮棉油糖等重要农产品主产区，聚焦生产的关键薄弱环节，加大对社会化服务的引导支持力度，为保障粮食安全和重要农产品有效供给提供支撑。在此基础上，引导服务主体积极开辟新的服务领域，探索开展社会化服务的有效方法路径，推动服务范围从粮棉油糖等大宗农作物向果菜茶等经济作物拓展，从种植业向养殖业等领域推进，从产中向产前、产后等环节及金融保险等配套服务延伸，不断提升社会化服务对农业全产业链及农林牧渔各产业的覆盖率和支撑作用。

（3）创新服务机制。鼓励服务主体积极创新服务模式和组织形式，大力发展多层次、多类型的专业化服务。要把农业生产托管作为推进农业社会化服务、发展服务带动型规模经营的重要方式，因地制宜发展单环节、多环节、全程生产托管等服务模式，有效满足多样化的服务需求。大力推广行之有效的“服务主体+农村集体经济组织+农户”“服务主体+各类新型经营主体+农户”等组织形式，促进各主体紧密联结，形成利益共享、风险共担的利益共同体。推动农资企业、农业科技公司、互联网平台等各类涉农组织向农业服务业延伸，采取“农资+服务”“科技+服务”“互联网+服务”等方式，推进技物结合、技服结合，实现业务拓展、创新发展。

（4）推进资源整合。要按照资源共享、填平补齐的要求，把盘活存量设施、装备、技术、人才及各类主体作为重点，探索建设多种类型的农业综合服务中心，围绕农业全产业链，提供集农资供应、技术集成、农机作业、仓储物流、农产品营销等服务于一体的农业生产经营综合解决方案，破解农业生产主体做不了、做不好的共性难题，实现更大范围的服务资源整合、供需有效对接，促进资源集约、节约和高效利用。加快推进中国农业社会化服务平台试点和全面应用，不断完善平台功能，逐步引入银行、保险、担保等机构，共同为服务供需双方提供线上线下一站式、便捷化服务。

（5）提升科技水平。充分发挥农业社会化服务在集成、推广、应用绿色优质新品种、先进适用技术和现代物质装备中的重要作用，促进服务与科技深度融合，着力解决农业科技落地的“最后一公里”问题。鼓励服务主体充分利用互联网、大数据、云计算、区块链、人工智能等新信息技术和手段，推广应用遥感、航拍、定位系统、视频监控等成熟的智能化设备和数据平台，对农牧业生产过程、生产环境、服务质量等进行精准监测，提升农业的信息化、智能化水平。鼓励服务主体与高等院校、职业学校、科研院所等加强合作，开展服务行业重大关键技术和装备研发，解决服务主体普遍面临的技术、装备、人才等难题。

（6）强化行业指导。鼓励相关部门、服务主体、行业协会等以县为基础，研究制定符合当地实际的服务标准和服务规范，强化服务过程指导和服务效果评估。加强服务价格监测，防止价格欺诈和垄断。强化服务合同监管，推广使用示范文本，规范服务行为，保障农户权益。鼓励地方建立服务主体名录库，加强动态监测，推动服务主体信用记录纳入全国信用信息共享平台。鼓励建立全国性或区域性的农业社会化服务行业协会、行业联盟等，发挥其联系政府、服务会员、整合资源、自律规范的功能。

四、提高科技信息化水平，助力智慧农业发展

2017 年 5 月，习近平在致中国农业科学院建院 60 周年的贺信中指出“农业现代化关键在科技进步和创新”，科技创新是农业发展的第一推动力，是农业腾飞的“翅膀”。近 10 年的中央一号文件中，每年均强调了信息科技助力农业农村现代化的内容。2020 年中央一号文件提出，要加快物联网、大数据、区块链、人工智能、5G、智慧气象等在农业领域的应用，同时明确实施数字乡村试点工程。2021 年中央一号文件指出：“推动农村千兆光网、第五代移动通信（5G）、移动物联网与城市同步规划建设。……发展智慧农业，建立农业农村大数据体系，推动新一代信息技术与农业生产经营

深度融合。”此外，《中华人民共和国国民经济和社会发展第十四个五年规划和2035年远景目标纲要》中提出，“加强大中型、智能化、复合型农业机械研发应用”“完善农业科技创新体系，创新农技推广服务方式，建设智慧农业”。2022年1月26日，中央网信办、农业农村部等10部门印发《数字乡村发展行动计划（2022—2025年）》，其中明确提出“智慧农业创新发展行动”。2022年中央一号文件指出要大力推进数字乡村建设，推进智慧农业发展，推动乡村振兴及农业农村现代化建设。2023年中央一号文件提出深入实施“数商兴农”和“互联网+”农产品出村进城工程，鼓励发展农产品电商直采、定制生产等模式，建设农副产品直播电商基地，提出深入实施数字乡村发展行动，推动数字化应用场景研发推广，加快农业农村大数据应用，推进智慧农业发展。

（一）做好智慧农业发展的目标规划

以提高主要农业产业的劳动生产率、资源利用率和土地产出率为目标，重点突破农业传感器、农业大数据和人工智能、农业智能控制与农业机器人等智慧农业关键核心技术，实现技术产品自主化；建立“信息感知、定量决策、智能控制、精准投入、个性化服务”的智慧农业产业技术体系，建成智慧农（牧、渔）场，建立农产品智慧供应链，实现农业生产智能化、管理数字化、服务网络化，农产品流通智慧化，农业农村信息服务个性化，推进知识替代经验、机器替代人工，培育农业智能装备、农业信息服务、农产品可信流通等新产业。到2025年，智慧农业将实现跨越发展，农业生产数字化水平由目前的20%提高到40%，农业数字经济占农业GDP比例由目前的8%提高到15%，为实施乡村振兴战略、实现农业农村现代化提供强有力的科技支撑。

（二）引进、推广农业科技，提高农业生产效率

在乡村建设与发展中要大力引进农业科技与设备，加强和科研单位的合作，研发先进农业技术，如自动肥水一体、无土栽培、无人喷洒农药等技术，助力农业生产效率的提高。与此同时，主动融入信息化发展浪潮，充分发挥网络的作用，利用大数据平台分析信息，科学调整本地农业种植结构，提高产品质量。以河南省为例，河南在农产品经济活动中加强对智慧农业系统的运用，随时精确测量、监控农作物，及时对农作物生长的温度、光度、湿度等参数信息做出调整，用智能化的形式取代农民的繁重体

力劳动，提高产品良品率。河南在培养食用菌及牲畜养殖产业发展中也利用了智慧生产系统，实现了智慧生产，在提高产出的同时大幅度提高了质量。

（三）加强智慧农业基础设施建设，促进农业机械设备提档升级

加强农田水利建设，建设统筹兼顾引水、排水、蓄水、灌溉等多种功能的水利工程，实现节水灌溉、绿色灌溉、数字化灌溉。改善牲畜禽饲养环境，推进通风、采阳、温控、清理垃圾及饵料投喂自动化建设，建立全封闭式现代化种养殖舍棚。

加快现代化农机设备进入农田，建立专项资金支持农机设备生产企业降低生产成本研究，扩大农机设备生产规模，增加市场投入量，并加强农机设备购置补贴政策，鼓励农民积极使用现代化农机设备，实现精准化、智能化、科学化远程控制管理农业生产。

（四）提高自主研发能力，突破技术供给瓶颈

首先，统筹各类政府资源，加强政府支持，突破重点核心技术，实现自立自强；围绕重点领域、重点产业实施一批智慧农业重大项目工程，总结可复制、可推广的模式与经验。其次，制定相关补贴政策，对智慧农业技术产品研发和应用主体给予政策性补贴，减免以智慧农业为核心业务的企业税收，减免农村地区互联网接入和数据传输通信费用。最后，加强技术标准建设与数据资源共享，尤其要加强数据标准、产品标准、市场准入标准等标准的制定，对于进入国内市场的外国企业产品，要求其提供数据接口标准，同时建立国家认可的第三方检测平台。此外，政府部门要在一定范围内公开农业数据，建立共享机制。

（五）吸引农业高素质人才，加快培育新型职业农民

首先，各级政府在政策、资金、物资、人力方面加大对我国智慧农业建设发展的支持力度，通过报纸、电视、广播等多渠道媒体在农村全方位宣传智慧农业，调整农民文化水平、年龄、性别结构，鼓励他们主动创业创新。其次，充分发挥运营成功的智慧农业示范基地的示范带头作用，组织农民定期参观了解智慧农业运行模式，深入学习如何建设和管理智慧农业。最后，依托我国农业高校和相关科研院所拥有的雄厚的师资力量和科研基础优势，将职业农民培养纳入国家教育培训发展规划，建立适合培训

我国高素质农业人才的长效教育机制，教授农民和青年学生智慧农业理论知识，为智慧农业发展提供源源不断的农业人才。

五、积极推进城乡融合发展，提升乡村基础设施和公共服务水平

“十四五”时期推进乡村建设行动需要将提升农村基础设施和公共服务水平作为重要工作持续推进。为此，需要以城乡融合为基础，全面统筹城乡经济社会发展，持续推进以工补农、以城带乡，坚持把公共基础设施建设的重点放在农村，建立健全全民覆盖、普惠共享、城乡一体的基本公共服务体系，推动城乡经济社会均衡协调发展，推动城乡基本公共服务均等化，推动资源要素向农村流动，实现城乡经济社会一体化发展，形成工农互补、城乡互补、全面融合、共同繁荣的新型工农城乡关系。

（一）健全城乡基础设施建设三统一机制

随着“十四五”规划的出台，各部门积极响应并提出相应发展规划，如2021年2月交通运输部印发的《农村公路中长期发展纲要》中提出，“到2035年，形成‘规模结构合理、设施品质优良、治理规范有效、运输服务优质’的农村公路交通运输体系，‘四好农村路’高质量发展格局基本形成。农村公路网络化水平显著提高，总里程稳定在500万公里左右”。面对城乡基础设施的诸多难题，为切实做好农村基础设施建设工作，“十四五”时期仍需继续把基础设施建设重点放在乡村，在实现城乡基础设施统一规划、统一建设、统一管护方面持续发力，并注重提升农民参与度。

第一，建立城乡基础设施一体化规划机制。根据城乡基础设施建设的现实需要，科学制定统一规划是第一步。一方面，对县域城镇与村庄发展进行统一规划，注重城乡之间的相互衔接和互联互通，具体需要以市县域为整体，依据城乡发展现状及乡村发展现实统筹规划布局水、电、路、气、通信等设施，鼓励将城市周边农村、规模较大的中心镇纳入城镇基础设施建设规划。另一方面，各地在统一规划时应当因地制宜区分轻重缓急，尤其注重补齐农村基础设施建设的短板，对因城乡之间存在较大差距而阻碍了乡村振兴战略落实的基础设施进行重点规划。

第二，健全城乡基础设施一体化建设机制。农村基础设施本质上属于公共产品，而我国地域面积广阔且农村差异巨大，这决定了我国农村基础设施建设是一项资金需求量极大的工程，因此推进城乡基础设施一体化建

设关键是汇聚各方力量构建多元化建设模式。从国际经验来看，日本在二战后得以成功推进农村基础设施建设的重要原因就是采取了多元化建设模式，日本政府在承担主要投资责任的同时，积极吸引和鼓励各种社会力量进入村庄基础设施建设领域。因此，我国“十四五”时期进行城乡基础设施一体化建设不仅要强化政府投入及其主导责任，加大政策支持力度，还应引导和鼓励社会资本投向农村基础设施领域，提高建设和管护农村基础设施市场化、专业化程度。具体而言，对乡村道路、水利、渡口、公交和邮政等公益性强、经济性差的设施，建设投入应以政府为主；对乡村供水、垃圾污水处理和农贸市场等有一定经济收益的设施，政府在加大投入力度的同时，应注重积极引入社会资本，并引导农民投入；对乡村供电、电信和物流等以经营性为主的设施建设的投入应以企业为主。此外，对于有条件的地方政府，可以将城乡基础设施项目整体打包推向市场，实行一体化开发建设。

第三，建立城乡基础设施一体化管护机制。长期以来“重建轻管”“只建不管”造成农村基础设施严重破损的现实情况，意味着统一管护是我国加强基础设施建设的重中之重。为此《关于深化农村公共基础设施管护体制改革的指导意见》提出了明确目标：“到 2025 年，政府主导、多方参与、市场运作的农村公共基础设施管护体制机制初步建立，管护主体和责任明晰，管护标准和规范健全，管护经费较好落实，管护水平和质量显著提升。到 2035 年，城乡一体化管护体制基本健全，权责明确、主体多元、保障有力的长效管护机制基本形成，农村各类公共基础设施管护基本到位。”建立城乡基础设施一体化管护机制，首先应改革农村基础设施的产权制度，根据建设投入主体和规模来确定基础设施的产权归属。如以政府投入为主、规模较大的农村基础设施产权归县级人民政府或授权部门，以政府投入为主、规模较小的农村基础设施产权归农村集体经济组织，企业或农户投资兴建的农村基础设施由投资主体决定产权归属，产权所有者即管护责任落实者。其次要理顺农村基础设施的管理体制，通过探索统一管理体制切实解决多头管理的问题。再次要完善农村基础设施的建设养护机制。农村基础设施养护主体缺失的主要原因是养护经费不足，可以通过将养护经费纳入一般公共财政预算、强化“建养一体化”、出让基础设施冠名权和广告权等多种方式筹集资金，并合理确定养护资金补助标准。最后要改进农村基础设施建设的绩效评价方式。在农村基础设施项目验收时，要强调后期管护在整体项目建设中的重要地位，建立包含基础设施养护在内的绩效考核、监督激励和定期评价机制，杜绝“重建轻管”现象。

第四，注重提升农民参与度，着力提升农民满意度。乡村建设要坚持以农民为中心，基础设施建设也应当坚持农民主体地位，建立和完善统一建设与管护等机制。比如，在规划设计阶段，要形成“自上而下”与“自下而上”相结合的模式，多方获取农村居民建议并适时纳入规划，使得基础设施能够真正反映农村居民现实需求；在管护阶段，要给予农村居民一定的监督权，可以借鉴日本、韩国等国家基层农民合作组织或农民监督基础设施建设的经验，组织当地具有一定社会影响力、热心公共事业的农民参与管护，及时反馈管护过程中发现的问题。

（二）推进城乡基本公共服务均等化

与我国全面建设社会主义现代化国家新征程相适应，根据《中共中央 国务院关于建立健全城乡融合发展体制机制和政策体系的意见》等文件的要求，我国推进城乡基本公共服务均等化的近期目标是到2022年基本公共服务均等化水平稳步提高；中期目标是到2035年基本实现社会主义现代化时，基本公共服务均等化基本实现；长期目标是到2050年建成富强民主文明和谐美丽的社会主义现代化强国，城乡全面融合，乡村全面振兴，全体人民共同富裕基本实现。为实现这一目标，“十四五”时期需要采取切实有效的措施推进城乡基本公共服务均等化，健全全民覆盖、普惠共享、城乡一体的基本公共服务体系，推进城乡基本公共服务标准统一、制度并轨。

当前，我国公共服务供给机制存在较为严重的城市偏向，农村基层治理体制总体呈现出重行政而轻服务的特点，教育、医疗、养老、社保等公共服务在乡村供给方面存在明显缺口。而这些恰恰是与农民切身利益相关的事情，也是我国城乡差距的最突出表现。因此，实现乡村振兴，就必须采取在公共服务上优先面向乡村安排的非常之举，推动乡村的公共服务体系从管理型体制向服务型体制转变，确保服务覆盖面持续扩大和服务质量稳步提升，实现城乡基本公共服务均等化。要提升农村居民的幸福感和获得感，使农村地区享有与城市等值的生活质量，实现农民“学有所教，病有所医，老有所养”，就必须完善乡村公共服务保障网，推行优先之策。要完善乡村公共服务体系建设，就必须明确乡村公共服务体系中科、教、文、卫、养等子体系的服务内容和服务标准，确保公共服务覆盖对象要普惠全体农民。

在教育方面，优化乡村学校布局，推行寄宿制教育和网络教育，加强农村义务教育和高中阶段教育普及力度，落实乡村教师支持计划，推进县域内学校校长、教师交流轮岗，完善农村特殊教育保障机制；在就业创业方面，通过出台金融信贷政策、设立创新创业基金等方式，优化农民返乡创业环境，同时促进以创业带动就业，推进劳务输出从数量规模型向质量效益型转变，实施新生代农民工职业技能提升计划，为务工人员提供政策问询、生活补贴和权益保障等服务；在医疗方面，组织农民群众依法参保、应保尽保，建立城乡医院对口帮扶机制，提高基层医疗机构应对重大疫情及突发公共卫生事件的能力；在养老方面，围绕老、弱、病、残等重难点人群，搭建社会救助体系，落实最低生活保障制度，开展农村关爱服务公益志愿行动。

（三）推动资源要素向农村流动

要实现城乡要素的双向自由流动，满足要素优先配置给推进乡村振兴事业中。这其中，一是要激发现有要素活力。土地作为乡村振兴最关键的要素，必须让土地“活”起来，通过强化制度供给，完善农村土地所有权、承包权、经营权的“三权分置”改革和农业供给侧结构性改革，推动农村宅基地和农民房屋有序流转，充分挖掘农村土地、森林和矿产等要素并使其合理资产化和资本化，采用入股、联营、出租等方式盘活乡村闲置资源，有序释放土地红利。二是推动城镇要素下乡。在逆城镇化的结构下，破除城乡不平等的交换机制，健全乡村人才、科技和产业项目的引进政策，吸引城市人群消费下乡，引导金融机构资本下乡，建立金融资源回流农村机制，让城市要素通过返乡创业、文旅康养等多种方式进入农村。三是拓宽要素供给渠道。建立社会资本投资农业农村激励机制，引导民间资本与农民形成紧密的利益联结体，创新城乡要素交易方式，激发多元主体为乡村振兴进行要素供给。四是要促进新旧要素融合。畅通劳动力流动渠道，引导各类传统生产要素跨界聚集，将数据纳入生产要素管理范围之中，加快培育以数据为载体的新兴技术产业链，挖掘开放共享的数据要素价值，提升乡村治理预测、防范风险的能力，在“智慧农业+产业融合”中激发社会性流动活力。

（四）拓宽农民增收渠道，缩小城乡居民收入差距

2023年中共中央、国务院发布中央一号文件对增加农民收入做出了部署安排，要求重点抓好四个方面。

一是稳定就业增加。工资性收入占农民收入的41.96%，是农民增收贡献的大头。我们将强化各项稳岗纾困政策落实，提高就业技能，增加就业岗位，创造就业机会，稳定农民工就业。目前，我们调查超过四分之三的农民工在省域内就业，超过一半在县域内就业，要顺应这种趋势，发展比较优势明显、带动能力强、就业容量大的县域富民产业，带动农民就近就地就业创业。

二是经营增效提升。家庭经营净收入占农民收入的34.63%，其中六成多来自农业经营收入。我们将深入开展新型农业经营主体提升行动，带动小农户合作经营、共同增收。实施农业社会化服务促进行动，通过提供代耕代种、代管代收、全程托管等社会化服务，带动小农户实现降本增效、提质增效、营销增效。

三是财产收入挖潜。财产净收入只占农民收入的2.53%，还有很大的潜力和空间可以挖掘。我们将深化农村土地制度改革，扎实搞好确权，稳步推进赋权，有序实现活权，赋予农民更加充分的财产权益，创造条件增加农民财产性收入，让农民更多分享改革红利。

四是转移收入拓展。转移净收入占农民收入的20.88%，是农民特别是脱贫人口、农村低收入人口收入的重要组成部分。我们将持续加大强农惠农富农政策力度，逐步提高农村社会保障水平，稳步增加对农民的补助补贴，筑牢社会安全底网，让农民群众腰包越来越鼓，日子越过越红火。①

六、加强乡风文明建设，提高乡村治理水平

（一）乡风文明建设方面

首先，要提炼乡村本土元素，加大对乡村文化特色资源的普查力度，采取符合乡村特点的有效方式，提振农民精神风貌，深入加强农村思想道德建设。其次，要加强农村公共文化建设，加大乡村文化基础设施投入，

---

① 农民增收致富渠道有哪些？农业农村部从四个方面解读［EB/OL］.（2023-02-14）［2023-03-20］. http：//m. gmw. cn/baijia/2023-02-14/1303283090. html.

实现乡村两级公共文化服务全覆盖，开发多元的“文化+”综合体业态，促进文化价值与经济价值相结合，支持反映农民生产生活尤其是乡村振兴实践的文艺创作生产，提高农村文明程度。再次，要弘扬科学精神、加强科普工作，在农村地区开展移风易俗行动，遏制大操大办、厚葬薄养、人情攀比等陈规陋习，破除封建迷信思想，提高农民科学文化素养。同时，要加强农民对传统文化中精华和糟粕的辨别能力，对乡村文化进行系统的对比评估，对红色文化、家训文化、民俗文化等优秀文化精髓进行品牌包装和推广，增强优秀乡村文化的传播力和影响力；并且，要划定乡村建设的历史文化保护线，扎实做好乡村物质文化和非物质文化的保护和传承工作，设立村级文化陈列馆和博物馆，支持文化遗址还原、非遗申报和技艺传承工作，创新历史智慧，为其注入时代特色和生命力，让乡村文明在新时代焕发出新风尚。最后，要积极推进农村“雪亮工程”建设，维护农村公共安全体系，开展打黑除恶专项斗争，全覆盖、无死角建设平安乡村。正如安徽省蚌埠市司马村运用“积分制”吸引村民积极践行村规民约，提出利用积分券兑换生活用品的奖励机制，为乡村清朗文明的社会风气不断“加分”。从农民个人的思想观念、道德水准和文明素养的提升，到立身处世、持家治业的良好家风传承，再到和谐稳定、友爱互助社会氛围，只有始终坚持乡风文明建设，才能为乡村振兴留住乡情乡韵、铸牢风清气正的文化之魂。

（二）乡村治理水平方面

到 2035 年，农村基层党组织核心地位全面确立，村民自治组织基本完善，乡村社会组织活力迸发，乡村治理主体协同治理水平明显提升，乡村治理人才队伍构建完备，乡村治理考核体系运转高效，乡村社会秩序稳定有序，为乡村振兴取得决定性进展提供牢靠的组织和人力支持，为农业农村现代化基本实现提供良好的内部环境。

一方面要推动乡村组织振兴，需切实加强农村基层党组织领导核心地位。加快推动社会治理重心向基层下移，党的组织和党的工作需以在乡村的全面覆盖和有效覆盖为切入点，创新完善农村基层党组织设置，选好、用好、管好农村基层党组织带头人，不断增强其领导水平和领导能力，从严加强农村党员队伍建设，严肃党内政治生活，从源头上保持农村党员队伍的先进性，夯实党在农村地区的执政基础，及时跟进农村经济社会新变化，充分发挥农村基层党组织战斗堡垒重要作用，正确利用基础组织的政治力量整合利益分散的村庄。

另一方面要促进自治、法治、德治有机结合。坚持自治为基、法治为本、德治为先。须时刻坚持农村基层党组织领导核心地位，加大基层基础保障力度，推动人往基层走、钱往基层投、政策往基层倾斜；健全和完善村民自治机制，发挥“新乡贤”在乡村治理中的正面作用；树立依法治理理念，维护法律在乡村治理中的权威地位；利用乡村熟人社会思维，发挥道德在乡村治理中的教化功能。以自治“化解矛盾”、以法治“定分止争”、以德治“整风化雨”，从而充分调动政府、市场、社会和村民的广泛参与，明确各自在协同治理中的角色定位，畅通治理主体间的交流渠道，建立乡村共建共治共享的长效机制。

参考文献

[1] 郑风田，等. 全面推进乡村振兴［M］. 北京：中国人民大学出版社，2022.

[2] 北京师范大学中国乡村振兴与发展研究中心，北京师范大学中国扶贫研究院. 全面推进乡村振兴：理论与实践［M］. 北京：人民出版社，2021.

[3] 李晓红，邓秀新，唐华俊. 实施乡村振兴战略重大问题研究［M］. 北京：科学出版社，2022.

[4] 鄢奋，潘娜，等. 新时代乡村振兴战略探析［M］. 北京：经济管理出版社，2021.

[5] 成芳. 习近平关于乡村振兴战略的重要论述研究［D］. 兰州：兰州理工大学，2020.

[6] 邢丹丹. 习近平关于乡村振兴战略重要论述研究［D］. 桂林：广西师范大学，2022.

[7] 曹伟波. 习近平关于乡村振兴重要论述研究［D］. 大连：大连海事大学，2019.

[8] 黄承伟，等. 脱贫攻坚与乡村振兴衔接：概论［M］. 北京：人民出版社，2020.

[9] 黄承伟. 习近平关于全面推进乡村振兴的重要论述研究（上）［J］. 国家现代化建设研究，2023，2（1）：5-21.

[10] 周勇西. 习近平关于乡村振兴的重要论述研究［D］. 重庆：中共重庆市委党校，2022.

[11] 罗德富. 习近平关于乡村振兴战略重要论述研究［D］. 南宁：广西民族大学，2022.

[12] 宫亚洲. 习近平关于乡村振兴的重要论述研究［D］. 武汉：华中师范大学，2022.

[13] 谭子宓. 马克思土地产权理论与我国农村土地制度改革研究［D］. 漳州：闽南师范大学，2022.

[14] 孔宝莹. 农村土地制度改革与乡村振兴研究［J］. 现代农业研究，2022，28（8）：29-31.

[15] 严金明，蔡大伟，夏方舟. 党的十八大以来农村土地制度改革的进展、成效与展望［J］. 改革，2022（8）：1-15.

[16] 李文睿. 新时代中国农村土地制度改革的基本遵循及路径选择［J］. 齐齐哈尔大学学报（哲学社会科学版），2022（1）：96-100.

[17] 刘铮，魏传成. 推进乡村全面振兴的重点、难点及对策［J］. 经济纵横，2021（10）：122-128.

[18] 袁方成，靳永广. 深化农地改革推进乡村振兴：关键问题与优化路径［J］. 理论与改革，2020（4）：139-149.

[19] 中共中央关于制定国民经济和社会发展第十四个五年规划和二〇三五年远景目标的建议［M］. 北京：人民出版社，2020.

[20] 陈丽丽，李祯. 中国农民专业合作社发展问题研究［M］. 北京：经济科学出版社，2012.

[21] 陈丽丽. 中国农业现代化制度创新与发展路径研究［M］. 北京：经济科学出版社，2009.

[22] 何自力，顾惠民. 土地制度改革、农业生产方式创新与农村集体经济发展［J］. 上海经济研究，2022，34（1）：49-60.

[23] 丁俊华，蔡继明. 现行土地制度对我国城市化进程的制约及因应之策［J］. 河南大学学报（社会科学版），2022，62（1）：14-20.

[24] 刘同山，张凤. 大变革背景下中国农村土地制度再审视［J］. 东岳论丛，2021，42（4）：17-27.

[25] 刘守英，颜嘉楠. 体制秩序与地权结构：百年土地制度变迁的政治经济学解释［J］. 中国土地科学，2021，35（8）：1-14.

[26] 蔡继明，李蒙蒙. 当代中国土地制度变迁的历史与逻辑［J］. 经济学动态，2021（12）：40-51.

[27] 熊柴，蔡继明，刘媛. 城乡融合发展与土地制度改革［J］. 政治经济学

评论，2021，12（5）：107-138.
[28] 许经勇. 理顺农民与土地关系是深化农村改革主线［J］. 湖湘论坛，2021，34（6）：119-128.
[29] 郑淋议，钱文荣，洪名勇，等. 中国为什么要坚持土地集体所有制：基于产权与治权的分析［J］. 经济学家，2020（5）：109-118.
[30] 刘同山，张云华. 城镇化进程中的城乡二元土地制度及其改革［J］. 求索，2020（2）：135-142.
[31] 刘守英. 中国农业绩效的微观土地制度基础：《农村土地产权制度与农业绩效》评介［J］. 中国土地科学，2020，34（4）：105-110.
[32] 钱忠好，牟燕. 乡村振兴与农村土地制度改革［J］. 农业经济问题，2020，41（4）：28-36.
[33] 关于做好2022年全面推进乡村振兴重点工作的实施意见［N］. 贵州日报，2022-04-07（1）.
[34] 许欣，张文忠. 中国四大区域板块：增长差异、比较优势和“十四五”发展路径［J］. 经济地理，2021，41（7）：1-9.
[35] 王箢旭. 中国区域经济发展差距变动趋势及成因分析［J］. 开发研究，2013（5）：18-22.
[36] 钱立琼. 中国省域经济空间分异研究［D］. 蚌埠：安徽财经大学，2022.
[37] 王茜. 新时代关于区域协调发展的理论与实践研究［D］. 厦门：集美大学，2021.
[38] 杨涛. 乡村振兴战略视域下的我国农业现代化问题研究［D］. 延安：延安大学，2020.
[39] 李猛慧. 论乡村振兴背景下农村金融服务创新［J］. 山西农经，2022（23）：142-144.
[40] 由泳. 新时期农村金融支持乡村振兴研究［D］. 武汉：武汉工程大学，2021.
[41] 方芳. 乡村振兴背景下农村金融发展对策研究［J］. 农业经济，2022（10）：110-112.
[42] 苏薇，宋福铁. 金融支持全面乡村振兴研究［J］. 青海社会科学，2022（4）：107-119.

[43] 范辉，李洁. 金融支持乡村振兴的路径研究 [J]. 智慧农业导刊，2022，2 (13)：104-106.
[44] 郭雅楠. 金融支持乡村振兴战略存在的问题及对策 [J]. 现代农业研究，2022，28 (12)：138-141.
[45] 庞艳宾. 数字普惠金融助力乡村振兴 [J]. 人民论坛，2020 (1)：98-99.
[46] 弋伟伟. 普惠金融助力乡村振兴的创新路径 [J]. 人民论坛，2021 (25)：96-98.
[47] 余春苗，任常青. 农村金融支持产业发展：脱贫攻坚经验和乡村振兴启示 [J]. 经济学家，2021 (2)：112-119.
[48] 李创，吴国清. 乡村振兴视角下农村金融精准扶贫思路探究 [J]. 西南金融，2018 (6)：28-34.
[49] 吴南. 农村金融推动乡村振兴战略发展的路径策略分析 [J]. 农业经济，2019 (12)：87-89.
[50] 王泽坤. 乡村振兴背景下承德市农村人力资源开发与管理研究 [D]. 昆明：云南师范大学，2021.
[51] 王明芬. 乡村振兴背景下农村人力资源现状及对策 [J]. 中国农业会计，2022 (9)：89-90.
[52] 楚汉杰. 乡村振兴背景下人力资源开发：一项文献综述 [J]. 农村经济与科技，2020，31 (15)：282-284.
[53] 陈劲宇. 乡村振兴战略背景下农村人力资源开发研究：以重庆市长寿区为例 [D]. 重庆：重庆师范大学，2021.
[54] 郑家琪，杨同毅. 乡村振兴评价指标体系的构建 [J]. 农村经济与科技，2018，29 (17)：38-40.
[55] 周栋良. 乡村振兴评价指标体系构建研究 [J]. 湖南生态科学学报，2019，6 (3)：60-64.
[56] 郭翔宇，胡月. 乡村振兴水平评价指标体系构建 [J]. 农业经济与管理，2020 (5)：5-15.
[57] 蒲实. 共同富裕目标下乡村振兴的战略逻辑与路径选择 [J]. 行政管理改革，2022 (10)：23-30.
[58] 丁镇威，王海燕. 基于共享发展理念的乡村振兴战略实施路径研究

[J]. 农业开发与装备, 2022 (6): 8-10.
[59] 钟姝, 李雄, 张云路. 绿色发展理念引领下的乡村振兴内涵解读、实现机制和实施路径研究 [J]. 中国园林, 2022, 38 (6): 35-39.
[60] 王伊吕. 马克思主义视域下的中国农业现代化路径研究 [D]. 长沙: 长沙理工大学, 2021.
[61] 顾益康. 实施乡村振兴战略的创新路径与改革举措 [J]. 浙江经济, 2018 (6): 17-19.
[62] 陈金春. 实施乡村振兴战略的关键点及路径 [J]. 乡村科技, 2021, 12 (5): 8-9.
[63] 叶敬忠. 乡村振兴战略: 历史沿循、总体布局与路径省思 [J]. 华南师范大学学报 (社会科学版), 2018 (2): 64-69.
[64] 杜芳. 国内外乡村振兴研究的知识图谱: 热点演进、发展趋势及国际启示 [J]. 西南民族大学学报 (人文社会科学版), 2022, 43 (4): 231-240.
[65] 郭远智, 刘彦随. 中国乡村发展进程与乡村振兴路径 [J]. 地理学报, 2021, 76 (6): 1408-1421.
[66] 袁宇阳. 国内大循环背景下乡村振兴的实践转向与路径探索 [J]. 当代经济管理, 2021, 43 (7): 29-34.
[67] 胡天晓. 国内大循环背景下乡村振兴的实践路径探究 [J]. 现代农机, 2022 (5): 31-34.
[68] 周文, 施炫伶. 共同富裕的内涵特征与实践路径 [J]. 政治经济学评论, 2022, 13 (3): 3-23.
[69] 郭宇坤. 以乡村振兴推进共同富裕的实践路径探析 [J]. 石河子大学学报 (哲学社会科学版), 2022, 36 (3): 25-31.
[70] 史乃聚, 任俊华. 深刻把握乡村振兴战略的时代内涵 [J]. 人民论坛, 2019 (28): 72-73.
[71] 习近平. 把乡村振兴战略作为新时代“三农”工作总抓手 [J]. 奋斗, 2019 (11): 1-7.
[72] 温铁军, 张孝德. 乡村振兴十人谈: 乡村振兴战略深度解读 [M]. 南昌: 江西教育出版社, 2018.
[73] 史乃聚, 杨卓, 李海源. 析乡村振兴战略现实逻辑与实践路径 [J]. 智

库理论与实践，2022，7（6）：166-175.
[74] 匡雅雯. 乡村振兴战略研究：现实问题与路径选择［D］. 大连：东北财经大学，2018.
[75] 黄美霞. 新时代乡村振兴战略的生成机理与路径选择［D］. 西安：西安工业大学，2020.